AF202389

echt EMF

**Über die Autorin**

Celsy Dehnert, geb. 1990, wusste bereits mit 14 Jahren, dass sie in großen Medien über die Ungerechtigkeiten schreiben wollte, denen sie täglich begegnete. Mit 26 machte sie sich aus dem Nichts heraus selbstständig, um ihren Traum zu leben. Mittlerweile finden sich die Texte der zweifachen Mutter aus Niedersachsen in Medien wie der Süddeutschen Zeitung, der Sächsischen Zeitung oder der BRIGITTE. Sie ist bestens vernetzt und teilt ihre Inhalte mit ihrer Community auf Instagram und ihrem Blog.

CELSY
DEHNERT

# DAS GEFÜHL VON ARMUT

Über **knappe Kohle, geringen Selbstwert** und einen **Sozialstaat,** der uns **im Stich lässt**

echtEMF ist eine Marke der Edition Michael Fischer

1. Auflage
Originalausgabe
© 2024 Edition Michael Fischer GmbH, Donnersbergstr. 7, 86859 Igling
Covergestaltung: Luca Feigs,
unter Verwendung eines Motivs von Mary Long über Shutterstock
Dieses Werk wurde vermittelt durch Agentur Brauer, München
Redaktion: Iris Rinser
Layout und Satz: Luca Feigs
Gedruckt bei GGP Media GmbH, Karl-Marx-Str. 24, 07381 Pößneck

Printed in Germany

ISBN 978-3-7459-2343-8

www.emf-verlag.de

Für die 14-Jährige, die mit ihren Worten damals
die Welt verändern wollte: *We did it.* ❤

Und für all diejenigen, die bis heute zwischen
den Stühlen unserer Wohlstandsgesellschaft sitzen:
*Ihr seid nicht allein.*

# INHALT

# ÜBER UNGERECHTIG-KEIT SCHREIBEN

Ich war 14 Jahre alt, als ich nach einem abermaligen Umzug in meinem Jugendzimmer saß und beschloss, eines Tages für die großen Zeitungen dieses Landes über Kinder und Jugendliche wie mich zu schreiben. Ich wollte über die Gewalt und eben auch all die Benachteiligung und die Ungerechtigkeiten sprechen, die zu meinem Alltag gehörten. Angetrieben von dem Wunsch nach Gerechtigkeit wollte ich all diese Missstände aufdecken, von denen ich naiverweise glaubte, dass die Menschen um mich herum einfach nicht wussten, dass sie passierten. Mit 14 Jahren machte ich es zu meiner Lebensaufgabe, Menschen von Ungerechtigkeiten zu erzählen, weil ich glaubte, sie würden etwas dagegen unternehmen, wenn sie nur davon wüssten.

Mein Gerechtigkeitsbestreben hat mich nie losgelassen, obwohl ich in der Zwischenzeit gelernt habe, dass Menschen sehr wohl um viele Ungerechtigkeiten wissen. Sie tun nur nichts dagegen. Als ich mich 2019 von meiner Krebserkrankung erholte, fing ich an, auf Instagram über Armut und meine eigene Armutserfahrung zu schreiben. Einfach, weil ich mich so daran störte, wie blank poliert und scheinbar überfinanziert die kuratierten Ausschnitte in dieser App sind. Ich spürte, wie mir diese Ausschnitte aus dem Leben anderer Druck machten, weil ich finanziell nicht mithalten konnte. Also fing ich an, gegen den überprivilegierten Einheitsbrei anzuschreiben. Denn eine Wahrheit war für mich immer unumstößlich: Ich bin niemals mit einem Gedanken oder einem Problem allein. Es gibt immer mindestens noch eine zweite Person, der es genauso geht. Im Endeffekt schreibe ich, um eine Verbindung zu schaffen. Zuerst veröffentlichte ich auf Instagram, damit sich zwischen all den blank polierten Küchen und durchgestylten Kinderzimmern die armutsbetroffene Alleinerziehende weniger allein fühlt. Nun schreibe ich auch dieses Buch, das hoffentlich dafür sorgt, dass Menschen sich nicht mehr länger die Schuld dafür geben, dass sie ab dem 20. des Monats ihre Lebensmitteleinkäufe nur stemmen können, wenn sich genug Pfandflaschen angesammelt haben.

Dieses Buch ist im Grunde die Wahrwerdung der Lebensaufgabe, die ich mir mit 14 Jahren selbst gegeben habe. Denn ich komme an all den Ungerechtigkeiten unserer Zeit nicht vorbei. Ich sehe die länger werdenden Schlangen an den Tafeln unseres Landes. Ich höre die Berichte über die immer größer werdende Wohnungsnot, die vor allem auch immer jüngere Menschen betrifft. Ich verfolge die Debatten um die Kindergrundsicherung und sehe die Verweigerung von Regierungsparteien, Kindern ein würdevolles und glückliches Leben zu gönnen. Während ich die letzten Seiten dieses Buches schrieb, veröffentlichte der Paritätische Gesamtverband den neuesten Armutsbericht. Die Zahlen gehen – mal wieder – mit viel Entsetzen und Erstaunen durch die Medien: 43,2 Prozent der Alleinerziehenden und 21,8 Prozent der Kinder leben in Armut. Insgesamt gelten 14,2 Millionen Menschen in Deutschland als armutsbetroffen.[1]

Aber mehr als ein kurzes, scharfes Luftholen in Anbetracht dieser Statistiken passiert in den meisten Haushalten – und erst recht auf politischer Ebene – nicht. Es stellt sich nicht das

Ungerechtigkeitsempfinden oder Unrechtsbewusstsein ein, mit dem ich von klein auf lebe. Weil für die meisten Menschen, vor allem für diejenigen mit Macht und Ressourcen, etwas zu verändern, diese Zahlen eben nur das sind: Zahlen. Es sind Statistiken, die nichts mit der eigenen Lebensrealität zu tun haben, weil die meisten Menschen glauben, in ihrem direkten Lebensumfeld gäbe es keine Armut. Ein Trugschluss. Helena Steinhaus und Claudia Cornelsen schreiben in ihrem Buch „Es braucht nicht viel" dazu so treffend: „Sie kennen sie, aber Sie ERkennen sie nicht."² Armut ist in unserer Gesellschaft derart stigmatisiert, dass Menschen mit ausreichend Geld in ihren persönlichen kleinen Filterblasen leben können, in denen sie sich mit Armut nicht auseinandersetzen müssen. Deshalb ist dieses Buch ein Blick hinter den Vorhang aus all den Armutsstatistiken, mit denen sich unsere Gesellschaft zwar zwei, drei Mal im Jahr pflichtschuldig beschäftigt – ohne die Lebensrealität dahinter zu begreifen.

Mit den ab hier folgenden Seiten will ich Sie exemplarisch in Verbindung damit bringen, was es tatsächlich heißt, wie es sich anfühlt, Armut wirklich zu kennen. Ich will den unpersönlichen, sterilen Zahlen ein Gesicht geben. An verschiedenen Stationen dieses Buches wird es mein Gesicht sein. Einfach, weil man über das, was man selbst kennt, am besten schreiben kann.

Meine Geschichte liest sich grob umrissen wie folgt: Ich wuchs als ältestes von vier Kindern in einer armutsbetroffenen Familie auf. Bei meinen Eltern gaben sich Phasen der Arbeit die Hand mit Phasen der Arbeitslosigkeit. Mein Alltag bestand aus dem Aushalten der Armut, zu viel Verantwortung für meine jüngeren Geschwister und dem Versuch, mich möglichst kleinzumachen, um der heimischen Gewalt zu entgehen.

Vor genau dieser Gewalt floh ich schließlich kurz vor meinem 15. Geburtstag in eine Pflegefamilie. Mein eigener Fleiß, staatliche Hilfe und die Unterstützung liebender Menschen ermöglichten mir das Abitur. Doch mein Studium war ein einziges Ringen darum, zwischen BAföG und Minijob irgendwie zu überleben. Am Ende gewann die Überlebensnotwendigkeit, und ich brach das Studium ab, um Geld zu verdienen. Nach einem kurzen Ausflug ins Angestelltendasein arbeite ich seit 2016 als freie Autorin und Redakteurin.

Ende 2016 bekam ich das erste Kind. Anfang 2018 kam das zweite Kind hinterher und leider auch eine Krebserkrankung. Drei Jahre war ich vor allem damit beschäftigt, mithilfe von Chemotherapie, Fatigue-Management und Reha-Aufenthalten meine Kinder aufwachsen sehen zu können. Ich habe all das überlebt, lebe heute mit meiner Familie auf dem Land und bin für jeden Tag mit meinen Lieblingsmenschen von Herzen dankbar. Aber ich bin auch unfassbar wütend darüber, wie sehr genau der Umstand, den ich am wenigsten in der Hand hatte, mein Leben bis heute am allermeisten prägt: in eine arme Familie hineingeboren zu sein. Und ich weiß, ich bin nicht allein. Millionen Alleinerziehende, Millionen Kinder teilen dieses Schicksal auch heute noch, und wir tun viel zu wenig dafür, dass es besser wird. Deshalb habe ich dieses Buch geschrieben.

Meine Geschichte ist kein Einzelfall, sondern ein Schicksal von 14,2 Millionen. Es ist zwar eine individuelle Geschichte, die sich an vielen Stellen vom Erleben anderer Armutsbetroffener unterscheidet. Aber an noch mehr Punkten werden viele andere Betroffene eben auch zustimmend nicken, weil sie vergleichbare Erfahrungen gemacht haben. Gerade dann, wenn Sie Armut selbst nicht kennen, werden Sie immer wieder in

Versuchung geraten, meine Geschichte als extremen Einzelfall wegschieben zu wollen. Ich bitte Sie eindringlich, das nicht zu tun. Denn am Ende meiner eigenen Geschichte bin ich sogar eine von denen, die Glück hatte. Die ihrer ganz persönlichen Armutserfahrung zwar nie entkommen wird, aber nicht mehr Teil dieser 14,2 Millionen ist. Weil ich an den richtigen Stellen im Leben die passenden Menschen getroffen habe, die mir Türen zu einem würdevolleren Leben geöffnet haben. Dabei spielt auch eine Rolle, dass ich eine *weiße* cis Frau in einer Hetero-Beziehung bin. Ich möchte, dass Sie diesen Umstand ganz besonders im Gedächtnis behalten. Denn für migrantisierte Menschen, für Menschen of Color und für queere Menschen ist Armut teilweise noch belastender, und die Schwierigkeiten sind erheblich komplexer. In unserer Gesellschaft geben sich Rassismus, Queer- beziehungsweise Transfeindlichkeit und Klassismus nämlich in einem ganz besonders destruktiven Bündnis die Hände. Da, wo ich es konnte, habe ich versucht, diese Perspektive in meine Analyse einzubinden. Aber gerade meine eigenen Beobachtungen müssen immer mit meinem eigenen Privileg im Hinterkopf gelesen werden.

Klassismus ist übrigens der Begriff für das diskriminierende Verhalten gegenüber Armutsbetroffenen. Weil der Begriff in Deutschland nach wie vor nicht so geläufig ist, will ich ihn kurz erklären und bediene mich dabei an den Worten der Fachhochschulprofessorin Heike Weinbach und des Soziologen Andreas Kemper. Kemper und Weinbach definieren den Begriff in ihrem Einführungswerk folgendermaßen: „Klassismus beschreibt ein System der Zuschreibung von Werten und Fähigkeiten, die aus dem ökonomischen Status [sic!] heraus abgeleitet oder besser: erfunden und konstruiert werden."[3]

Vereinfacht gesagt: Klassismus ist die Annahme, dass Menschen, die wenig Geld haben und in Armut leben, automatisch aufgrund ihrer Armut faul, unkultiviert, prollig, unmoralisch und leistungsscheu seien. Diese Art der Erzählung funktioniert aber natürlich nur, wenn man voraussetzt, dass das System, in dem wir leben, für alle Menschen gleichermaßen fair sei und allen die gleichen Zugangsvoraussetzungen eröffnen würde. Das ist aber gar nicht wahr. Am Ende des Tages entscheiden eine Menge Faktoren, auf die Armutsbetroffene gar keinen Einfluss haben, darüber, ob sie die Chance auf ein besseres Leben haben oder ob sie genau dorthin gehen, wo sie auch herkommen. An dieser Stelle der Hinweis: Dieses Buch ist kein Fachbuch. Ich werde nur dort versuchen, sozialwissenschaftliche Theorie zu erklären, wo ich es für nötig halte, damit Sie als Lesende verstehen, warum all die Vorurteile, die unsere Gesellschaft gegenüber Armutsbetroffenen hegt, auch zu diskriminierendem Verhalten führen. Auch werde ich nur sehr ausgewählt mit Statistiken und Zahlen arbeiten. Denn hinter diesen Zahlen kann man sich im Zweifel untätig verstecken und das Geschilderte auf eine theoretische Ebene abstrahieren. Stattdessen ist dieses Buch ein praktischer Einblick in das, was unsere Gesellschaft mit Armutsbetroffenen macht und wie sich die Diskriminierung von Armutsbetroffenen auf unser Erleben auswirken kann. Dabei ordne ich Begebenheiten aus meiner Biografie aber immer auch strukturell ein, sodass wir gemeinsam über politische und kollektive Antworten nachdenken können.

Meine exemplarischen Anekdoten zeigen auch, wie sehr die Lebensbedingungen von Armutsbetroffenen und Geringverdienenden davon bestimmt werden, wie andere Menschen über sie denken. Denn am Ende beginnt sehr viel Armutsdiskriminierung mit den Glaubenssätzen, die Menschen in Machtpositionen mit sich herumtragen. Manchmal wird dieses Buch denjenigen, die Armut nicht oder nicht mehr kennen, also auch ein bisschen wehtun. Denn ich fordere bewusst heraus, was wir über Armut, gesellschaftliche Teilhabe, Leistung und Wohlstandsverteilung gelernt haben. Mitunter werden Ihnen Dinge, die ich sage, nicht fair erscheinen. Aber fair zu sein ist hier auch gar nicht mein Job. Ich schreibe dieses Buch nicht nur für mich. Sondern auch für meine Freundin, die als Tochter eines Hausmeisters immer zu spüren bekam, dass sie in freundschaftlichen Hierarchien unten stand. Ich schreibe dieses Buch für meine Freundin, die das Jobcenter auf Leistungen verklagen und solange von quasi nichts leben musste. Ich schreibe dieses Buch für den Freund, der bis heute fürchtet, dass das gute Leben, das er jetzt hat, einfach implodiert. Ich schreibe dieses Buch für meinen Mann, der mich bei der letzten Jobzusage in unserer Küche in die Arme schloss und unter Tränen zu mir sagte: „Schatz, du bist endlich nicht mehr armutsgefährdet." Das System war zu keinem von uns wirklich fair. Also erlaube ich mir Analysen, die wehtun. Denn manchmal muss es wehtun, damit sich etwas verändern kann. Ich glaube fest daran, dass Veränderungen möglich sind und wir es besser machen können – zum Beispiel für eben jedes fünfte Kind, das jetzt gerade in Armut groß wird und nicht weiß, ob das Versprechen auf ein besseres Leben wirklich wahr wird. Ich lade Sie ein, sich auf den einen oder anderen Wachstumsschmerz einzulassen, damit wir diese Kinder und all die Erwachsenen, die sie einmal werden, nicht noch länger im Stich lassen.

# MEIN GELD
# UND ICH

Meine Eltern haben jedes Klischee bedient, das die Gesellschaft armutsbetroffenen Eltern gegenüber hat: Sie haben geraucht, und es gab jeden Abend mehr als ein Feierabendbier. Phasen der Arbeit wechselten sich mit Zeiten der Arbeitslosigkeit ab. Für mehrere Computer und Konsolen war ausreichend Geld da, für schöne Kindergeburtstage oder Ausflüge hingegen nicht. Den Billardtisch, der in unserer Diele stand, als ich 13 war, konnten sie bezahlen – die Kosten für meine Klassenfahrt nicht. Neue PC-Spiele waren ihnen durchaus Geld wert, brauchbare Stifte oder Blöcke für die Schule waren nicht drin. Während meine Eltern jeweils auf einem eigenen Sofa vor ihren Computern ihren Feierabend genossen, ärgerte ich mich über Recyclingpapier, das schon beim Schreiben riss.

## ICH WAR EUER GELD NICHT WERT

Schaue ich auf meine Kindheit zurück, muss ich festhalten, dass meine Eltern genau das taten, was die Gesellschaft armutsbetroffenen Eltern immer vorwirft: Sie gaben ihr knappes Geld vor allem für sich selbst statt für ihre Kinder aus.

Einer der prägendsten Tage meiner Teenagerjahre war

der Morgen, als mich eine Klassenkameradin im Schulbus fragte: „Hast du deine Klamotten in deinem Schulranzen?" Ich weiß bis heute, wie irritiert ich über diese Frage war. Bis ich an der Schule ankam und feststellte: Alle fahren auf Klassenfahrt, nur ich nicht.

Kurz darauf saß ich mit meiner Klassenlehrerin im Büro des Schulleiters, während dieser mit meinen Eltern telefonierte. Ich erinnere mich auch daran, dass er meinen Eltern Geld vom Förderverein anbot und wie ich mich am Ende des Gesprächs dem Matheunterricht des Jahrgangs über uns anschloss. Als ob es gestern gewesen wäre, kann ich mich bis heute selbst dabei beobachten, wie ich mit stoischer Miene Aufgaben bearbeitete und mich an der einen oder anderen Stelle sogar im Unterricht der älteren Klasse beteiligte, weil meine Englischleistungen weit überdurchschnittlich waren. Woran ich mich allerdings nicht mehr erinnere: Wie ich mich gefühlt habe, als klar war, dass ich zu Hause bleiben muss. Oder ob bzw. wie ich meine Eltern mit dieser Ungerechtigkeit konfrontiert habe. Stattdessen schneidet mein Gehirn an dieser Stelle sofort zu dem Telefonat mit meinen Freundinnen, das ich abends geführt habe. Ich habe ihnen die (ziemlich offensichtliche) Lüge aufgetischt, dass ich für ein besonderes Tanztraining ausgewählt worden sei. Die Wahrheit war einfach zu beschämend: Ich war zu arm, um mit auf Klassenfahrt zu fahren.

Mein Gehirn scheint es vorzuziehen, mich vor den schmerzhaften Gefühlen und Konfrontationen dieser Zeit zu schützen. Anders kann ich mir nicht erklären, warum ich am Morgen der Klassenfahrt nichts von der Reise wusste oder warum ich mich an keinerlei Streit darüber erinnern kann. Was allerdings bis heute geblieben ist: das Gefühl, es nicht wert zu sein.

Zu erleben, wie meine Eltern um meinetwillen Geld angeboten bekommen, damit ich an der Klassenfahrt teilnehmen kann, und sie dieses ablehnen, hat das Gefühl, das mich meine ganze Kindheit lang begleitet hat, in Beton gegossen. Geld ist immer nur für die anderen da, niemals für mich. Im schulischen Kontext habe ich am meisten gemerkt, welchen Unterschied es macht, ob Eltern Geld für ihre Kinder ausgeben (können) oder nicht: Immer wieder musste ich mich vor Lehrkräften rechtfertigen, weil meine Schulmaterialien nicht den Ausführungen entsprachen, die auf der Materialliste gefordert waren. In jeder Pause musste ich aufs Neue schräge Blicke und fiese Sprüche aushalten, weil meine Kleidung nicht so aussah wie die der anderen Kinder. An jedem ersten Schultag nach den Ferien schaute ich beschämt zu Boden, während andere Kinder begeistert von ihren Ausflügen und Urlauben erzählten. Meine Welt war winzig, und ich fühlte mich wahnsinnig ausgeschlossen. Dabei wusste ich lange auch gar nicht, was mir in meiner Freizeit entging: Ich ahnte nicht, dass andere Kinder völlig selbstverständlich Instrumente lernten oder anderen Hobbys nachgingen, während ich jeden Nachmittag wieder die Nase in ein Buch steckte, weil ich sonst nichts zu tun hatte. Ich wuchs mit einem Ungerechtigkeitsgefühl auf, das ich lange nicht verorten konnte, weil ich tat, was alle Kinder tun: Ich ging davon aus, dass meine Eltern das Beste für mich wollten. Erst als ich mit 13 Jahren miterlebte, wie meine Eltern meine Chance auf Teilhabe ausschlugen, wurde mir klar, woher dieses Ungerechtigkeitsgefühl kam. Es war das Gefühl, nicht wichtig genug zu sein, als dass jemand Geld für mich ausgeben – oder annehmen – würde.

Dieses Gefühl prägt mich bis heute. Aktuell bräuchte ich beispielsweise ein Paar Winterschuhe. Das Geld dafür haben wir, das ist nicht das Problem. Auch die Notwendigkeit ist gegeben, es ist also auch keine vernünftige Sparsamkeit, die mich aufhält. Nein, es ist schlicht und ergreifend das Gefühl, dass es nicht wichtig genug ist, Geld für mich auszugeben, das nun schon seit Wochen hartnäckig verhindert, dass ich mir anständige Schuhe kaufe.

So geht es mir bei jedem Paar Schuhe, bei jeder Jacke, jedem Pulli, sogar bei Winzigkeiten wie Nagellack oder einer Dose Haarspray. Ich ringe immer wieder mit mir, weil ich das Gefühl habe, das Geld wäre woanders besser eingesetzt. Um mir etwas zu gönnen, muss die Motivation größer sein, durch äußere Umstände bedingt nahezu erzwungen sein, statt dass ich mir etwas einfach nur für MICH kaufen würde.

## Das System hat mich im Stich gelassen

Ich habe all die leidvollen Erfahrungen von fehlender Teilhabe und schulischen Nachteilen, die typischerweise mit Kinderarmut assoziiert werden, gemacht. Diese Armutserfahrung in der Kindheit hat meine Selbstwahrnehmung nachhaltig beeinflusst und meinen Selbstwert bis ins Erwachsenenleben hinein zerstört. Die Prägung aus der Kindheit beeinflusst meine alltäglichen Entscheidungen bis heute. Diese Art von Prägung ist keine Banalität. Denn am Ende ist auch diese psychologische Komponente ausschlaggebend dabei, warum sich Armut im Erwachsenenalter häufig fortsetzt. Wir werden das Gefühl, dass wir als Bodensatz der Gesellschaft kein gutes Leben verdient haben, nicht los. Also leben wir mit dem Gefühl der Minderwertigkeit, trauen uns weniger zu und trauen uns auch nicht, um Hilfe zu bitten.

Dabei wäre es aber zu kurz gedacht, den Fehler für mein Erleben und mein Armutsgefühl ausschließlich bei meinen Eltern zu suchen. Denn es gab und gibt ja auch noch eine zweite Ordnungsgröße, die entscheidenden Einfluss darauf hat, ob und wie sehr ich mich selbst als wertvoll empfinde: die Gesellschaft bzw. der Staat.

Im Frühjahr 2023 habe ich zufällig meine erste Grundschullehrerin auf einer Veranstaltung getroffen. Es ging unter anderem um den Einfluss, den Lehrkräfte auf ihre Schülerinnen und Schüler haben und wie viel das gerade für Kinder, die in diesem System nicht so einfach zurechtkommen, ausmachen kann. Nach der Veranstaltung ging ich auf meine ehemalige Grundschullehrerin zu und bedankte mich bei ihr dafür, dass sie meine Wissbegierde und meinen Fleiß immer so unterstützt hatte. Obwohl unsere Wege sich 24 Jahre zuvor getrennt hatten, erinnerte sie sich gut an mich. Auf ihre Frage, wie es mir gehe, antwortete ich: „Seitdem ich zu Hause raus bin, geht es mir gut." Sie nickte und bestätigte, dass sie wusste, dass es bei uns nicht immer einfach gewesen war. Im Verlauf des Gesprächs teilte sie eine Anekdote mit mir, an die ich mich selbst gar nicht erinnern konnte. Damals habe sie zu Weihnachten kleine Aufmerksamkeiten verteilt, zu jedem Kind sei sie nach Hause gefahren. Mich hätte sie damals allerdings nicht sprechen können oder dürfen. Nach den Ferien stellte sich heraus, dass ich das Weihnachtsgeschenk, das sie meinen Eltern damals gab, niemals erhalten hatte.

Ich kann in der Rückschau nur schlecht beurteilen, wie viele Gesprächsversuche zwischen Schule und Elternhaus wirklich stattgefunden haben. Was ich aber sehr gut festhalten kann: Obwohl ich meine Lehrerin in Bezug auf meine schulischen

Leistungen als sehr unterstützend wahrgenommen habe, fühlte ich mich mit meinen Schwierigkeiten zu Hause allein. Dass jemand wahrgenommen hatte, wie schwierig die Verhältnisse in meinem Elternhaus waren, habe ich damals nicht gewusst. Nach der Veranstaltung fuhr ich mit einem bittersüßen Gefühl in der Brust nach Hause. Auf der einen Seite tat es total gut, von jemandem, der mich schon als Kind kannte, bestätigt zu bekommen, dass es in meinem Elternhaus TATSÄCHLICH schwierig war. Gleichzeitig frage ich mich aber bis heute: Warum hat mir denn niemand geholfen?

Abgesehen von dieser einen Gelegenheit, als ich im Büro des Schulleiters saß und miterlebte, wie er mit meinen Eltern um meine Teilnahme an der Klassenfahrt verhandelte, kann ich mich an keinen Moment erinnern, in dem eine Lehrkraft mir wirklich Unterstützung in meiner häuslichen Situation angeboten hätte. Stattdessen musste ich mich Schuljahr um Schuljahr wieder dafür rechtfertigen, weil ich als Einzige in der Klasse nicht die Marken-Stifte, Marken-Hefte und den teuren Tuschkasten mitbrachte. Obwohl ich an der Armut meiner Eltern nichts hätte ändern können, wurde ich von diversen Lehrkräften und vor der gesamten Klasse dafür beschämt. Ich glaube, dass genau diese Erfahrung bis heute der Grund dafür ist, dass ich die meisten Dinge lieber mit mir selbst ausmache. Denn da, wo ich Hilfe von Personen, denen ich schutzbefohlen war, gebraucht hätte, wurde ich viel zu oft im Stich gelassen.

## Überangepasstheit als Überlebensstrategie

Man sollte meinen, dass meine Situation sich verbessert hätte, als ich mein Elternhaus kurz vor dem 15. Geburtstag verließ. Jetzt hätte das System die Chance gehabt, mir beizubringen, dass ich es sehr wohl wert bin, Geld und andere Ressourcen in mich zu investieren. Ich machte genau die gegenteilige Erfahrung. Da waren auf der einen Seite meine Pflegeeltern, in deren Weltbild ich schlicht und ergreifend nicht hineinpasste. Ein Kind aus schwierigen Verhältnissen, das tatsächlich nicht nur intelligent, sondern auch fleißig und gut in der Schule war? Das durfte nicht sein. Als ich in die Pflegefamilie kam, hatte ich einen Notenschnitt von 1,6. Ziemlich gut für ein Kind, das aus armen und zerrütteten Verhältnissen stammt, oder? Tatsächlich führte genau die Tatsache, dass ich eben kein störendes Problemkind, sondern eine gute, strebsame Schülerin war, von Minute eins an im staatlichen Jugendhilfesystem dazu, dass Jugendamt und Pflegefamilie meine Erfahrungen und meine Darstellung derselben anzweifelten. Die Sachbearbeitenden beim Jugendamt, meine Pflegeeltern, einige Lehrkräfte – sie alle saßen ihrem eigenen, internalisierten Klassismus auf. Was bedeutet das? Sie hatten das Bild verinnerlicht, dass aus Armut und Gewalt stammende Menschen weder klug noch fleißig oder leistungsbereit sein könnten. Kinder aus derart schwierigen Verhältnissen waren in ihren Augen immer verhaltensauffällig und hatten schlechte Noten.

Ich war weder verhaltensauffällig, noch hatte ich schlechte Noten. Vielleicht war ich manchmal ein bisschen hitzköpfiger, sturer und schlagfertiger, als gut für mich war. Aber ich war nicht im klassischen Sinne verhaltensauffällig. Und ich war fleißig, was jedes Zeugnis bis zur 9. Klasse wieder zeigte. Leider war das Hilfesystem darauf überhaupt nicht eingestellt. Im Gegenteil, all die Menschen, die mir hätten helfen können und müssen, sahen mich und dachten: „So fleißig und manierlich und klug, wie sie ist, kann ihre Situation ja nicht so schlimm sein!" Dabei übersahen sie aber, dass ich überangepasst war, GERADE weil meine Situation und meine Herkunft so schlimm waren. Nicht aufzufallen war meine einzige Chance, zu Hause nicht noch mehr Gewalt zu erfahren. Fleißig und eloquent zu sein waren meine Möglichkeit, außerhalb meiner Familie Anerkennung und positive Aufmerksamkeit zu bekommen. Meine Anpassungsfähigkeit war meine Überlebensstrategie. Doch die Vorurteile, mit denen unsere Gesellschaft lebt, haben mich nicht gewinnen lassen. In den schlimmsten Zeiten meiner Kindheit bekam ich keine Hilfe, weil ich den Erwartungen an Fleiß und Strebsamkeit zu sehr entsprach.

## Arme Menschen werden für ihre Herkunft bestraft

Irgendwann im Laufe der 9. Klasse habe ich tagelang intensiv für eine Physikarbeit gelernt. Ich sehe mich heute noch an einem Sonntagnachmittag an meinem Schreibtisch über dem Physikbuch brüten, um diesen verdammten Stoff irgendwie in mein Hirn zu prügeln. Naturwissenschaften sind mir, anders als Sprachen, nämlich nie einfach zugeflogen. Ich habe damals also nach der Schule und am Wochenende stundenlang über den Büchern gehangen und gebüffelt. Nur, um zum Mittag- und Abendessen am Esstisch mit hämischen Bemerkungen meiner Pflegefamilie überzogen zu werden. Ich solle doch nicht immer so viel lernen. Solle mich doch nicht verhalten wie eine alte Frau. Schlussendlich sagte man mir, ich sei so klug, dass ich zu dumm für das alltägliche Leben wäre.

Ich habe erst Jahre später verstanden, wie sehr mich diese Zeit verletzt hat. Wie ausschlaggebend genau diese Zeit dafür war, dass ich aufgehört habe, an das Leistungsversprechen unserer Gesellschaft zu glauben. Denn auf der einen Seite versprach man mir, ich könne alles werden, was ich sein wollte, wenn ich nur hart genug dafür arbeitete. Auf der anderen Seite bestrafte meine Pflegefamilie mich dafür, dass ich klüger, fleißiger, leistungsbereiter war, als Menschen aus der Unterschicht in ihren Augen sein durften. Als ich dann in der 10. Klasse tat, was vermeintlich normale Teenager so tun – viel zu viel Zeit mit dem Freund verbringen, Sex haben und bis zum Morgengrauen feiern –, war das meinen Pflegeeltern allerdings auch wieder nicht recht. Man kann sagen: In meiner Pflegefamilie habe ich gelernt, dass unsere Gesellschaft Menschen aus der Unterschicht ganz bestimmte Rollen zugeteilt hat und dass wir dafür bestraft werden, wenn wir versuchen, aus diesen Rollen auszubrechen. Sogar dann, wenn wir genau das tun, was von uns gefordert wird, und versuchen, durch Leistung aus unserer Situation herauszukommen.

Ich würde jetzt gern sagen, dass meine Pflegeeltern eine Ausnahme oder die Fortsetzung einer individuellen Pechsträhne gewesen wären. Aber die Benachteiligung von armuts- und gewaltbetroffenen Jugendlichen hat System. Als ich mit meinem 18. Geburtstag meine Pflegefamilie verließ, also aus der staatlichen Jugendhilfe ausschied, hatte ich nichts. Keine Ersparnisse, keine eigenen Möbel, nichts. Denn von dem Pflegekindergeld, das die Familie für mich bekam, wurde nichts für mich angespart. Ich hatte aber auch keine Chance, mir den Führerschein oder die Möbel für die erste eigene Wohnung selbst zu finanzieren. Denn erst seit Januar 2023 dürfen Jugendliche in der stationären Jugendhilfe, also Kinder und Jugendliche in Pflegefamilien oder Wohngruppen, überhaupt eigenes Geld haben, nachdem der Bundestag die Abschaffung der sogenannten Kostenheranziehung von jungen Menschen in der Kinder- und

Jugendhilfe gebilligt hatte. Vorher mussten Jugendliche bis zu 25 Prozent ihres Einkommens an den Staat abdrücken, um die Kosten ihrer eigenen Unterbringung zu bezahlen. Obwohl keine*r von uns etwas für die eigene Situation konnte, wurden wir für unsere Not bestraft. Das Pflegekindergeld ist bis heute nicht für die von Not betroffenen Kinder gedacht, sondern als Aufwandsentschädigung für die Familien zu verstehen. Damit mich an dieser Stelle niemand falsch versteht: Es gibt sehr viele Pflegefamilien, die Kindern und Jugendlichen ein großartiges Zuhause bieten. Aber es ist eben auch eine Ungerechtigkeit, dass Kinder wie ich keinerlei Anspruch darauf haben, dass ein Teil des Pflegegeldes für uns angespart wird, damit wir nicht mit Nichts in die Welt entlassen werden, wenn wir aus der Jugendhilfe ausscheiden.

Am Ende musste ich, mit Unterstützung von Prozesskostenhilfe, sogar den Staat auf mein eigenes Kindergeld verklagen. Denn das Kindergeld steht in Deutschland nicht den Kindern, sondern ihren Eltern zu. Meine Eltern hatten sich in der Zwischenzeit ins Ausland abgesetzt. Da ich mich aber noch in schulischer Ausbildung befand, bestand für mich formal ein Anspruch auf Kindergeld. Ich musste den Weg über Gerichte gehen, um das Geld, das der Staat aufgrund meiner Existenz ja überhaupt erst auszahlte, tatsächlich auch zu erhalten. Zwar gewann ich den Prozess, aber am Ende war auch das Geld nur ein Tropfen auf dem heißen Stein. Denn neben dem bisschen Schüler-BAföG und ggf. Kindergeld gibt es keine Hilfsstrukturen für junge Erwachsene, die noch zur Schule gehen, aber kein finanziell unterstützendes Elternhaus haben. Schon bei mir damals, 2008, reichte das Schüler-BAföG nicht für Unterbringung und Lebenskosten. Da stand ich also, eine junge Erwachsene aus armen, gewaltvollen Verhältnissen, die Verantwortung für ihr Leben und ihre Zukunft übernehmen wollte, und das System sagte mir: Du bist unser Geld nicht wert, sieh zu, wie du klarkommst. Der Staat zog sich aus der Verantwortung. Das tut er bis heute. Kindern wie mir hätte mit einer Kindergrundsicherung, die ihren Namen verdient, geholfen werden können. Leider ist alles, wozu sich die deutsche Bundesregierung vielleicht durchringen könnte, eine teure Verwaltungsreform. Mehr Geld landet bei armutsbetroffenen Familien dadurch nicht. Ich bin bis heute deshalb unfassbar wütend. Denn da ist sie wieder, die verheerende Botschaft: Ihr seid unser Geld nicht wert. Für Kinder, Jugendliche, junge Erwachsene wie mich ist diese Botschaft verheerend, weil sie unser Vertrauen in die Gesellschaft erschüttert. Dass sich der Staat an so vielen Stellen aus der Verantwortung für seine Bürgerinnen und Bürger zieht, hat demokratiezersetzende Wirkung. Denn wenn meine Geschwister und ich schon zu Hause die Erfahrung machen mussten, dass unser Wohlergehen nicht von Interesse war, wie dankbar wären wir wohl für eine Gesellschaft gewesen, die sich unserer angenommen hätte? Gerade weil meine Eltern keine Verantwortung übernahmen, hätten wir die Hilfe unseres Umfeldes erst recht gebraucht. Wir hätten die staatliche Unterstützung umso mehr benötigt. Doch am Ende mussten wir die Erfahrung machen, dass uns niemand hilft, solange wir uns nicht selbst helfen. Neoliberale Politiker sprechen an dieser Stelle so gern von Eigenverantwortung, die Armutsbetroffene übernehmen müssten. Ganz ehrlich, das ist keine Eigenverantwortung, das ist Sozialdarwinismus at its best: Survival of the Fittest. Wer es nicht schafft, aus Scheiße Gold zu machen und den widrigen Lebensumständen zu entkommen, obwohl Staat und Gesellschaft beide Hände hinter ihren Rücken verschränken, statt eine helfende Hand zu reichen, hat halt Pech gehabt. Eine Studie des Bundesinstituts für Bevölkerungsforschung zeigte 2023, dass Kinder aus armutsbetroffenen und bildungsfernen Familien sowie Familien, in denen Deutsch nicht die Erstsprache ist, deutlich geringere Chancen auf einen Betreuungsplatz in einer Kita haben, weil die Betreuungswünsche wohlhabenderer Familien eher berücksichtigt werden.[4] Projektmittel kommen vor allem bei Schulen an, die über engagierte Eltern verfügen. Studienabschlüsse stehen den Kindern eher offen, die nicht ausschließlich auf staatliche Unterstützung angewiesen sind. Totalsanktionen beim Bürgergeld für diejenigen, die es wagen, von ihrem Recht auf Berufsfreiheit Gebrauch zu machen. Die Erfahrung meines Lebens ist der gesellschaftliche Status quo: Arme Menschen sind unserer Gesellschaft das Geld, das sie bräuchten, nicht wert. Armut ist dabei aber so viel mehr als nur der Mangel an Geld. Das Gefühl von Armut ist vor allem das Gefühl, von unserer Gesellschaft betrogen worden zu sein.

## Armutspornografie als Instrument der Machterhaltung

Zu diesem Gefühl trägt eben auch der gesellschaftlich etablierte Klassismus bei. Denn all die institutionellen und individuellen Ausfälle hätte ich vielleicht noch verschmerzen können, wenn ich nicht in einer Kultur aufgewachsen wäre, die den Armenhass salonfähig gemacht hat. Als Millennial bin ich mit Fernsehformaten wie „Frauentausch", „Mitten im Leben" und „Familien im Brennpunkt" aufgewachsen. Formate, die in der Masse vor allem dazu da waren, gescriptete Lebensrealitäten armer und teilweise ungebildeter Menschen zum kruden Entertainment für die kaufkräftige Bevölkerung zu machen. Obwohl den meisten Menschen klar sein sollte, dass nichts von dem, was da auf dem Bildschirm passierte, wirklich ECHT war, wurde es zur Massensozialisation des Armenhasses. Denn es war ja kein Zufall, dass die Protagonist*innen dieser Formate alle mehrheitlich arbeitslos waren, durch wenig rhetorisches Geschick und verlotterte Kleidung sowie schlechte Zähne auffielen. Gepaart mit Storylines, die vor Lug, Betrug, Teenagerschwangerschaften und Messie-Haushalten nur so trieften, dienten diese Formate vor allem dazu, die Sensationslust des durchschnittlichen Publikums zu befriedigen.

Auch heute noch gibt es genügend Sendungen im Fernsehen, in denen Armut und Arbeitslosigkeit skandalisiert werden – aber nicht mit dem Ziel, soziale Gerechtigkeit zu schaffen. Sondern es geht vor allem darum, der Mehrheitsgesellschaft eine Möglichkeit zu geben, sich am Leid anderer zu ergötzen. Ohne dabei aber ein Ungerechtigkeitsgefühl zu entwickeln, denn indem man diese mittellosen Menschen als unsauber, faul, unkultiviert und unmoralisch darstellt, schafft man Abgrenzung. Die Gruppe der Armutsbetroffenen und prekär Beschäftigten wird derart mit negativen Klischees überzeichnet, dass es für die kaufkräftige Mehrheitsgesellschaft sehr einfach ist, sich zu vergewissern: „Wir sind nicht so." Im gleichen Zuge wird Armut naturalisiert. Es wird also verinnerlicht, dass es ja gar nicht anders sein könne, dass diese Menschen arm und arbeitslos sind, eben WEIL sie doch vermeintlich faul und unmoralisch und unkultiviert und ungebildet sind. Diese Formate zeigen mit Vorsatz vor allem Alkohol trinkende, vor dem Fernseher hängende, in ihrer Unterwäsche oder

Lotterklamotten lebende Armutsbetroffene, weil so jegliches kritisches Hinterfragen der Verhältnisse im Keim erstickt wird. Es wird bewusst vermittelt, dass ALLE Armutsbetroffenen so seien. Auch in unserer Sprache schlagen sich diese Stereotype nieder – nicht umsonst gilt „sozial schwach" als vermeintlich politisch korrekte Umschreibung von Armutsbetroffenen. Dabei ist dieser Begriff unglaublich schädlich. Bei „sozial schwach" denken wir nämlich nicht zuerst an Armut und die damit verbundene Ungerechtigkeit. Die Wendung transportiert eine mit der Armut einhergehende charakterliche Zuschreibung. Bei „sozial schwach" tauchen vor dem inneren Auge vieler Menschen dreckige Personen in zerrissener Kleidung auf, die keine Manieren haben, ihre Nachbarn beklauen und die Kinder nicht zur Schule schicken. Wenn sie „sozial schwach" hören, denken viele Menschen an ungebildete Bevölkerungsgruppen, die sich „prollig" oder „anrüchig" verhalten. Das Nachmittagsprogramm der Privatsender lässt grüßen.

Tatsächlich habe ich eine Verbindung zwischen dem Begriff „sozial schwach" und der Bezeichnung der „starken Armen" gefunden, die im 16. und 17. Jahrhundert für all die Armutsbetroffenen verwendet wurde, die eigentlich arbeitsfähig waren, aber in Armut auf der Straße lebten. Unter diesen sogenannten „starken Armen" waren viele Personengruppen, die wir heute unter „sozial schwach" einordnen: Prostituierte, Bettler*innen und Dieb*innen. Sie galten als „starke Arme", weil sie körperlich zu Arbeit in der Lage waren, gleichzeitig galten sie aber als nicht in die Gemeinschaft integrierbar, weshalb sie im Anschluss an Haftstrafen in Arbeitshäusern zur Zwangsarbeit verpflichtet wurden.[5] Die Nationalsozialisten sprachen während des Dritten Reichs über genau diese Menschen als „die Asozialen". Um die „Volkshygiene" zu erhalten, wurden Kranke, körperlich Schwache, Bettler*innen, Prostituierte und die Empfänger*innen staatlicher Fürsorgeleistungen in Konzentrationslagern zur Zwangsarbeit verpflichtet und später getötet. Denn schon die Nationalsozialisten glaubten, Armutsbetroffene seien faul und der Gemeinschaft unwürdig.

Obwohl wir den Schrecken des Dritten Reichs längst hinter uns gelassen haben – das hasserfüllte Gedankengut lebt in unserer Sprache weiter, indem die oben angesprochenen TV-Formate umgangssprachlich manchmal auch als „Assi-TV" bezeichnet werden. Die TV-Formate erhalten die Vorurteile und damit den Klassenhass gegenüber Armutsbetroffenen aufrecht.

Neu ist das Phänomen nicht. Schon die Publizistin bell hooks schrieb in ihrem Buch „Die Bedeutung von Klasse" über die amerikanische Gesellschaft: „In den frühen Siebzigerjahren wurde die gesamte Nation über die Massenmedien sozialisiert, die Armen als Parasiten und Raubtiere zu sehen, deren anhaltende Bedürfnisse es unmöglich machen würden, dass alle ein gutes Leben führen könnten. Daher war es für das Überleben privilegierter Klassen von entscheidender Wichtigkeit, sich von den Armen abzuwenden."[6] Diese systematische Ausgrenzung von Armutsbetroffenen und prekär Lebenden ist also durchaus ein Phänomen, das sich durch alle kapitalistischen Gesellschaften zieht. Am besten gelingt es, diese Ungleichheiten und daraus entstehende Ungerechtigkeit zu zementieren, indem man Armutsbetroffene auf herabwürdigende Weise stereotypisiert. Wie gut das funktioniert, stelle ich immer wieder selbst unter Beweis. Wenn mich jemand nach meiner

Herkunftsfamilie fragt, antworte ich meist mit einer Variation von: „Ich komme aus so einer klassischen RTL-II-Nachmittags-TV-Familie." Zwar enthält diese Antwort immer auch eine Menge Zynismus gepaart mit einem trockenen Lachen, aber sie erfüllt eben auch ihren Zweck. Mein Gegenüber hat sofort ein sehr genaues Bild davon, wie meine Familienverhältnisse ausgesehen haben könnten, ohne dass ich ins Detail gehen muss. Der Erziehungsauftrag des deutschen Privatfernsehens war also ein voller Erfolg.

Der Clou dabei ist aber eben auch: Gerade WEIL meine Antwort so zielsicher ihren Zweck erfüllt, weiß ich auch ganz genau, wo ich im gesellschaftlichen Gefüge stehe. Die größten Schwierigkeiten in meiner Biografie sind genau deshalb direkt mit meiner Herkunft verknüpft. Ich habe durch diese massenmediale Sozialisierung von klein auf gelernt, dass ich im Grunde zum Bodensatz unserer Gesellschaft gehöre. Einfach nur, weil ich dort herkomme, selbst wenn ich gar nicht so bin. Das merke ich auch an den Reaktionen der Menschen, die mich jetzt kennenlernen und erst nach einer ganzen Weile von meiner Herkunft erfahren. Oft fallen dann Sätze wie: „Das hätte ich ja nie erwartet!" oder „Krass, was du geschafft hast!". Einfach, weil diese Menschen mir durch mein Auftreten, mein rhetorisches Talent und mein Wissen oft erst einmal eine andere Herkunftsklasse zuordnen. Wenn es dann um eine mögliche Zusammenarbeit geht, werden mir die Grenzen meiner Herkunft dann oft umso deutlicher. Mir ist es mehr als einmal passiert, dass Menschen mit mir arbeiten wollten, und als es dann um Qualifikationen ging, machte sich Enttäuschung breit. Denn mehr als mein Abitur und jahrelange Praxiserfahrung habe ich nicht vorzuweisen. Aus ihrer eigenen klassistischen Sozialisierung heraus fingen die Leute dann plötzlich an, meine Expertise zu hinterfragen. Egal, wie begeistert sie bislang von Artikeln und Wortbeiträgen aus meiner Feder gewesen waren. Denn wie wertig ist meine Arbeit denn eigentlich, wenn es kein Dokument gibt, das ihre Wertigkeit bescheinigt?

Ich merke daran immer wieder, wie selbstverständlich es für Menschen ist, dass jemand so Kluges und Wortgewandtes und Belesenes wie ich doch einen höheren Bildungs- oder Berufsabschluss haben müsse. Was im Umkehrschluss zeigt, dass in unserer Gesellschaft der Glaube, dass nur „faule" oder „dumme" Menschen keinen Abschluss machen würden, immer noch weit verbreitet ist. Leider wird mir dadurch auch signalisiert, dass jede Leistung, die ich bislang gebracht habe, gesellschaftlich weniger wert ist, nur weil ich die falsche Herkunft habe.

## DIE ANGST VOR MEINEM GELD – UND VOR DEN ANDEREN

Mein Geld und ich haben kein gutes Verhältnis zueinander. Hätten wir eine Beziehung, würde man wohl wahlweise von Attachment Issues oder Verlustangst sprechen. Ich werfe meinem Geld vor: „Egal, wie viel ich von dir verdiene, du scheinst einfach nie zu reichen!" Und mein Geld wirft mir vor: „Du hast mehr von mir als jemals zuvor in deinem Leben, und trotzdem hast du ständig Angst, dass ich dir davonlaufe!" Wir haben eine toxische Beziehung zueinander, das Geld und ich.

Ich frage mich, ob es eigentlich jemals möglich ist, ein gutes Verhältnis zu Geld zu haben, wenn man in Armut aufgewachsen ist und auch als Erwachsene durchaus prekär beschäftigt ist. Ich habe Geld nie als verlässliche Größe, die einfach da ist, kennengelernt. Denn tatsächlich war einfach selten Geld da. Selbst jetzt, wo wir als Familie finanziell wirklich okay aufgestellt sind, nehme ich Geld vor allem als etwas wahr, das fehlt. Ich sehe nicht, dass es für unsere Bedürfnisse ausreicht, sondern fürchte mich ständig, weil ich sehe, wie unser Konto immer weiter ausblutet. Statt Sicherheit und Genugtuung zu fühlen, weil wir Rechnungen ganz selbstverständlich bezahlen können, drehe ich mich in meiner eigenen Mangelspirale. Denn trotz aller Ressourcen, die wir jetzt haben, werde ich das Gefühl nicht los, dass wir uns eigentlich stärker mäßigen müssten.

Es ist der Fluch der Armutserfahrung. Ich kann Geld nicht behandeln wie „Energie, die kommt und geht und dann wieder kommt, wenn wir sie brauchen" – wie mir eine Money-Coachin vor acht Jahren mal nahelegte. Ich kann nicht NICHT über mein Geld nachdenken. Diese scheinbar indifferente, sorglose Haltung, die ich bei Menschen beobachte, die einfach immer genug Geld hatten, die will mir partout nicht gelingen. Man könnte mein Verhalten als obsessiv bezeichnen. Denn JEDES. EINZELNE. MAL., wenn ich irgendetwas kaufe oder bezahle, frage ich mich, ob das jetzt WIRKLICH notwendig war. Da kann es gerade noch so gemütlich sein oder ich kann mich noch so auf den Spieleabend freuen. Ich weiß, dass uns die Zutaten fürs selbst gemachte Tiramisu nicht zurück in die Armut stürzen werden und wir trotzdem auch in zwei Wochen noch Mittagessen auf den Tisch bekommen. Aber im Hinterkopf sitzt trotzdem die kleine Celsy mit dem Taschenrechner, die mich fragt: „Musste das jetzt wirklich sein? Was ist denn, wenn …?"

Ich glaube, genau da kommen wir zum Kern der Sache. Wir können uns immer das am besten vorstellen, was wir selbst schon einmal erlebt haben. Wenn Geld also nie ein Problem war, weil immer genug davon vorhanden war, dann ist es für das eigene Gehirn eher unwahrscheinlich, mal so richtig in Not zu geraten. So richtig in das-Geld-reicht-nur-fürs-Heizen-ODER-das-Mittagessen-Not. Das bedeutet nicht, dass man nicht auch mal auf etwas sparen musste. Die wenigsten Leute können sich ihren Sommerurlaub einfach so aus der Portokasse leisten. Aber wenn Geld im Alltag immer ausreichend vorhanden ist, lernt man ein Gefühl von Sicherheit. Dann kann man darauf vertrauen, dass das Geld immer genau so kommt, wie man es gerade braucht, und dass es deshalb nicht schlimm ist, das Geld auszugeben.

Ich hingegen existiere im permanenten Panikmodus. Weil ich erlebt habe, wie es ist, wenn das Geld im Umschlag wirklich nur noch für den Lebensmitteleinkauf ODER für die dringend nötige Regenjacke reicht, erinnert mich jedes Geldausgeben, das nicht regulär eingeplant war, sofort daran, wie schnell wir eigentlich wieder am Abgrund stehen könnten. Ich lebe mit einem permanenten Katastrophengefühl.

**Das Katastrophengefühl ist ein Klassengefühl**

Was ist das Katastrophengefühl? Das Katastrophengefühl ist ein Klassengefühl. Es ist das Gefühl, dass jederzeit und an jedem Punkt meines Lebens der absolute Unglücksfall eintreten kann. Wobei sich Unglücksfall vor allem darüber definiert, dass am Ende der Katastrophe ein leeres Konto steht. Das Katastrophengefühl ist das Warten darauf, dass die nächste Katastrophe passiert und das wohlgeordnete Leben unter unseren Füßen weggerissen wird. Ein sehr guter Freund fasste es einmal hervorragend zusammen, als er schrieb: „Irgendwie fühlt es sich alles an, als müsste es jeden Moment explodieren." Ich teile dieses Gefühl – und es ist genauso dramatisch, wie es klingt. Das Schlimmste daran: Es ist nicht einmal an ein konkretes Ereignis oder eine bestimmte Sorge geknüpft. Im Gegenteil, das Gefühl ist abstrakt, und genau das macht es so schlecht aushaltbar. Egal, wie man es dreht oder wendet, man kann nicht rational dagegen argumentieren. Dieses Damoklesschwert lässt sich nicht mithilfe eines Nagels weg vom eigenen Kopf und an die Wand hängen.

Meine küchenpsychologische Theorie ist, dass dieses Katastrophengefühl vor allem daher kommt, dass Menschen mit Armutserfahrung, vor allem in der Kindheit, einen entscheidenden Knick in ihrer Sicherheitswahrnehmung haben. Unser Urvertrauen ist beschädigt, weil wir gelernt haben, zu jeder Zeit damit zu rechnen, dass die Dinge den Bach runtergehen, weil das Geld nicht reicht. Das Sicherheitsgefühl eines Menschen wird ja vor allem durch Selbstverständlichkeiten im Alltag geprägt. Wir lernen, uns sicher zu fühlen, wenn unsere Eltern immer für uns da sind und auch bei Schwierigkeiten zu uns halten. Wenn wir nach Hause kommen, und es ist etwas zu essen und zu trinken da. Wenn wir wissen, dass wir es warm und trocken haben. Stetigkeit ist etwas, das ungemein zum Sicherheitsgefühl und zum Urvertrauen beiträgt.

Nun lernen Armutsbetroffene allerdings sehr schnell, sich eben nicht auf Selbstverständlichkeiten zu verlassen. Wir lernen früh und zügig, dass selbst eine tägliche warme Mahlzeit etwas ist, das wir nicht für selbstverständlich halten dürfen. Wir lernen, dass wir eben nicht einfach so an Gruppenaktivitäten teilnehmen können und dass nicht alle Menschen in unserem Umfeld immer bedingungslos an unserer Seite stehen. Unser Gehirn befindet sich permanent im steinzeitlichen Fight-or-Flight-Modus: Der Stresslevel ist ständig hoch, weil jederzeit der Säbelzahntiger hinter einem Stein hervorspringen könnte. Nur dass unser Säbelzahntiger eine EC-Karte ist, die den Dienst versagt.

Ich halte dieses Katastrophengefühl mittlerweile für eine klar nachvollziehbare psychologische Auswirkung von Armut auf Menschen. Ob es eine Traumafolge ist oder nicht, vermag ich nicht zu sagen, ich bin keine Therapeutin. Aber ich weiß selbst, dass dieses Gefühl krank machen kann. Es führt nämlich nicht nur zu einem konstanten Unwohlsein, sondern ich erlebe es in sehr stressigen Phasen durchaus auch als Panikattacken und generalisierte Angststörung, wie meine eigene Therapeutin mir mal auf einen Diagnosezettel schrieb. Ich frage mich manchmal, ob mein Leben anders verlaufen wäre, geradliniger gewesen wäre, wenn ich in besonders stressigen Phasen nicht ständig damit beschäftigt gewesen wäre, das Katastrophengefühl im Griff zu behalten.

Dieses Katastrophengefühl hat unweigerlich dazu geführt, dass ich mittlerweile mehr über mein Geld weiß als viele andere Menschen. Denn weil ich Geld immer als etwas Unzuverlässiges wahrgenommen habe, führe ich Tabellen und Übersichten, in denen jeder einzelne Cent, der mein Konto betritt oder verlässt, verzeichnet ist. Ich weiß bis auf den Euro genau, wie hoch unsere Fixkosten sind und wie viel Geld wir im Monat zum Leben brauchen. Im Gegensatz zu anderen Menschen mache ich daraus nämlich unterschiedliche Kategorien. Unsere Fixkosten sind all die Kosten für Wohnen und Heizen und Versicherungen und Mobilität. Geld, das unverhandelbar ist. Egal, was passiert, dieses Geld muss da sein und priorisiert werden.

Das Geld zum Leben hingegen, das Haushaltsgeldkonto, das sind Kosten, die sind diskutabel. Hier können wir zur Not schieben und sparen und kürzen, bis im Zweifel nur noch das Allernötigste übrig ist – vollwertige Mahlzeiten für die Kinder und ein bisschen Toast für uns. Es kam schon sehr, sehr lange nicht mehr so weit. Aber ich weiß, dass es geht, wenn es sein muss. Dieses Haushaltskonto hat trotzdem ein festes Budget. Wir geben nicht einfach Geld aus, wie es uns beliebt, und legen nach, wenn wir etwas brauchen. Sondern zwei Mal im Monat buchen wir jeweils einen bestimmten Betrag auf dieses Konto, der reichen MUSS. Egal, wie gut es wirtschaftlich gerade bei mir läuft und wie viel Geld also in Verbindung mit dem Gehalt meines Mannes übrig wäre.

Schon das unterscheidet meinen Umgang mit Geld von dem anderer – ich gebe nicht Geld aus, das ich HABE, sondern nur das, was GEBRAUCHT wird. Das ist ein Verhalten, das ich mir in Zeiten größter Not bewusst antrainiert habe. Als das Geld knapp war, gab es Briefumschläge mit einer abgezählten Menge an Bargeld – ein Umschlag für jede Woche des Monats. Das Geld im Umschlag musste reichen, der nächste Umschlag durfte erst in der jeweiligen Woche neu angebrochen werden. Als das Geld so richtig knapp war, hatten wir in der Küche außerdem eine Spartasche hängen. Dort sammelten wir alle Pfandflaschen. Oft konnten wir nur dank der Pfandflaschen nach dem 20. des Monats noch einkaufen gehen.

## Die vier apokalyptischen Reiter: Angst, Ohnmacht, Überforderung und Selbsthass

Es war nicht immer so, dass ich so gut über mein Geld Bescheid wusste und so gut darin war, es zu verwalten. Tatsächlich hat das Katastrophengefühl zu Anfang meines Erwachsenenlebens dazu geführt, dass ich eine wahnsinnige Angst vor meinem eigenen Geld entwickelt habe. Die Angst war so groß, dass ich mich schlicht und ergreifend überhaupt nicht mit meinem Budget beschäftigt habe. Ganz im Geiste der Vogel-Strauß-Taktik habe ich das Geld einfach so lange ausgegeben, bis die EC-Karte an der Supermarktkasse den Dienst verweigerte. Noch heute bekomme ich Herzrasen, wenn ich an der Kasse stehe und das EC-Kartenlesegerät eine Sekunde länger braucht als üblich. Zu oft war ich der Grund dafür, dass die Schlange der zahlungsfähigen Einkaufenden hinter mir immer länger wurde, weil mein Konto überzogen war und die Person hinter der Kasse so lange Lebensmittel wieder ausscannen musste, bis ich den übrig gebliebenen Einkauf mit Bargeld zahlen konnte. An manchen Tagen musste ich die gesamte Tasche dalassen und ohne Essen wieder nach Hause gehen. Stattdessen trug ich Scham, Angst und Demütigung heim.

Von außen betrachtet sollte man annehmen, dass solch eine Erfahrung spätestens nach dem dritten Mal dazu führt, dass man anfängt, die eigenen Finanzen in den Griff zu kriegen. Tatsächlich kann ich nicht mehr zählen, wie oft ich mit hochrotem Gesicht und Tränen in den Augen an der Kasse stand und nicht zahlen konnte. Das waren furchtbare Momente. Aber mich tatsächlich mit meinen Finanzen zu beschäftigen war noch beängstigender. Für Außenstehende, die das nicht erlebt haben, scheint das merkwürdig und unvernünftig. Wenn man so sehr am Existenzminimum kratzt, dass der Wocheneinkauf phasenweise einfach ausfallen muss, sollten Armutsbetroffene doch gerade motiviert sein, sich mit dem eigenen Geld auseinanderzusetzen, oder nicht?

Lässt man Emotionen und die Art von Traumatisierung, die Armutserfahrung unweigerlich mit sich bringt, außen vor, dann klingt das logisch, ja. Hat man Armutserfahrung aber selbst ERLEBT, dann ist diese Angst und die Vermeidungshaltung den eigenen Finanzen gegenüber noch viel logischer. Denn, wenn wir mal ehrlich zu uns selbst sind: Sich mit dem eigenen Budget zu beschäftigen macht nur dann Spaß bzw. ist nur dann gut auszuhalten, wenn man auch wirklich genug davon hat. Sich mit den eigenen Finanzen zu beschäftigen, wenn man arm ist, geht hingegen mit einer riesigen Anzahl an unangenehmen Gefühlen einher.

Da ist zuallererst die Angst. Vor allem die Angst davor, dass die Situation bei Tageslicht betrachtet noch viel schlimmer ist, als ich sie bislang sowieso schon erlebt habe. Es ist im Zweifel reiner Selbstschutz, mich eben nicht konkret damit auseinanderzusetzen, wie viel Geld ich wirklich zur Verfügung habe. Denn was passiert, wenn ich den Kassensturz mache und feststelle, dass ich tatsächlich über die eigenen Verhältnisse lebe?

An diesem Punkt betritt die Ohnmacht die Bühne. Denn die Feststellung, dass ich noch weniger Geld habe als gedacht, wirft jede Menge Fragen auf. Vor allem die Frage danach, wie ich denn jemals auf einen grünen Zweig kommen soll, wenn es doch jetzt schon nicht reicht. Auch stellt sich die Frage, wo ich denn noch überall sparen soll, immerhin verzichte ich doch sowieso schon so viel!

Jeder Mensch richtet sich zunächst in der Lebensrealität ein, die durch die persönlichen finanziellen Möglichkeiten geprägt ist. Für Armutsbetroffene bedeutet das vor allem das ständige Abwägen zwischen Gütern. Kann ich mir den Wocheneinkauf leisten oder muss ich noch die Miete bezahlen? Ist es okay, diese Woche größere Mengen frisches Gemüse zu kaufen, oder brauche ich das Geld für Hygieneartikel? Als Frau kann ich bezeugen: Vor allem Menschen mit Uterus bzw. regelmäßiger Periode kommen hier mitunter in wirklich unangenehme Situationen. Denn selbst die günstige Packung Binden vom dm kostet im Zweifel genau die 80 Cent, die ich eigentlich gern für einen Laib Brot ausgegeben hätte.

Wenn Sie sich jetzt vorstellen, dass diese Abwägungen sowieso schon zum Alltag von Armutsbetroffenen gehören, können Sie sich vielleicht eher erschließen, warum es so beängstigend ist, sich im Detail mit den eigenen Finanzen zu beschäftigen. Denn was passiert denn, wenn ich feststelle, dass mein Einkommen TATSÄCHLICH nicht reicht, um meine monatlichen Ausgaben zu decken? Ich aber nicht mal eben in eine günstigere Wohnung ziehen kann, weil Umzüge teuer sind und der Wohnungsmarkt der 9. Kreis der Hölle? Und ich aber auch meine alltäglichen Kosten nicht senken kann, weil ich bislang eh jeden dritten Einkauf an der Kasse stehen lassen musste? Wenn ich als Studentin oder Minijobber schon so viel arbeiten gehe, wie ich kann, es aber trotzdem vorne und hinten nicht reicht?

Ich kann aus Erfahrung sagen: Die eigenen Finanzen bis auf den letzten Cent herunterzubrechen führt im ersten Augenblick zu einem erdrückenden Gefühl der Ohnmacht und Überforderung. Denn gerade, wenn ich ja im Alltag schon so oft damit konfrontiert werde, was alles NICHT geht, sehe ich erst mal nur Hürden und Grenzen. Da sprießen keine Ideen, wo ich noch Geld auftreiben könnte. Stattdessen ist da ein riesiger, schwerer Stein im Magen, mit dem ich im Meer der eigenen Verzweiflung zu ertrinken drohe. Manchmal ist es wirklich einfacher, sich selbst in die Tasche zu lügen und durch die

Vermeidungshaltung der Realität so lange wie möglich aus dem Weg zu gehen.

Denn wenn ich dieser bitteren Realität ins Auge blicke, kommt zu den Gefährten Angst, Ohnmacht und Überforderung ein vierter Kumpel dazu: der Selbsthass. Im Gegensatz zur allgemeinen Überzeugung, dass Armutsbetroffene dem Staat ja gern auf der Tasche liegen würden, empfinden die meisten Betroffenen genauso wie ich jede Menge Selbsthass. Wir machen uns die größten Vorwürfe, nicht mit Geld umgehen zu können. Wie viel Zeit meines Lebens ich schon damit verbracht habe, mental auf mich selbst einzuprügeln, weil ich es doch vermeintlich einfach nicht hinbekommen habe! Das Schlimmste daran: Mir ist genau dieses Narrativ, dass ich einfach nicht mit Geld umgehen könne, auch von so vielen Seiten vermittelt worden, dass ich es viel zu lange geglaubt habe.

Gerade, wenn Schulden im Spiel sind, wird genau dieses Urteil ständig bemüht. Wer verschuldet sei, könne bloß nicht mit Geld umgehen und lebe über seine Verhältnisse. Dabei sind Schulden ja in vielen Bereichen des Lebens kaum zu vermeiden – wer ein Haus oder gar ein Mittelklasse-Auto kaufen will, muss dieses in der Regel über Raten finanzieren. Armutsbetroffene kommen an diesen Ratenzahlungen schon für den alltäglichen Konsum kaum vorbei: Wenn die Waschmaschine kaputtgeht, auf die ich ja nicht monatelang verzichten kann, aber kaum genug Geld habe, um meinen Alltag zu bewältigen, muss ich mich verschulden, um den Alltag zu bewältigen. Umso mehr, wenn ich Kinder habe und entsprechend viel dreckige Wäsche anfällt. Das Problem daran: Ohne die Waschmaschine geht es nicht, die monatlichen Raten fressen aber Geld, das man von vornherein nicht hat.

So geht es Betroffenen in relativ vielen Bereichen ihres Lebens. Die Winterjacke, der Taschenrechner für die Schule, manchmal auch der letzte Wocheneinkauf im Monat – ohne die Möglichkeit, zum Beispiel den Dispokredit in Anspruch zu nehmen, können viele ihren Alltag gar nicht bewältigen. Weil das Geld zu wenig ist, es aber eben Ausgaben gibt, die sich nicht einsparen oder monatelang hinausschieben lassen. Der überzogene Dispokredit, der Studienkredit, die Klarna-Rechnungen: All das führt dazu, dass sich die Armut stetig fortsetzt – bis alles abbezahlt ist, teilweise auch jahrelang, nachdem sich die Einkommenssituation erheblich verbessert hat. Aber anstatt den Umstand, dass es den Menschen an Geld fehlt, anzuerkennen, wirft die Gesellschaft ihnen vor, sie könnten bloß nicht damit umgehen. Unter dem Hashtag #IchbinArmutsbetroffen liefern viele aktuell oder ehemals Armutsbetroffene in diversen sozialen Netzwerken in Tausenden von Anekdoten Tatsachenberichte dazu, dass ich mit meiner Wahrnehmung nicht allein bin, sondern dass es den meisten Armutsbetroffenen so geht. Und wie sie tagtäglich mit diesen Vorurteilen konfrontiert und von ihnen nachhaltig beeinflusst werden.

Ich musste erst Mutter werden, um selbst dahinterzukommen, wie wirkmächtig gesellschaftliche Vorurteile sind. Denn ich bin ja nicht nur als Armutsbetroffene ständig damit beschallt worden, sondern auch in meiner Eigenschaft als Mädchen und junge Frau.

## Arme Menschen können nicht mit Geld umgehen – und Frauen schon mal gar nicht

Unsere Gesellschaft hat eine ziemlich klare Meinung zu Geschlecht und Geld. Genauso, wie in Schulen immer noch erzählt wird, dass Jungs von Natur aus besser in Mathe seien bzw. dass Mädchen sich mit Mathe eher schwertun würden, wird Mädchen und Frauen häufig erzählt, dass sie weniger gut mit Geld umgehen könnten. Die Finanzbranche ist nach wie vor krass männlich dominiert. Das Frauenmagazin Brigitte hat eine eigene Academy nur für Frauen ins Leben gerufen, die sich mit finanzieller Bildung beschäftigt. Überall sprießen Money Coaches speziell für Frauen aus dem Boden, und selbst Influencerinnen machen Werbung für nachhaltige Bankkonten mit dem Take, dass sie als Frau ja bislang mit Geld eher wenig am Hut hatten. Allein die Tatsache, dass Männer nach der Geburt ihres ersten Kindes tendenziell eher besser verdienen, während sich für Frauen hier erst die Untiefen des Gender Pay Gaps bemerkbar machen, sagt viel darüber aus, wie viel höher wir durch Männer verdientes Geld bewerten als das, was Frauen erwirtschaften.

Für armutsbetroffene Frauen ist das doppelt verdammend. Denn auf der einen Seite wirft man uns vor, nur deshalb arm zu sein, weil wir nicht mit Geld umgehen könnten. Auf der anderen Seite traut man uns aber auch nicht zu, mit zur Verfügung gestelltem Geld unsere Situation nachhaltig zu verbessern – immerhin wisse doch jeder, dass Frauen ihre Finanzen nicht im Griff hätten. Armutsbetroffenen Frauen wird so mehrfach die Schuld für ihre Situation zugeschoben. Denn hier wird pauschal unterstellt, es sei eigenes Versagen, wenn das Geld immer knapp sei.

### Doch wer kann eigentlich mit Geld umgehen?

Dabei ist es schon ein bisschen ironisch, wie wir „mit Geld umgehen können" definieren. Wir meinen damit nämlich nie die

Alleinerziehende, die es schafft, mit 70 Euro in der Woche für sich selbst und ihre beiden Kinder frisch und ausgewogen zu kochen und gleichzeitig das Geld für den Theaterbesuch mit der Schule des einen und die neuen Sportschuhe des anderen Kindes zu bezahlen. Wir meinen damit auch nicht die Studentin, die von ihren 400 Euro BAföG das WG-Zimmer und von ihren vielleicht 150 Euro Trinkgeld im Monat die alltäglichen Kosten finanziert. Wir meinen damit natürlich auch nicht all die Personen, die auf den Cent genau wissen, was Graubrot, der Liter Milch oder eine Packung Toilettenpapier beim Supermarkt um die Ecke gerade kosten. Wenn wir davon sprechen, dass jemand mit Geld umgehen kann, dann meinen wir nicht, dass jemand von einem sehr überschaubaren Budget seinen Lebensunterhalt bestreiten kann, ohne sich zu verschulden oder auf Geldgeschenke angewiesen zu sein.

Nein, in unserer kapitalistischen Gesellschaft ist bei „mit Geld umgehen können" die Fähigkeit gemeint, einen Überschuss an Geld verwalten zu können. Denn wenn wir über jemanden behaupten, dass diese Person etwas von Geld verstünde, dann meinen wir in der Regel, dass diese Person sich darauf versteht, Geld gewinnbringend anlegen zu können. Es geht dann um Aktien, um Depots und ETFs, es geht um Investitionen und Renditen. Mit all diesen Dingen kommt man erst in Kontakt, wenn man einen nennenswerten Geldbetrag im Monat zur freien Verfügung hat. Spielgeld quasi. Altersvorsorge und Geldanlage – das spielt erst eine Rolle, wenn ich Geld habe, das ich aktuell nicht brauche. Das ich entbehren kann, ohne nachts wach zu liegen, weil die Waschmaschine schon 15 Jahre alt ist. Das ist es, was wir meinen, wenn wir sagen, jemand könnte mit Geld umgehen. Doch diese Personen

wissen zum Beispiel oft gar nicht, was genau der Laib Graubrot, den sie gestern Abend erst gekauft haben, kostet. Oder
wie teuer eigentlich Süßigkeiten für einen Kindergeburtstag so
sein können. Häufig haben diese Personen nicht einmal eine
konkrete Antwort darauf, wie viel Geld sie in der Woche oder
im Monat für den Lebensmitteleinkauf ausgeben. Wir schreiben ihnen zu, dass sie mit Geld umgehen könnten, aber von
den alltäglichen Dimensionen von Geld haben sie oft überhaupt keine Ahnung. Ist das nicht ironisch?

Und ist es nicht nahezu skurril, dann von finanzieller Kompetenz zu sprechen, wenn jemand mit Geld hantiert, das im
Grunde nur noch eine abstrakte Form hat? Denn wenn ich
Geld in ETFs und Aktien stecke, wenn ich in einen Altersvor-
sorge-Fonds investiere, dann schiebe ich im Grunde nur noch
digitale Ziffern hin und her. Dieses Geld existiert nicht wirklich. Es ist nicht, als ob ich jeden Monat einen 5-Euro-Schein
in das Sparschwein meiner Kinder stecke. Es sind digitale Da-
tensätze, die von meinem Konto auf ein Konto auf einem anderen Server geschoben werden.

Diejenigen aber, die mit Geld umgehen können MÜSSEN,
weil sie wirklich genau kalkulieren müssen, wie sie ihre monatlichen Kosten decken können, hantieren noch viel häufiger mit
Bargeld. Viele aktuell und ehemals Armutsbetroffene, die ich
kenne, haben wie ich im Laufe ihres Lebens Briefumschläge
für jede Woche des Monats gehabt. Reell existierende Briefumschläge, die man anfassen kann, mit reell existierenden Bank-
noten und Münzen drin, die man anfassen und bei denen man
vor allem fühlen und sehen kann, wenn sie in den Umschlag
hineingesteckt und wieder herausgenommen werden. Wenn

das Geld weniger wird. Wir alle haben diese Methode im Laufe unseres Lebens aus einem Grund ausprobiert: Weil wir uns erhofft haben, so den genauesten, den besten Überblick darüber zu haben, wie viel Geld uns wirklich zur Verfügung steht. Was sagt es über uns als Gesellschaft aus, dass wir nur Menschen zuschreiben, mit Geld umgehen zu können, die sich leisten können, den Überblick darüber zu verlieren, wie viel Geld sie eigentlich haben?

Wenn das unser Maßstab dafür ist, mit Geld umgehen zu können, ja, dann können arme Menschen wohl tatsächlich nicht mit Geld umgehen. Denn sie haben nicht das Privileg, mit Spielgeld zu hantieren, bei dem es nicht so schlimm ist, falls sie es verlieren. Dabei kennen sie sich mit der alltäglichen Dimension von Geld wohl am besten aus. Sollte es aber nicht gerade diese alltägliche Dimension von Geld sein, anhand derer wir darüber urteilen, wie gut jemand damit umgehen kann? Ist es nicht geradezu skurril, dass wir die Kompetenz, mit abstrakten Werten zu hantieren, höher bewerten als die Fähigkeit, die eigenen Kinder bestmöglich satt zu bekommen?

### Geld ist für uns nie neutral

Für armutsbetroffene Menschen ist Geld mit wahnsinnig vielen Emotionen belastet, die sie, mit ein wenig Empathie betrachtet, logischerweise davon abhalten können, sich genau mit ihrem Einkommen und ihren Ausgaben zu beschäftigen. Das muss aber nicht immer bedeuten, dass sie über ihre Verhältnisse leben. Auch dann, wenn man durch die bisherige Erfahrung weiß, dass man eigentlich immer zumindest bei null rausgekommen ist, kann es überfordernd sein und ohnmächtig machen, wenn man die eigenen Finanzen bis auf den letzten Cent herunterbricht.

Ich kann bezeugen: Das Gefühl, dass mein Geld genau für all das reicht, was ich im Alltag zum Leben brauche, kann sich genauso erdrückend und schmerzhaft anfühlen wie die Erkenntnis, dass man zu wenig Geld für den eigenen Alltag hat. Denn da, wo die Minimalanforderungen erfüllt sind, wächst früher oder später das Bedürfnis, zu ERleben, statt immer nur zu ÜBERleben. Da wird aus absoluter Armut dann die relative Armut: Die eigene Existenz ist zwar abgesichert, aber ich kann mir eben nicht den gleichen Lebensstil leisten wie mein Umfeld. Wenn dann beim Blick auf die Tabelle, die man auf die Rückseite eines Briefumschlags geschmiert hat, klar wird, dass das Geld zwar reicht, aber nur für das Allernötigste, bricht das Herz auf seine ganz eigene Weise. Weil man sich vielleicht doch eben hin und wieder gern einen Kaffee in der Sonne gönnen würde. Oder ein Eis, während man durch die Fußgängerzone flaniert. Oder diese eine, wirklich heiße Jeans, die nicht nur zweckmäßig, sondern ausnahmsweise auch mal wirklich hübsch wäre. Kugelschreiberschwarz auf gebleichtem Recycling-Papier zu sehen, dass einem diese kleinen Oasen im Alltag nicht vergönnt sind, ist hart. Mich gar nicht konkret mit meinen Finanzen zu beschäftigen, sondern immer nur Pi mal Daumen zu wirtschaften, kann auch deshalb durchaus ein Selbstschutzmechanismus sein. Mich meiner eigenen Not zu ergeben schützt mich manchmal effektiver vor einem gebrochenen Herzen als die Tipps aller Money Coaches dieser Welt.

Wie wirkmächtig diese Selbstschutzmechanismen sind, merke ich erst jetzt so richtig, wo Geldsorgen nur noch eine untergeordnete Rolle in meinem Leben spielen. Jetzt bin ich in der luxuriösen Situation, dass ich bis auf den letzten Cent genau weiß, wie viel Geld wir als Haushalt verdienen und wie viel wir wofür auch wieder ausgeben – und am Ende sogar Spielgeld haben. Wir haben mittlerweile eine Excel-Arbeitsmappe, in der nicht nur Geldeingänge und Geldausgänge fast in Real Time dokumentiert werden, sondern in der wir sogar ein Dashboard haben, das verschiedenste Budgets mit den Namen „Kleidung" und „Take-out" und „Kinder" zeigt. Herzstück dieses Dashboards: Unser ganz persönliches Spar-o-meter. Eine kleine Uhr, vergleichbar mit der Motortemperaturanzeige in alten Pkw, die mit einer Nadel und einer Summe zeigt, wie viel Geld wir schon für unseren Dänemarkurlaub und die anstehende Einschulung weggelegt haben. Dabei legen wir monatlich gerade so viel Geld zurück, wie wir in unseren ärmsten Zeiten monatlich zum Leben hatten. Statt dass ich jetzt aber durchatme und mich entspanne, weil ich offensichtlich über ausreichend Spielgeld verfüge und es mir deshalb emotional leisten können sollte, meine Finanzen so wahnsinnig gut organisiert zu haben, ist die Panik so groß wie nie. Absurd, oder?

Zum Teil spielt dabei eine Rolle, dass ich als Selbstständige immer in einem latent unsicheren Arbeitsverhältnis stehe und unser finanzieller Masterplan nur dann aufgeht, solange ich auch den monatlich festgelegten Mindestumsatz einfahre. Es ist also schon durchaus gesellschaftlich anerkannt vernünftig, finanziell auf der Hut zu sein. Gleichzeitig holt mich das Trauma meiner Armut einfach gnadenlos ein. Gerade weil ich weiß, wie unerbittlich die Lebensrealität am Rande des Existenzminimums ist, habe ich wahnsinnige Angst, alles zu verlieren. Das Katastrophengefühl ist umso stärker, je besser es uns finanziell geht. Also überkompensiere ich – indem ich mir keine Klamotten kaufe, obwohl ich dringend einen neuen Pulli bräuchte. Indem ich versuche, die Kinder-T-Shirts für den anstehenden Frühling gebraucht zu kaufen, obwohl wir uns Neuware leisten könnten. Indem ich Ausflüge mit den Kindern immer weiter hinausschiebe, obwohl wir sowieso schon selten unterwegs sind. Ich versuche das Geld, das wir haben, zu horten. Zuerst war ich die Frau, die ihre Wocheneinkäufe an der Kasse stehen lassen musste, weil sie nie wusste, wie viel Geld sie eigentlich genau zur Verfügung hatte. Dann war ich die Frau, die zwar ihren Alltag finanzieren konnte, aber um all das, was sie sich nicht gönnen konnte, geweint hat. Jetzt bin ich die Frau, der es finanziell gerade so gut geht wie noch nie und die nun geiziger auf ihrem Geld sitzt als der Drache auf seiner Schatztruhe. Zu all diesen Frauen hat mich meine Armutserfahrung gemacht.

Geld ist für Armutsbetroffene nie einfach neutral. Auch dann, wenn wir zu Geld kommen und eigentlich keine Sorgen mehr haben müssen, ist Geld für uns immer mit Angst und Unsicherheit verbunden. Unsere Gelderfahrungen prägen jede Entscheidung, die wir in unserem Leben treffen – und das nicht immer zum Positiven. Unsere Gelderfahrung wird zur mentalen Last, zur Belastung, die unser Leben nachhaltig schwerer macht, als es sein müsste.

## Armutsmathematik

Gerade weil Geld für uns nicht neutral ist, bedienen sich viele Armutsbetroffene einer Dynamik, die ich Armutsmathematik getauft habe. Angelehnt ist der Name an das popkulturelle Phänomen des Girl Math, das gerade in den sozialen Netzwerken kursiert. Dabei geht es um eine scheinbar geschlechtsspezifische Art und Weise, Kosten und Nutzen gegeneinander aufzuwiegen. Da heißt es beispielsweise, dass Frauen sagen: „Wenn ich im August Taylor-Swift-Tickets für 250 Euro kaufe, sind sie zum Konzerttermin im März quasi gratis." Oder auch der Satz „Alles, was ich bar bezahle, ist quasi umsonst!" wird unter Girl Math kategorisiert. Im Grunde geht es bei dem Phänomen wohl darum, dass alles, was den Kontostand nicht (mehr) grundlegend beeinflusst, als Gratis-Geschäft gewertet wird.

Ich glaube, Girl Math ist ein Rechtfertigungsmechanismus einer Generation, für die das Wohlstandsversprechen ihrer Eltern nicht mehr garantiert aufgeht. Denn sich selbst etwas zu gönnen ist für junge Leute gar nicht mehr so einfach, wenn sie sich permanent damit konfrontiert sehen, dass ihre Wohnkosten kaum noch zu stemmen sind, der Traum vom Eigenheim in weite Ferne gerückt ist und selbst die Lebensmittelpreise stetig nach oben klettern. Girl Math ist damit wahrscheinlich auch nichts anderes als ein Selbstschutzmechanismus, der satirisch versucht, die Unsicherheiten einer ganzen Generation unter den Teppich zu kehren. Gleichzeitig ist Girl Math zutiefst problematisch, weil sexistisch. Gerade weil Girl Math häufig dafür genutzt wird, vermeintlich unnötige Impulskäufe junger Frauen zu rechtfertigen, bedient das Internetphänomen die sexistische Erzählung, dass Frauen nicht mit Geld umgehen könnten. Ich glaube aber, dass die Generation Z mit Girl Math einfach einen selbstironischen Rechtfertigungsmechanismus erfunden hat, eben WEIL die Gesellschaft jungen Frauen sowieso nicht zutraut, selbstbestimmt informierte und vernünftige Geld-Entscheidungen zu treffen. Deshalb ziehen sich diese jungen Frauen lieber gleich selbst durch den Kakao, um all den Kritiker*innen und Besserwissenden den Wind aus den Segeln zu nehmen. Vermutlich wirkt diese Form der Selbstironie auch als Selbstvergewisserung. Mir vorzumachen, dass der dm-Shoppingtrip quasi gratis wäre, weil ich ihn von den 20 Euro bezahlt habe, die eh noch im Portemonnaie steckten, beruhigt das schlechte Gewissen, bevor es aufkommen kann. Und wenn die Wohnungsmiete knapp die Hälfte meines Einkommens beträgt, ist da leider sehr viel Raum für schlechtes Gewissen. Armutsmathematik funktioniert ähnlich. Armutsmathematik ist das Phänomen, größere Ausgaben in Notwendiges umzurechnen. So rechnen Armutsbetroffene größere Anschaffungen beispielsweise in die Anzahl an Wocheneinkäufen um, die sie sich davon leisten könnten. Der Betrag, den ich für mein Tattoo, das ich mir zum fünfjährigen Krebsfrei-Jubiläum geschenkt habe, bezahlen musste, war genauso hoch wie das Budget, das wir für eine Woche im Monat zur Verfügung haben. Das Ferienhaus in der Nebensaison in Dänemark? Ist ein halbes Monatsbudget. Der Wintermantel für 120 Euro? Ein Wocheneinkauf für vier Personen. Das Brunch-Angebot im Lieblingscafé? Umgerechnet drei Latte macchiato.

Armutsmathematik ist gleichbedeutend damit, Dinge gegeneinander aufzurechnen, um sich am Ende die Frage zu stellen, ob eine Ausgabe in einer bestimmten Größenordnung wirklich nötig ist. Als eine meiner engsten Freundinnen mit mir nach Norderney fahren wollte und wir nach Unterkünften guckten, saß ich irgendwann neben meinem Mann und sagte: „Puh, wenn ich alleine eine Woche nach Norderney fahre, kostet uns das genauso viel wie sonst das Ferienhaus für eine Woche in Dänemark für unsere ganze Familie." Habe ich Lust auf ein Stück Sahnetorte, steh ich beim Bäcker und sage zu meinem Mann: „Für 3,60 Euro pro Stück kann ich fast eine ganze Torte selbst backen." Sehe ich ein anderes Kita-Kind in Leggings von Zara, erkläre ich: „Für den Preis kriege ich bei Ernstings drei Leggings!" Als unser Auto zum TÜV musste, war das Fazit: „Die Reparatur kostet uns ein ganzes Monatsbudget." Armutsmathematik macht abstrakte Geldsummen zu ganz konkreten Anwendungsbeispielen. Für Menschen mit Armutshintergrund ist Geld dabei nicht einfach nur Mittel zum Zweck. Für uns ist das Geld, das wir für Dinge ausgeben müssen, sehr konkret an unser alltägliches Überleben geknüpft. Durch Armutsmathematik stellen wir Verhältnismäßigkeiten her. Anschaffungen beziehungsweise Ausgaben stehen nicht für sich, sondern werden immer anhand dessen bewertet, was wir uns dafür stattdessen hätten leisten können.

Gleichzeitig kommt tatsächlich auch eine rechtfertigende Form des Girl Math zum Einsatz. Denn größere Anschaffungen rechtfertigen wir durchaus auch gern vor uns selbst, indem wir ausrechnen, wie teuer eine Sache auf Zeit gerechnet ist. Das Paar Winterstiefel für 120 Euro hat ja aufs Jahr gerechnet nur 30 Euro gekostet, wenn wir sie mindestens vier Jahre tragen. Ziehen wir die Jeans für 60 Euro mindestens drei Jahre lang an, war sie durchschnittlich doch nur 20 Euro teuer. Das Sofa für 500 Euro begleitet uns bestimmt mindestens 10 Jahre und war dadurch mit 50 Euro pro Jahr ein richtiges Schnäppchen. Wir können uns nicht einfach Dinge kaufen, weil sie nötig sind oder wir sie gern haben wollen. Stattdessen leben wir mit einem latent schlechten Gewissen, führen unentwegt Diskussionen mit uns selbst und unterziehen uns einer permanenten Rechtfertigung.

## Die ständige Angst vor Verurteilung

Das alles ist nicht nur für unsere mentale Gesundheit überaus belastend. Immerhin befinden wir uns in einem ständigen Stadium der Unsicherheit, Angst und Grübelei. Es belastet auch unsere zwischenmenschlichen Beziehungen sehr. Gerade dann, wenn Menschen in unserem Umfeld von unseren Geldsorgen oder unserem (ehemaligen) Armutshintergrund wissen, neigen wir besonders dazu, Café-Besuche, Konsumentscheidungen und Ausflüge oder Urlaube bis ins kleinste Detail zu erklären. Denn wir rechnen jederzeit damit, für unsere Geldentscheidungen verurteilt zu werden. Immerhin ist es genau das, was die Gesellschaft tagtäglich spiegelt. Es gibt eine sehr hohe gesellschaftliche Erwartung an Armutsbetroffene, dass sie sehr sorgfältig, vernünftig und vorsichtig mit ihren Finanzen haushalten sollen. Selbst wenn klar ist, dass sie gerade Geld ausgeben, das tatsächlich im weitesten Sinne „übrig" ist.

Besonders in Erinnerung ist mir da eine Anekdote aus dem Sommer vor meiner Reha, als ich mich im zweiten Jahr meiner Krebs-Remission befand. Da ich als freiberufliche Autorin kurz nach der Krebserkrankung schlecht abgesichert war, hatte meine Instagram-Community damals eine größere Summe Geld für mich gesammelt. Viele PayPal-Überweisungen hatten damals den Zusatz, dass das Geld nicht nur für meine Reha gedacht wäre, sondern auch dafür, mit meinen Kindern vorher und hinterher eine gute Zeit zu haben. Meine Community wusste immerhin ganz genau, wie viel Leben mit meinen Kindern ich durch den Krebs und die anschließende Fatigue verpasst hatte.

Völlig überwältigt von all dieser Großzügigkeit haben mein Mann und ich damals spontan entschieden, mit den Kindern einen Ausflug in den Freizeitpark zu machen – Kostenpunkt insgesamt 134 Euro für vier Personen. Das kommunizierte ich damals auch so auf Instagram. Denn während man in den Sommerferien zahlreiche Influencerinnen mit ihren Familien teure Urlaube und Ausflüge machen sieht, wollte ich transparent darstellen, dass solch ein Ausflug in den Freizeitpark für die meisten Familien nicht ohne Weiteres möglich ist. Es ging mir also darum, zu zeigen, wie privilegiert all diese Ausflüge, die man uns auf Social Media immer vor die Nase hält, eigentlich sind – und wie dankbar ich dafür war, dass meine Community uns damals solch einen Tag ermöglicht hatte.

Daraufhin erhielt ich eine Instagram-Nachricht einer größeren Momfluencerin, die mich sprachlos zurückließ. Sie war ein wenig konsterniert darüber, dass wir in unserer Situation so viel Geld für einen Freizeitpark ausgegeben hatten, und meinte: „Ich hatte schon erwartet, dass du den Rest des Geldes für Notzeiten zurücklegst." Wie dringend meine Familie nach meiner Krebserkrankung ein bisschen Leichtigkeit brauchte, dass ich mit meinem damals 3- und 5-jährigen Kindern endlich auch freudige Erinnerungen schaffen wollte, war für sie nachrangig.

## DIE FINGERNÄGEL DER EINEN SIND NICHT DIE FINGERNÄGEL DER ANDEREN

Die Erwartungshaltung hinter dieser Nachricht: Arme Menschen sollen ihr Geld doch für „vernünftige" Dinge ausgeben. Was dabei als vernünftig gilt, dürfen diese Menschen allerdings nicht selbst entscheiden. Der allgemein anerkannte Maßstab lautet hierbei ganz klar: Wenn arme Menschen mal Geld „übrig" haben, dürfen sie sich davon keine schöne Zeit machen, sondern sollen dieses Geld ausnahmslos für schlechte Zeiten weglegen. Was dabei nicht gesagt wird: Sie sollen das Geld für Notzeiten sparen, damit sie nicht wieder von der Solidarität der Gemeinschaft abhängig sind. Mit dem Leistungsversprechen, das wir gesellschaftlich immer wiederholen, kommt nämlich auch der

Anspruch, dass Menschen immer und zu jeder Zeit ausschließlich für sich selbst verantwortlich sein müssen und nicht von anderen abhängen dürfen. Bedürftigkeit ist in unserem Land stark stigmatisiert. Die Gesellschaft bestraft Armutsbetroffene für ihre Armut, indem sie ihnen ein gutes Leben missgönnt.

So heißt es also jedes Mal, wenn höhere Sozialleistungen für armutsbetroffene Menschen diskutiert werden oder die Kindergrundsicherung eingefordert wird: „Dann sollen die Mütter sich einfach nicht so häufig die Nägel machen lassen!" Je länger und bunter die Fingernägel, je auffälliger und kreativer das Make-up oder die Frisuren oder die Outfits armutsbetroffener Frauen sind, desto schneller sind wir als Gesellschaft damit, ihnen vorzuwerfen, das Geld an der falschen Stelle auszugeben. „So knapp kann das Geld dann ja gar nicht sein", sagen wir, wenn die armutsbetroffene Nachbarin mit neuem Nagellack oder einem anderen Lippenstift um die Ecke kommt. Wagen diese Frauen es, sich über ihre wirtschaftliche Situation zu beklagen, werfen wir ihnen genau diese Nägel und diesen Lippenstift und im Zweifel die frisch gefärbten Haare vor.

Ganz anders sieht das allerdings aus, wenn finanziell privilegierte Mütter sich über finanzielle Angelegenheiten beklagen. Gut situierte Frauen können auf Instagram ohne Probleme in der einen Storysequenz darüber stöhnen, dass die Lebensmittel so wahnsinnig teuer geworden seien, und in der nächsten Story ihre frisch manikürten Nägel in die Kamera halten, während sie ein höheres Kindergeld fordern – ihnen wird nämlich niemand sagen, dass sie doch einfach öfter auf den Besuch im Nagelstudio verzichten sollten. Immerhin arbeiten diese Frauen doch für ihr Geld, das bisschen Luxus müssten wir ihnen doch also gönnen können, oder?

Sollten Sie jetzt an dieser Stelle fleißig nicken, würde ich gern darauf verweisen, dass auch Care-Arbeit Arbeit ist. Auch erwerbslose Mütter arbeiten, denn sie ziehen eine Generation neuer Staatsbürger*innen heran. Auch wenn ich persönlich kein Fan von der Erzählung bin, dass Care-Arbeit ein wirtschaftlicher Faktor ist, weil wir die Steuerzahler*innen von morgen heranziehen, IST Fürsorgearbeit durchaus eine Voraussetzung dafür, dass unsere Wirtschaft läuft. Vereinfacht gesagt: Ohne Fürsorgearbeit kein Bruttoinlandsprodukt. Es sollte also keinen Unterschied machen, ob die Mutter mit den frisch manikürten Nägeln einen hoch dotierten Managementjob macht, der ihr im Zweifel sogar ermöglicht, ihre Kinder von einer Nanny betreuen zu lassen, oder ob diese Mutter nach der Maniküre ausschließlich zur heimischen Fürsorgearbeit zurückkehrt. Beiden sollten wir diese kleine Freude im Leben gönnen.

Leider ist es aber eben so: Die Fingernägel der einen sind nicht die Fingernägel der anderen. Die eine Frau hat sich ihre Maniküre „wohlverdient", bei der anderen verurteilen wir diesen Luxus als überflüssig. Wir bewerten ein und denselben Kostenpunkt vollkommen unterschiedlich, weil die eine Frau dem Mittelstand angehört und die andere arm ist. Das ist Klassismus.

Wir tun das, weil unsere Gesellschaft als solches armenfeindlich ist. Uns wird von klein auf beigebracht, arme Menschen zu verachten. Nach kapitalistischer Logik ergibt das Sinn: Reichtum kann nur in Beziehung zur Armut bestehen. Ohne Arm kein Reich – damit Menschen reich sein können, müssen andere arm sein. Um Menschen dazu zu motivieren, möglichst viel Reichtum zu erwirtschaften, also produktiv zu sein, müssen wir ihnen erzählen, dass potenziell jeder Mensch die Chance hätte, reich zu werden. Damit Menschen diese Lüge so lange wie möglich glauben und möglichst viel Produktivität und Ressourcen in den Wirtschaftskreislauf einbringen, brauchen wir ein Feindbild, von dem es sich abzugrenzen gilt. Also zeichnen wir Armutsbetroffene als faul und unmoralisch und stellen ihre Armut als selbstverschuldet dar. Wir schüren Abstiegsangst, damit Menschen den Kapitalismus möglichst gut am Laufen halten. Und damit Menschen nicht auf den Gedanken kommen, dass sich Wirtschaftsgüter ja eigentlich auch solidarisch teilen lassen könnten und wir den Turbokapitalismus auch nicht zwingend brauchen würden, lernen wir von klein auf, arme Menschen für all ihre Entscheidungen zu beschämen.

Weil der Kapitalismus in Hierarchien besonders gut funktioniert, wird uns ganz besonders beigebracht, arme Frauen für ihr Verhalten und damit auch für ihre Konsum- und Stylingentscheidungen zu verurteilen. Entweder werfen wir ihnen vor, Geld für überflüssige Dinge auszugeben, wenn sie sich schminken oder um Maniküre und modische Frisuren bemühen. Oder wir verurteilen sie, wenn sie genau das nicht tun. Denn ungeschminkte Frauen mit Mom-Bun und naturbelassenen Nägeln werden in unserer Gesellschaft in keinem Kontext neutral gelesen. Je ärmer sie sind, desto deutlicher wird ihnen vorgeworfen, sich gehen zu lassen. Verzichten sie – beispielsweise aus Rücksicht auf das Haushaltsbudget – auf Make-up und Co, dann haben sie vermeintlich „die Kontrolle über ihr Leben verloren" und sich selbst „aufgegeben". Frauen aus der Unterschicht können es nur falsch machen. Sie leben im steten Kontinuum aus Verschwendung und Verlotterung.

Frauen aus finanziell vermeintlich stabilen Verhältnissen machen wir diese Vorwürfe desto weniger, je privilegierter sie sind. Teures Make-up, kostspielige Friseurbesuche, Maniküren, all das wird plötzlich zu Statussymbolen, je mehr Geld im Spiel ist. Plötzlich ist es quasi undenkbar, ohne diese Dinge zu leben. Wenn Frau etwas auf sich hält, dann hüllt sie sich in den Mantel oberflächlichen Luxus. Auf Instagram verdient eine ganze Riege aus privilegierten, oft weißen Influencerinnen ihren Lebensunterhalt damit, Nagellack für 25 Euro das Fläschchen an die Frau zu bringen oder für Kosmetikmarken zu werben, bei denen 50 ml Serum um die 40 Euro kosten. Während bei armen Frauen automatisch angenommen wird, dass Nagellack und andere Pflegeprodukte in jedem Fall viel zu kostspielig sind, gilt bei privilegierten Frauen plötzlich, dass Qualität in jedem Fall ihren Preis haben müsse und nur die Dinge wirklich gut seien, die auch das Entsprechende kosten. Es ist die kapitalistische Heuchelei: Für den gesellschaftlichen Aufstieg und für gesellschaftliche Anerkennung wird Konsum vorausgesetzt. Gerade Konsum aus Genuss gehört zum guten Ton. Aber wenn arme Menschen konsumieren, werfen wir es ihnen vor.

Menschen mit wenig Geld dürfen ihre finanziellen Ressourcen gesellschaftlich abgesegnet vor allem für das eigene Überleben, für das Existenzminimum verwenden. Einen neuen Fernseher oder das in Neiddebatten viel beschworene, teure Smartphone dürfen arme Menschen sich davon nicht kaufen. Erst recht nicht, wenn es sich um rassifizierte Menschen handelt, die womöglich gerade erst nach Deutschland gekommen sind. Dann missgönnt der klassistische, leistungsorientierte, neoliberale Zeitgeist ihnen besonders all die Dinge, die über simple Ernährung, einen notdürftigen Kleiderschrank und ein möglichst kleines Dach über dem Kopf hinausgehen.

Man sieht diese gesellschaftliche Reglementierung gerade

auch besonders deutlich an der Einigung der Ministerpräsiden-
tenkonferenz, sogenannte Bezahlkarten für Asylbewerbende
einzuführen. Das Konzept sieht vor, dass der schmale Betrag
von 182 Euro, der bei den Asylleistungen als „Taschengeld"
zur freien Verfügung übrig bleibt, künftig nicht mehr vollständig an die entsprechenden Menschen ausgezahlt werden soll.
Stattdessen werden Bezahlkarten im Visa-Format ausgegeben,
die über die entsprechende Höhe von 182 Euro aufgeladen
sind. Dabei ist vorgesehen, dass Personen ohne Kinder maximal
50 Euro davon in bar abheben können. Pro Kind erhöht sich
der verfügbare Betrag um 10 Euro. Der Rest des Geldes soll
nur über Kartenzahlungsmöglichkeiten verfügbar sein. Die –
im Übrigen mit keinerlei Daten oder Fakten untermauerte –
Begründung für diese Entscheidung lautet, dass man verhindern wolle, dass Asylbewerbende die hier erhaltene Leistung
an ihre Familie in ihrem Herkunftsland senden. Doch, wie zu
erwarten, blieb es im Reigen der Regelungsversuche nicht bei
diesem Ansinnen. Konservative Kräfte versuchen nun im Zuge
dieser Bezahlkarteneinführung weitere Regeln zu schaffen. Im
Klartext: Es stehen beispielsweise Vorschläge im Raum, den
Kauf von Alkohol oder Zigaretten auszuschließen.

Das illustriert hervorragend, mit welcher Haltung diese Gesellschaft Armutsbetroffenen gegenübertritt. Arme Menschen
dürfen kein gutes Leben haben. Sie sollen sich keine kleinen
Freuden des Alltags gönnen dürfen. Selbst das Feierabendbier-
chen, das für viele Angehörige des Mittelstandes selbstverständlich zu ihrem Alltag gehört, ist armen Menschen schlichtweg
nicht vergönnt. Stattdessen wird uns eiskalt die Fähigkeit ab-
gesprochen, selbstbestimmte, mündige und vernünftige Entscheidungen über unsere Finanzen zu treffen.

Armutsbetroffene verinnerlichen dieses Misstrauen, die Vorbehalte und die Entmenschlichung. Es macht uns krank, es zerstört unser Selbstvertrauen und den Glauben an uns selbst. Ich merke selbst jeden Tag, wie tief diese Überzeugung sitzt, unfähig und ein Mensch zweiter Klasse zu sein, weil ich einen großen Teil meines Lebens in Armut gelebt habe. Erst neulich sagte mein Mann zu mir: „Wir sind zu weit gekommen, um es jetzt noch zu verkacken." Da erst fiel mir auf, wie sehr ich eigentlich immer darauf fokussiert bin, dass es nicht reichen KÖNNTE. Ich habe derart große Angst, wieder in Armut zu geraten und dafür verurteilt zu werden, dass ich völlig übersehe, wie gut wir eigentlich in den schlimmsten Phasen klargekommen sind. Weil Armut und Geldknappheit in unserer Gesellschaft immer als persönliches Versagen stigmatisiert werden, fällt es mir schwer, anzuerkennen: Es war eben auch meine Kompetenz, mit wenig Geld gut zu haushalten, und diese Kompetenz hat es uns ermöglicht, so lange durchzuhalten, bis es endlich besser werden konnte. Wir hatten natürlich auch Glück und ein solidarisches Umfeld. Aber es war eben auch meine Lösungs- und Analysekompetenz, die es mir ermöglicht haben, mich von unserer Not nicht überwältigen zu lassen.

Es gibt so unfassbar viele Armutsbetroffene mit hoher Lösungskompetenz. Entgegen dem gesellschaftlichen Bild, dass Armutsbetroffene sich in eine Opferrolle begeben würden, kämpfen viele von ihnen tagtäglich darum, das Beste aus ihrer Situation herauszuholen. Doch viele von ihnen haben nicht das Glück, das ich hatte. Da fehlt es an Personen, die solidarisch ihre Privilegien und ihr Geld teilen. Wie soll ihr Leben sich denn zum Besseren verändern, wenn sie ständig mit einer Gesellschaft konfrontiert sind, die ihnen ein gutes Leben missgönnt und mit zweierlei Maßstäben misst?

## Von der Scham ganz zu schweigen

Am Ende landen Armutsbetroffene und prekär Verdienende in einem andauernden Status der Scham. Wenn wir arm sind, schämen wir uns dafür, uns Dinge nicht leisten zu können, die für andere selbstverständlich sind. Jahrelang habe ich Ausreden erfunden, warum ich nicht mitgehen könne, wenn Freund*innen sich auf Cocktails treffen wollten. Ich habe Kompromisse gesucht, wenn ich mir das Kino nicht leisten konnte, und habe Einladungen unter fadenscheinigen Gründen abgelehnt, wenn selbst 10 Euro für ein kleines Geburtstagsgeschenk einfach nicht mehr drin waren. Jedes Mal habe ich mich dafür geschämt, zu arm zu sein, um am Leben meiner Freund*innen ohne Weiteres teilzuhaben – und alles dafür getan, meine Armut zu verstecken, statt einfach mal um Hilfe zu bitten. So sehr hatte ich verinnerlicht, an meiner Armut selbst schuld zu sein. Auch Autorin Mareice Kaiser schreibt in ihrem Buch „Wie viel" darüber, dass Scham in Bezug auf Geld ihre ständige Begleiterin ist.[7] Ich bin mit meiner Scham also nicht allein. Das macht die Scham leichter zu ertragen. Aber sie bleibt.

Denn ich schäme mich bis heute, obwohl und weil ich mir jetzt viele Dinge leisten kann. Ich fühle mich unangenehm dekadent, wenn ich mir eine Jeans oder ein Oberteil kaufe, einfach, weil ich es schön finde, und überlege tausendmal, ob ich Bekannten oder auf Instagram überhaupt davon erzähle. Weil ich ständig damit rechne, dass mich am Ende doch jemand dafür verurteilt, dass ich das Geld nicht für schlechte Zeiten weggelegt habe. Obwohl ich die Armut längst hinter mir gelassen habe, habe ich immer wieder Angst, dass am Ende genau diese 30 Euro fehlen, wenn es doch wieder einmal hart auf hart kommen sollte – und andere Menschen mir das dann direkt wieder vorhalten.

Manchmal habe ich das Gefühl, Scham ist bei Menschen mit Armutshintergrund eine Standard-Einstellung. Wir sind so geübt darin und daran gewöhnt, unsere Armut und unsere Lebensweise zu verstecken, dass wir uns nicht einmal mehr trauen, unser Glück mit anderen zu teilen. Gerade WEIL ich weiß, wie hart es ohne Kohle ist, und mir mein Leben lang so viele Leute vorgehalten haben, ich könne als Armutsbetroffene nicht mit Geld umgehen, fühle ich mich nahezu unanständig, weil ich jetzt welches habe. Es fühlt sich unangemessen und verboten an, wenn wir unser Leben jetzt genießen und Leichtigkeit zulassen wollen, statt jeden übrigen Euro direkt für schlechte Zeiten wegzulegen. Deshalb hänge ich an diese Leichtigkeit Gewichte, wie an eine Tischdecke auf der Terrasse, wenn es allzu windig ist. Ich beschwere meine Leichtigkeit mit der Scham, einmal arm gewesen zu sein, und der Scham darüber, jetzt Geld zu haben. Ich beschwere meine Leichtigkeit mit der steten Mahnung, auch ja Geld übrig zu behalten, und auch mit ein bisschen Angst. Mit der Angst vor dem Spott, wenn es dann doch einmal wieder hart auf hart kommt, weil Arbeitsplatzverluste und Krebs nun einmal existieren. Ich beschwere meine Leichtigkeit, die ich mir so hart erarbeiten musste, mit der Angst davor, dass andere Leute mich dann wieder belehren und mir sagen: „Hättest du doch besser aufgepasst!"

Armut zu kennen bedeutet immer auch, doppelt zu viel Verantwortung für sich selbst zu übernehmen. Ich handle im vorauseilendem Gehorsam und rechne immer noch heimlich mit, wenn es beim Bummeln ein Eis oder im Freibad Pommes gibt. Obwohl wir uns all diese Dinge mittlerweile gut leisten können, tue ich das. Damit ich mich dann, falls meine Armut mich doch wieder einholt, selbst zur Rechenschaft ziehen kann. Damit ich genau weiß, an welche Tage ich denken muss, wenn ich mir selbst sage: „Hättest du doch besser aufgepasst!"

Während andere Menschen nicht darüber nachdenken, wie oft sie die EC-Karte über die Ladentheke reichen, dreht sich bei uns immer alles um Geld. Wenn wir keines haben genauso, wie wenn wir plötzlich welches besitzen. Weil die Scham, zu arm oder zu verschwenderisch zu sein, immer unsere treue Begleiterin ist. Vielleicht tut es deshalb doppelt so weh, wenn Menschen ohne finanziellen Struggle armen Menschen erklären wollen, wie sie ihr Geld ausgeben oder verwalten sollen. Weil Vorwürfe oder Belehrungen die Scham nicht schmälern, sondern umso größer werden lassen.

## DAS GEFÜHL VON ARMUT IST DAS GEFÜHL, EIN MENSCH ZWEITER KLASSE ZU SEIN

Arm zu sein bedeutet nicht zwangsläufig nur, regelmäßig hungrig ins Bett gehen zu müssen. Arm zu sein kann auch bedeuten, mit Müh und Not die alltäglichen Ausgaben bewältigen zu können, aber kein Budget für Extras zu haben. Armut bedeutet dann, nicht in den Urlaub fahren zu können und auch nicht zumindest einmal in den Zoo. Armut bedeutet dann, ein und dieselbe Jeans zu tragen, bis sie auseinanderfällt, weil kein Geld für eine zweite Hose da ist. Armut bedeutet dann, im Winter frierend zur Arbeit zu laufen, weil das Geld für eine Winterjacke fehlt und nicht einmal das Busticket noch drin ist. Aber

Armut ist auch so viel mehr als der Mangel an Geld. Das Gefühl von Armut ist im Grunde das Gefühl, ein Mensch zweiter Klasse zu sein. Weil wir nicht im selben Maß teilhaben können wie unser Umfeld. Weil an uns völlig andere Erwartungen in Bezug auf unseren Lebensstil, unser Konsumverhalten, unsere Ambitionen und auch unsere Beziehungen herangetragen werden. Armutsbetroffenen Menschen wird vorgeschrieben, wann, wie und ob sie überhaupt Urlaub machen dürften, welche Wohnungsgröße angemessen sei und ob ein Umzug von mehreren Hundert Kilometern für einen neuen Job zumutbar wäre. Unser Sozialstaat, wie er heute funktioniert, entrechtet armutsbetroffene und prekär beschäftigte Menschen. Denn am Ende wird sogar von ihnen erwartet, das mühsam erarbeitete Eigenheim zu verkaufen, wenn ein Schicksalsschlag sie in die Mittellosigkeit befördert.

Genau dieses Eigenheim illustriert, warum wir uns als Gesellschaft mit Armut beschäftigen müssen. Denn Armut kann jede und jeden von uns treffen. Auch Angehörige der Mittelschicht sind dem Antrag auf Bürgergeld näher als der ersten Million auf dem Konto. Denn es reicht schon ein Börsencrash, ein Autounfall oder die Pflegebedürftigkeit eines Familienmitglieds, um den eigenen Lebensstandard auf das Mindestmaß zusammenschrumpfen zu lassen. Spätestens im Alter ereilt vor allem viele Frauen das Schicksal der Armut. Das Wohlstandsversprechen gilt für die große Mehrheit der Bevölkerung schon heute nicht mehr. Wo Mieten in deutschen Städten so weit erhöht werden, dass sich ein Doppelverdiener-Haushalt kaum noch eine Wohnung leisten kann, wo Familien abverlangt wird, für jedes Kind ein 1.000 Euro teures Tablet für die Schule anzuschaffen, und sich gleichzeitig Landesregierungen weigern, die

Lehrmittelfreiheit wieder einzuführen, wo Lebensmittelpreise so stark steigen, dass Alleinerziehende ihren Kindern zuliebe hungern – da ist die Armut auf dem Vormarsch, das Herz der Mittelschicht zu treffen.

Wir können als Gesellschaft dieser Katastrophe, die sich Armut nennt, nur etwas entgegensetzen, wenn wir aufhören, sie zu tabuisieren und zu stigmatisieren. Wir müssen uns konkret mit Armut auseinandersetzen und uns trauen, genau hinzuschauen, wie sie entsteht, um ihr ein Ende setzen zu können. Dafür müssen wir uns auch zumuten, anzuerkennen, wo wir durch gesellschaftliche Ideale und Praktiken dazu beitragen, dass sich Armut stetig fortsetzt. Hin und wieder müssen wir auch mutig genug sein, den Kapitalismus als Wirtschaftssystem zu hinterfragen, um allen Menschen ein Leben in Würde, Gesundheit und Freude zu ermöglichen. Denn um nichts anderes geht es.

Gesellschaftlicher Wandel gelingt am besten, wenn wir die Perspektive derjenigen einnehmen, deren Lebenssituation wir verbessern wollen. Wir können Armut nur abschaffen, wenn wir uns damit auseinandersetzen, wie sie die Lebensqualität der Betroffenen einschränkt. Nur, wenn wir genug Empathie und den Willen zur Veränderung mitbringen, können wir politische Veränderungen einfordern. Genau darum soll es in diesem Buch gehen: Es soll den Blick dafür öffnen, wo unser Alltag auf das Vorhandensein von Geld ausgelegt ist und wie Armutsbetroffene dabei zurückbleiben. Das Buch soll außerdem die Aufmerksamkeit auf all die Stellschrauben lenken, mit denen unser Sozialstaat und unsere Gesellschaft dazu beitragen, dass sich Armut von Generation zu Generation fortsetzt. Ich breche hier mit nichts anderem als dem Leistungsversprechen. Das war nämlich niemals wahr.

Ich will Sie einladen, das Buch als ersten Schritt zur gesellschaftlichen Revolution zu verstehen. Tanken Sie hier den Mut, für die Kindergrundsicherung, für höhere Löhne, für echte Bildungsgerechtigkeit einzustehen. Denn am Ende sehe ich es genau wie die Autorin Mareice Kaiser, wie der Armutsforscher Christoph Butterwege, wie der Paritätische Wohlfahrtsverband und wie es auch Wissenschaftsjournalistin Isabelle Rogge in ihrem TED-Talk eindrücklich darlegt[8]: Gegen Armut hilft Geld.[9]

# MIT GENUG FLEISS LÄSST SICH GAR NICHTS ERREICHEN

Ich habe eine Hochschule und eine Universität besucht und mein gesamtes Erwachsenenleben über gearbeitet – alles, was ich davon habe, ist keinen berufsqualifizierenden Abschluss und dafür einen riesigen Haufen Schulden. Deshalb werde ich auch immer ein bisschen wütend, wenn jemand sagt, man müsse sich nur genug anstrengen, dann käme man auch aus der Armut heraus. Ich kann bezeugen, dass das einfach nicht wahr ist.

Dabei habe ich wirklich alles versucht, um mich aus meiner Armut herauszuarbeiten. Angefangen mit dem freiwilligen Praktikum in den Herbstferien der 10. Klasse, das ich bei der lokalen Tageszeitung gemacht habe. Ich wusste seit meinem 14. Lebensjahr, dass ich vom Schreiben leben und der Welt all die Geschichten über Ungerechtigkeiten, die niemand anderen zu interessieren schienen, erzählen wollte. Journalistin zu werden war für mich also nur die logische Schlussfolgerung. Als Gymnasiastin wusste ich, dass ich gute Schulnoten und vor allem Vorerfahrung brauchte, um nach einem Studium auch als Volontärin in einer Redaktion ausgebildet werden zu können. Damit wusste ich schon einmal viel mehr als viele andere Jugendliche in meiner Situation. Durch die guten Noten hatte ich Zugang zu dem Wissen, welche Art der Ausbildung erforderlich war, um meinen Traumjob zu erreichen.

Für viele Jugendliche aus bildungsfernen oder armutsbetroffenen Haushalten ist das schon die erste Hürde. Kinder und Jugendliche werden ja vor allem mit der direkten Lebensrealität ihrer Eltern und ihres Umfeldes konfrontiert. Das bedeutet, die Berufswünsche orientieren sich so lange an dem, was sie an Berufen bei ihren Eltern und in ihrem direkten Umfeld kennenlernen, bis ihnen jemand Alternativen aufzeigt. In vielen armutsbetroffenen Familien üben die Erwachsenen eher praktische Jobs aus, im Handwerk, als Putzfachkraft oder in der Pflege. Seltener sind diese Erwachsenen in prestigeträchtigen Kreativberufen unterwegs. Man muss sich das prekäre Dasein als freie Autorin auch erst einmal leisten können – nur wenige Armutsbetroffene können ihre zwar ebenso prekären, aber immerhin sicheren Jobs dafür einfach aufgeben. Das heißt, auch ihre Kinder lernen von klein auf, sich beruflich eher an Sicherheit zu orientieren, statt auf Selbstentfaltung zu setzen. Das führt aber eben auch dazu, dass sich Kinder aus armutsbetroffenen Familien weniger zutrauen, weil ihnen die Vorbilder fehlen.

Diese Kinder und Jugendliche werden aber eben auch von außen selten ermutigt, nach mehr zu streben als dem, was direkt vor ihrer Haustür verfügbar ist. In Niedersachsen sortieren wir die Kinder, die vorher in einem semi-durchmischten Umfeld miteinander gelernt und gespielt haben, nach der 4. Klasse an unterschiedliche Schulformen, die vermeintlich ihren Leistungshorizonten entsprechen sollen: Die angeblich besonders klugen Kinder gehen ans Gymnasium, die bodenständig-lebenspraktisch veranlagten Sprösslinge besuchen die Realschule bzw. die Integrierte Gesamtschule, und für all diejenigen, deren Zeugnis gerade einmal ausreichend war, haben wir die Hauptschule bzw. die Ober- oder Gesamtschulen. Mit diesem Sortiersystem drücken wir Kindern im zarten Alter von zehn Jahren einen Stempel auf, der die nächsten fünf bis neun Jahre ihrer Bildungskarriere bestimmt. Dabei belegen mittlerweile zahlreiche Untersuchungen, dass diese Art der Separierung nach vermeintlichen Leistungsständen völliger Unsinn ist. Mehr noch: Wir wissen eigentlich schon längst, dass wir die Kinder gar nicht nach ihren tatsächlichen Potenzialen sortieren, sondern entsprechend ihrer Herkunft. Denn am Ende ist es vor allem das Elternhaus, das schulische Leistungen maßgeblich beeinflusst. Kinder aus gut verdienenden Akademikerhaushalten haben viel bessere Chancen, auch eine überragende schulische Karriere hinzulegen. Kinder aus armutsbetroffenen und im Zweifel bildungsfernen Haushalten hingegen bleiben viel öfter hinter ihrem tatsächlichen Potenzial zurück. Schulische Erfolge haben nämlich nur sehr wenig mit Intelligenz und Begabung zu tun und viel mehr damit, welche Ressourcen die eigenen Eltern mitbringen. Das zeigt zum Beispiel der IGLU-Bericht zur Lesekompetenz von Grundschulkindern im internationalen Vergleich und im Trend über 20 Jahre.[10] Auch Wohlfahrtsverbände, Stiftungen und Gewerkschaften wie die GEW weisen immer wieder auf den Zusammenhang zwischen Bildungserfolg und sozioökonomischer Herkunft hin.

## Der schulische Erfolg braucht materielle Voraussetzungen

Das fängt schon mit dem viel beschworenen Vorlesen an. In bildungsaffinen Haushalten ist das Bewusstsein für die Wichtigkeit der sprachlichen Früherziehung viel ausgeprägter, weshalb auf gemeinsames Lesen unter Umständen mehr Wert gelegt wird.

Das hat zum einen mit dem Bildungsgrad zu tun, aber auch mit der mentalen und zeitlichen Kapazität, sich mit frühkindlicher Erziehung zu beschäftigen. Darüber hinaus spielt aber eben auch die ökonomische Ausstattung des Haushalts eine Rolle: Wenn ich mir nicht permanent Sorgen darüber machen muss, wie ich nächste Woche das Mittagessen auf den Tisch bringe oder im nächsten Monat die Miete bezahle, habe ich viel mehr mentale Kapazitäten, um mich dem Projekt Vorlesen zu widmen.

Das regelmäßige Vorlesen benötigt ja noch mehr Ressourcen als nur die Fähigkeit, überhaupt lesen zu können. Man muss passende Kinderbücher recherchieren und wissen, wo man diese bekommt. Man muss Zugang zu einer Bibliothek haben oder es sich sogar leisten können, die Bücher neu zu kaufen. Es braucht also durchaus Zeit und mentale Kapazitäten, die Bücher zu beschaffen – etwas, woran es Armutsbetroffenen tendenziell eher mangelt als Menschen, die finanziell gut ausgestattet sind. Dann braucht es die Energie und die Ruhe im Alltag, sich mit dem eigenen Nachwuchs immer wieder hinzusetzen und das Ritual des Vorlesens zu etablieren. Auch Zeit ist etwas, das für Menschen mit geringem Einkommen generell knapper ist, weil sie über weniger Alltagsunterstützung verfügen und ironischerweise ihre Jobs viel mehr Zeit in Anspruch nehmen als der klassische Nine-to-five-Job. Zum Beispiel, weil sie länger arbeiten, um mehr Geld zu verdienen, oder weil sie seltener im Homeoffice arbeiten können und zusätzlich oft längere Arbeitswege in Kauf nehmen müssen. Auch hier ist die ökonomisch gut ausgestattete Familie im Vorteil. Nicht zuletzt kommt unter Umständen auch die Hürde hinzu, dass Deutsch nicht die Erstsprache ist.

Allein an der vermeintlichen Banalität des täglichen Vorlesens sehen wir also schon, wie unterschiedlich die Voraussetzungen verteilt sind, je nachdem, aus welchem Elternhaus ein Kind kommt. Aber da hört es ja nicht auf. Der schulische Erfolg hängt eben auch davon ab, ob sich Eltern überhaupt die teuren Arbeitshefte und Bücher leisten können, die jährlich auf den Listen für Schulmaterialien verlangt werden. In ganz Deutschland gibt es nämlich nur noch fünf Bundesländer, in denen die volle Lernmittelfreiheit gilt. Das bedeutet: Nur in fünf Bundesländern bekommen Schülerinnen und Schüler die für den Unterricht nötigen Schulbücher kostenlos gestellt. In sieben weiteren Bundesländern ist die Lernmittelfreiheit schon eingeschränkt, das heißt, nicht alle Schulbücher werden von der Schule gestellt. In Niedersachsen, Rheinland-Pfalz, dem Saarland und Sachsen-Anhalt wurde die Lernmittelfreiheit vollständig abgeschafft. Hier müssen die Eltern alle Schulbücher kaufen oder für die Ausleihe eine Gebühr zahlen. Das mit der Schulbuch-Ausleihe funktioniert dabei aber auch nur bedingt: Viele Schulen arbeiten mittlerweile mit Arbeitsheften statt konventionellen Büchern. Diese Arbeitshefte sind gar nicht ausleihbar, sondern Eltern müssen sie kaufen, weil die Kinder hineinschreiben sollen und müssen. Auf diese Weise wird auch in vielen Bundesländern mit vermeintlicher (eingeschränkter) Lernmittelfreiheit diese umgangen. Mit dem Ergebnis, dass es Eltern jedes Schuljahr wieder eine Menge Geld kostet, ihr Kind zur Schule zu schicken. Denn es sind ja nicht nur Bücher und Arbeitshefte, sondern auch Stifte, Tuschkästen, Zeichenblöcke, Schreib(lern)hefte und Sportkleidung müssen Eltern jedes Schuljahr wieder anschaffen oder zumindest auffüllen. Einer Recherche des Magazins Eltern zufolge kommen auf Eltern von Erstklässlern Kosten von bis zu 220 Euro zu.[11] Als wir unser ältestes Kind eingeschult haben, hatte die Materialliste für die 1. Klasse einen Wert von 192 Euro. Für einkommensschwache Familien ist das eine Summe, die kaum zu stemmen ist. Viele müssen die teuren Markenartikel, die für Buntstifte, Malkasten und Schreibhefte auf den Materiallisten verlangt werden, dann durch billige Alternativen aus 1-Euro-Shops oder Discountern ersetzen. Schon hier fängt die Ungerechtigkeit hinter der Ungleichheit an. Denn obwohl Lehrkräfte als Staatsbeamte in der Theorie keine Empfehlungen für bestimmte Marken geben dürften, verlangen viele Lehrkräfte explizit bestimmte hochpreisige Marken mit dem Argument, dass die bessere Qualität am Ende zu besseren Lernergebnissen führe. Nachweisen konnte mir diesen Zusammenhang bislang niemand. Auf die Benotung nehmen die verwendeten Materialien aber durchaus Einfluss. Die Farben aus billigen Malkästen wirken im Vergleich zum Markenprodukt oft weniger stark, weniger strahlend, mit dem Ergebnis, dass das Bild, das mit den günstigeren Farben gemalt wurde, unter Umständen schlechter benotet wird. Kinder müssen also konkret die Erfahrung machen, im Vergleich zu ihren Mitschüler*innen schlechter abzuschneiden, nur weil ihre Eltern nicht ausreichend Geld für Markenprodukte haben.

An dieser Stelle ist mir wichtig zu sagen: Das ist in 99,9 % der Fälle keine Böswilligkeit der Lehrkräfte. Diese werden schon im Lehramtsstudium dafür sensibilisiert, dass das Wissen um die Herkunft eines Kindes, die verwendeten Materialien und das Erscheinungsbild zu einer gewissen Voreingenommenheit gegenüber bestimmten Kindern führen kann, die sich dann negativ in der Benotung auswirkt. Die meisten

Lehrkräfte sind diesbezüglich also schon geschult und entsprechend reflektiert. Aber wir alle können uns dem, womit wir groß geworden und sozialisiert worden sind, nicht entziehen. Die Verantwortung liegt hier vollkommen bei der Politik: Würden alle Kinder die gleichen Lehr- und Lernmaterialien komplett von den Schulen gestellt bekommen, würden die Ungleichheiten und Ungerechtigkeiten zumindest auf materieller Ebene aufgelöst werden. Auch der Einsatz von grafikfähigen Taschenrechnern und Tablets im Unterricht müsste armutsbetroffenen und einkommensschwachen Familien keine Bauchschmerzen und schlaflosen Nächte mehr bereiten, wenn die Bundesländer ihrer Verantwortung für eine tatsächliche Bildungsgerechtigkeit nachkämen und einheitlich zur kompletten Lehr- und Lernmittelfreiheit zurückkehren würden.

## Das Bildungs- und Teilhabepaket funktioniert nicht

In der Theorie gibt es für finanziell bedürftige Familien eine staatlich organisierte Hilfsleistung, um sie bei der Beschaffung von Schulmaterialien zu unterstützen: das Bildungs- und Teilhabepaket. Diese Antragsleistung steht allen Familien mit Kindern offen, die Bürgergeld, Wohngeld, Kinderzuschlag, Sozialhilfe beziehungsweise Sozialgeld oder Leistungen nach dem Asylbewerbergesetz beziehen. Im Kern soll diese finanzielle Leistung sicherstellen, dass alle Kinder aus bedürftigen Familien gesellschaftlich teilhaben können. Deshalb gibt es, neben der Pauschale für den persönlichen Schulbedarf, auch Unterstützung für eintägige Schul- und Kita-Ausflüge, Klassenfahrten, Teilnahme am Mittagessen in der Kita oder Schule oder für Sportvereine beziehungsweise Hobbys.

Doch was prinzipiell nach einer guten Sache klingt, funktioniert leider nicht, weil es an der Realität meilenweit vorbeigeht. Besonders an der Pauschale für den persönlichen Schulbedarf wird das deutlich.

Die Höhe der Pauschale betrug im März 2024 195 Euro. Erinnern Sie sich an den Wert der Materialliste meines Kindes, von dem ich früher im Text erzählt habe? Das waren 192 Euro – nur für Bücher, Hefte und Material. Einen Schulranzen, Sportschuhe oder eine Brotdose für das Schulfrühstück haben wir davon noch lange nicht gekauft. Die Pauschale scheitert also schon allein daran, dass sie für die Realität an den meisten Schulstandorten einfach zu niedrig ist. Denn selbst wenn ich keinen Schulranzen mehr kaufen muss, deckt die Pauschale die tatsächlichen Kosten des Materials vielerorts nicht ab.

Das hängt auch mit der Auszahlungsweise zusammen. Denn die Pauschale wird eben nicht gebündelt zu Beginn des Schuljahres ausgezahlt, sondern zu zwei Dritteln am Anfang eines Schuljahres und zu einem Drittel zu Beginn des zweiten Halbjahres. Das heißt, zu dem Zeitpunkt, an dem die meisten Kosten anfallen, bekommen Eltern nicht einmal die komplette Unterstützung.

Es ist sowieso nahezu absurd, dass der Gesetzgeber auf der einen Seite so streng am Bildungsföderalismus festhält und deshalb so viele notwendige Veränderungen im Schulsystem am Geld scheitern, weil der Bundeshaushalt sie nicht finanzieren darf. Aber auf der anderen Seite wird mit dem Bildungs- und Teilhabepaket ein Instrument geschaffen, das für alle 16 Bundesländer genau gleich funktioniert. Obwohl die Voraussetzungen für Familien wohnortabhängig so unterschiedlich sind. Denn Familien, die in Bundesländern leben, in denen es die Lernmittelfreiheit nicht mehr gibt, bekommen denselben Betrag wie Familien, die in Bundesländern wohnen, wo die Lehr- und Lernmittelfreiheit zumindest in Teilen noch existiert.

Das ist nicht der einzige Standortnachteil, den armutsbetroffene Familien hier erleiden. Denn ob Eltern das Geld für Ausflüge, Klassenfahrten oder Nachhilfe tatsächlich aus Bildungs- und Teilhabemitteln ausgezahlt bekommen, hängt nach wie vor stark am guten Willen der Person, die ihren Antrag im Jobcenter bearbeitet. Obwohl Familien einen Anspruch auf diese Leistungen haben, stellen Sachbearbeitende die Notwendigkeit immer wieder infrage. Dann müssen Eltern den Bedarf für Nachhilfe rechtfertigen oder sogar darlegen, warum die Teilnahme am Schulausflug nötig ist. Ihre eigenen klassistischen Vorurteile führen immer wieder dazu, dass die Sachbearbeitenden Hilfesuchenden wichtige Hilfe vorenthalten.

## Gerechtigkeitshebel Ganztagsbetreuung

Aber auch der Fakt, ob nach der Schule eine Person zu Hause wartet, die bei den Hausaufgaben oder beim Lernen für Klassenarbeiten unterstützen kann, ist von der finanziellen Ausstattung einer Familie abhängig und entscheidet durchaus über den schulischen Erfolg. Oder ob die Person, die zu Hause ist, vom eigenen Bildungsniveau her überhaupt in der Lage ist, den Schulstoff zusätzlich zum in der Schule Gelernten zu vermitteln und nicht Verstandenes zu erklären. Familien mit einem guten Einkommen können es sich in der Regel eher leisten, dass ein Elternteil nur in Teilzeit arbeitet. Oder sie engagieren Hilfe von außen für diese Zwecke. Nachhilfeunterricht können Familien mit geringem Einkommen in der

Regel schlicht nicht bezahlen. Zwischen 8 und 15 Euro pro Nachhilfestunde müssen Familien mittlerweile einkalkulieren – und mit nur einer oder zwei Stunden im Monat ist es in der Regel kaum getan. Für einkommensschwache Familien ist das eine Investition, die gut überlegt sein muss. Dabei scheitert es selten am Willen der Eltern – die meisten sind bemüht, ihren Kindern die besten Voraussetzungen irgendwie zu ermöglichen. Aber für 16 bis 40 Euro im Monat lassen sich eben auch diverse Mittagessen kochen.

Nicht zuletzt entscheidet das Einkommen einer Familie ganz simpel über die Möglichkeit, ob Kinder und Jugendliche sich zum Lernen überhaupt in Ruhe zurückziehen können. Die Gleichung ist einfach: Mehr Geld ist gleich mehr Wohnraum. Wenn jedes Kind ein eigenes Zimmer hat, gibt es im Alltag insgesamt mehr Ruhe und Rückzugsmöglichkeiten, die zum Lernen genutzt werden können. In einkommensschwachen Familien haben aber oft nicht einmal die Eltern ein einziges Schlafzimmer. Wenn sich also fünf Leute in drei Zimmer quetschen, ist der Lernerfolg oft schon durch die mangelnden räumlichen Ressourcen enorm beeinträchtigt.

Nun soll landauf, landab ein flächendeckendes Ganztagsangebot diese Probleme vermeintlich lösen. Der Bundestag beschloss im Jahr 2021 die stufenweise Einführung eines bundesweiten Rechts auf eine Ganztagsbetreuung in allen Schulformen, beginnend mit Klasse 1. Ein hehres Ziel für einen Staat, der unter dem Lehrkräftemangel ächzt und in dem die meisten Kommunen das Geld für Sozialarbeit jeglicher Form immer weiter einkürzen. Viele Schulträger haben Probleme, überhaupt die reguläre Unterrichtsversorgung zu gewährleisten. Es fehlt überall an Geld für intakte Schulgebäude, ausreichend ausgestattete Unterrichtsräume und die Fachkräfte, die sucht man auch vergeblich. Verschiedenste Kultusministerien überbieten sich zwar mit ausgeklügelten Ausbildungsoffensiven und Quereinsteigerprogrammen. Aber in der Realität verlassen sehr viele gut ausgebildete und motivierte Lehrkräfte den Schulbetrieb über kurz oder lang wieder, weil die gesamte Struktur vollkommen überlastet und unterfinanziert ist. Auch der Ganztag wird unter diesen Voraussetzungen die Ungleichheiten und daraus entstehenden Ungerechtigkeiten, unter denen Kinder und Jugendliche aus einkommensschwachen Familien leiden, nicht beheben können. Weil weder in kommunalen Haushalten noch in den Etats der Länder oder des Bundes ausreichend Mittel für Bildung bereitgestellt werden, müssen Familien die diversen Lücken in unserem Bildungssystem zu Hause stopfen. Das kann nur dazu führen, dass am Ende der Geldbeutel der eigenen Eltern darüber entscheidet, wie viele Bildungsprivilegien Kinder genießen können.

Das führt unweigerlich dazu, dass vor allem diejenigen Kinder und Jugendlichen eine breitere Palette an Zukunftsmöglichkeiten geboten bekommen, deren Eltern ihnen diese Möglichkeiten auch finanzieren können. Auch Lehrkräfte wissen um diesen Umstand, was schon bei der Empfehlung für die weiterführende Schule nach der Grundschule dazu führt, dass Kinder aus finanziell gut aufgestellten Familien viel häufiger eine Empfehlung für das Gymnasium ausgesprochen bekommen als Kinder aus Arbeiter- oder armutsbetroffenen Familien. In Interviews berichtet zum Beispiel Soziolog*in Francis Seeck aus der Arbeit in der Klassismus-Sensibilisierung von Lehrkräften, die offen zugeben, dass sie

Kinder aus Familien, die im Leistungsbezug stehen, seltener unterstützen. Seeck sagte dazu im Deutschlandfunk einmal: „Sie sagen, sie unterstützen lieber Kinder aus Familien, die auch wirklich arbeiten."[12] Dieser Effekt verstärkt sich, wenn Schüler*innen durch häufige Fehlzeiten und nicht gemachte Hausaufgaben auffallen. Dabei verkennen Fachkräfte die Lebensrealitäten dieser jungen Menschen oft. Denn manchmal hängt das Fehlen nicht mit Schulverweigerung oder mangelndem Interesse zusammen, sondern mit zusätzlicher Verantwortung, die diese jungen Menschen in ihrer Familie tragen. Manche von ihnen müssen sich schon früh um jüngere Geschwister kümmern, weil ihre Eltern nicht in der Lage dazu sind oder zu Zeiten arbeiten müssen, die außerhalb der strukturellen Betreuungsmöglichkeiten liegen. In migrantischen Familien müssen die Kinder oft auch als Dolmetscher*innen bei Terminen in Behörden fungieren. Es steckt also selten Leistungsverweigerung hinter schlechten Schulnoten und häufigen Fehlzeiten, sondern zusätzliche Verantwortung im familiären Kontext. Aber viele Fachkräfte werden da von ihrer eigenen, armutsfeindlichen Sozialisierung überholt und versäumen, genauer nachzufragen.

Das führt natürlich auch dazu, dass sich die Empfehlungen und aufgezeigten Möglichkeiten für die berufliche Ausbildung oft stärker an dem orientieren, was Bezugspersonen über die Herkunft der Kinder und Jugendlichen wissen, als an dem, wozu diese jungen Menschen wirklich fähig sind. An Gymnasien werden Studiengänge, Auslandsjahre und Praktika nach wie vor viel selbstverständlicher thematisiert als an den anderen Schulformen. Gleichzeitig wird Jugendlichen, die sich nach der 10. Klasse dafür entscheiden, für das Abitur aufs Gymnasium oder ein Fachgymnasium zu wechseln, oft umso skeptischer begegnet, je vermeintlich „schlechter", also einkommensärmer ihre Herkunft ist. Gerade dann, wenn sie keinen guten Einser-Schnitt vorweisen können. Dafür, dass es in unserer Gesellschaft immer heißt, jeder könne alles schaffen, wenn er oder sie nur hart genug dafür arbeite, werden Jugendlichen mit großen Plänen erstaunlich viele Zweifel entgegengehalten, wenn sie einen Armutshintergrund haben.

Ich hatte Glück, dass meine Leistungen von Tag eins an lange überragend waren und meine Eltern meiner schulischen Laufbahn nicht willentlich im Weg standen. Die Gymnasialempfehlung stand außer Frage. Mehr noch: Es wurde damals sogar diskutiert, ob ich nach der Orientierungsstufe die 7. Klasse gleich komplett überspringen sollte. Ich wollte das aus sozialen Gründen nicht, weshalb ich den Klassensprung am Ende nicht machte. Aber ich hätte gekonnt. Lange gehörte ich zu den Klassenbesten, und weil ich die richtige Schulform besuchte, bekam ich die breite Palette der akademischen Bildungsmöglichkeiten völlig selbstverständlich vermittelt. Am Ende habe ich trotz meiner Herkunft strahlende Zukunftsaussichten präsentiert bekommen. Und weil mir die Schule so leichtfiel, glaubte ich lange, was mir die Gesellschaft erzählte: Dass mir alles möglich sei, wenn ich mich nur hart genug dafür anstrengte.

## Wir haben nicht alle die gleichen Chancen

Unser Festhalten an der Leistungsgesellschaft und dem steten Gegeneinander-Ausspielen von Arbeitnehmer*innen hat dazu geführt, dass es nicht mehr reicht, gute Noten und eine hohe Lernbereitschaft mitzubringen, wenn man frisch aus der Schule oder aus der Uni auf Jobsuche geht. Stattdessen erwarten Arbeitgebende mittlerweile selbst von 16-Jährigen, dass sie Vorerfahrungen jeglicher Art mitbringen und ihr Lebenslauf mit Highlights geschmückt ist. Ganz im Sinne des Turbokapitalismus setzen wir voraus, dass junge Menschen bereits relevante Berufserfahrung gesammelt haben, zu einem Zeitpunkt, zu dem sie sich ja eigentlich noch auf ihre schulische und berufsqualifizierende Ausbildung konzentrieren sollten. Wenn man nicht schon in das richtige Netzwerk hineingeboren wurde, weil Vati selbst Geschäftsführer ist und drei weitere Geschäftsführer kennt, muss man im Grunde schon anfangen, Highlights für den Lebenslauf zu sammeln, bevor man überhaupt weiß, was man vom Leben eigentlich will.

Mein Praktikum bei der Lokalredaktion ist in meinen Augen das perfekte Beispiel dafür, wie krass benachteiligt armutsbetroffene Berufsanfänger*innen am Arbeitsmarkt eigentlich von Minute eins an sind. Denn ich konnte dieses Praktikum tatsächlich nur machen, weil ich in meiner Pflegefamilie finanziell abgesichert war und mir nicht noch durch einen Nebenjob Geld dazuverdienen musste. Obwohl es mir an rein praktischer Unterstützung durch die Pflegefamilie fehlte, musste ich mir immerhin keine Gedanken darüber machen, ob ich abends eine warme Mahlzeit bekommen würde oder wie ich im nächsten Monat etwas zur Miete beisteuern könnte. Durch die Inobhutnahme entkam ich außerdem der Fürsorgeverantwortung für drei jüngere Geschwister, die ich in meiner Herkunftsfamilie versorgen musste. Wäre ich dortgeblieben, ich hätte mich gar nicht um ein Praktikum bemühen können. Einfach, weil meine Tage nach Schulschluss daraus bestanden, meine Geschwister zu betreuen, Hausaufgaben zu beaufsichtigen, Essen auf den

Tisch zu stellen und große Teile des Haushalts in Ordnung zu halten. All das, während ich mich ja um meinen eigenen schulischen Erfolg kümmern musste. Auch hier wurde der Wechsel in die Pflegefamilie schlussendlich zum entscheidenden Glücksfall, der mir die Möglichkeit eröffnete, meine Zukunftsaussichten zu verbessern. Ich hatte in der neuen Lebenssituation die mentalen Kapazitäten, mich diesem Praktikum voll und ganz zu widmen, und konnte es in Vollzeit durchführen, weil ich keinen Nebenjob hatte, den ich noch mit unterbringen musste.

Das ist ein Luxus, den viele Jugendliche und junge Erwachsene aus Arbeiter- und armutsbetroffenen Familien schlicht und ergreifend nicht haben. Es fehlt ihnen einfach an Zeit für derartige Ausflüge ins Berufsleben. Oft, weil ihre eigenen Eltern so lange Arbeitszeiten und Arbeitswege haben, dass die jungen Menschen aus diesen Familien Sorgeverantwortung für ihre Geschwister und zu pflegende Angehörige übernehmen müssen. Viele von ihnen können sich ein Vollzeit-Praktikum in den Ferien auch finanziell gar nicht leisten, weil sie einem Nebenjob nachgehen, um das Familieneinkommen aufzubessern oder sich ihr Studium oder die Miete überhaupt erst leisten zu können. Denn es ist schon schiere Ironie, dass wir auf der einen Seite über den Fachkräftemangel klagen, aber auf der anderen Seite viele Auszubildende von ihrem Ausbildungsgehalt nur leben können, wenn sie bei ihren Eltern wohnen bleiben. Je nachdem, wie weit der Ausbildungsbetrieb entfernt ist, reicht der Nettolohn vielleicht für die Mobilitätskosten und die Wocheneinkäufe, aber nicht auch noch für die Miete.

Beim BAföG, das oft als Argument dafür herangezogen wird, dass sich doch vermeintlich jede Person ein Studium leisten könne, ist die Situation ähnlich. Immer mehr Studierendenvertretungen und Wohlfahrtsverbände weisen darauf hin, dass die BAföG-Sätze in vielen Städten nicht einmal mehr für die Miete eines WG-Zimmers reichen, geschweige denn zum Leben.[13] Azubis und Studierende aus prekären Verhältnissen sind also gleichermaßen auf Nebenjobs angewiesen, wenn sie von zu Hause nicht finanziell unterstützt werden können. Da ist an freiwillige Praktika gar nicht zu denken. Viele Praktika sind nach wie vor sehr schlecht oder gänzlich unbezahlt. Selbst wenn es ein Praktikumsgehalt gibt – man kann den eigentlichen Nebenjob ja schlecht einfach pausieren. Wer im Niedriglohnsektor angestellt ist und zwei oder mehr Wochen nicht arbeiten kommen kann, wird durch eine andere Niedriglohnkraft ersetzt.

Dabei sind diese Nebenjobs aber eben auch meist nur dafür gut, Geld in die Haushaltskasse zu spülen. Bei Aldi oder Edeka an der Kasse zu sitzen zeugt zwar eigentlich von einer Menge Durchhaltevermögen und zwischenmenschlicher Kompetenz – in unserer klassistischen Gesellschaft werten diese Jobs aber leider keinen Lebenslauf auf. Dafür braucht es eben das fancy Redaktionspraktikum. In der Konsequenz haben die besten Chancen am Arbeitsmarkt diejenigen, die von Haus aus finanziell so gut abgesichert sind, dass sie sich Auslandsjahre und Berufspraktika leisten können, ohne sich um ihren Lebensunterhalt Sorgen machen zu müssen. Alle anderen struggeln schon damit, irgendwo einen Fuß in die Tür zu bekommen – und sind nach ihrem Ausbildungs- oder Studienabschluss oft schon mental völlig ausgebrannt, weil sie so viel gleichzeitig leisten mussten. Wer vor diesem Hintergrund behauptet, man könne es mit ausreichend Arbeit zu Vermögen schaffen, sagt damit im Grunde mehr über die eigenen Privilegien, als dass diese Aussage reale gesellschaftliche Zustände abbilden würde.

**Wenn Sie sich das Abitur nicht leisten können ...**
Ich war also motiviert und auf dem besten Weg, mein Potenzial allen Hürden zum Trotz zu entfalten. Dachte ich jedenfalls. Immerhin hatte man mir ja auch jahrelang erzählt, ich könnte in unserem Land alles werden, was ich wollte, weil der Sozialstaat sich um Kinder wie mich auch ausreichend kümmern würde. Als ich mit meinem 18. Geburtstag aus dem Jugendhilfesystem ausschied, vereinbarte ich also einen Termin bei meinem Sachbearbeiter vom Jugendamt, um zu klären, welche Unterstützung ich dafür bekommen würde, mein Abitur zu beenden. Immerhin lagen noch zwei Schuljahre vor mir bis zum Abschluss, und das Pensum am Gymnasium ließ nur wenig Zeit, um nebenher zu arbeiten.

Darüber, dass mir Schüler-BAföG zustand, wusste ich bereits Bescheid. Allerdings reichte der damalige Höchstsatz von 450 Euro, den ich bekam, damals schon nicht dafür, sich eine Wohnung UND Lebensmittel zu finanzieren. Schulbücher oder gar die in der 13. Klasse anstehende Studienfahrt von dem bisschen Geld auch noch bezahlen zu müssen schien unmöglich. Mit meinem großen Vertrauen in den Sozialstaat war ich also überzeugt davon, dass es zusätzliche Unterstützung geben würde, wenn ich nur danach fragte. Das Gespräch mit meinem Sachbearbeiter dauerte keine zehn Minuten bis zur ersten Ernüchterung: Neben dem Schüler-BAföG gab es noch eine Starthilfe in Höhe von 600 Euro für die Erstausstattung, also Möbel und Kleidung. Weitere finanzielle Hilfen für angehende Abiturient*innen ohne Hilfe aus dem Elternhaus? Fehlanzeige. Auf meinen Unglauben hin schaute mich der Jugendamtsmitarbeiter an und meinte nur: „Frau W., wenn Sie sich das Abitur nicht leisten können, dann müssen Sie es halt nicht machen!"

Ich verließ wütend, ohnmächtig und desillusioniert sein Büro. Der Satz des Sachbearbeiters hätte direkt von unserer kapitalistischen Gesellschaft selbst stammen können: Bildung und Karriere sind vor allem denjenigen zugänglich, die das nötige Kleingeld dafür haben. Es ist kein Zufall, dass mit der Agenda 2010 und der Einführung von Hartz IV auch der Niedriglohnsektor explodiert ist. Am Ende sieht unser Sozialstaat nämlich gar nicht vor, dass Menschen mit meiner Herkunft in irgendeiner Form aufsteigen. Vielmehr sollen wir in schlecht bezahlten Jobs das Land am Laufen halten und das Leben derer erleichtern, die sich „richtige" Karrieren leisten können.

Das Prinzip von Fördern und Fordern, das in Bezug auf Sozialhilfe- und Transferleistungen oft beschworen wird, sieht nicht vor, dass junge Menschen wie ich vom Sozialstaat die bestmöglichen Voraussetzungen bekommen, um dann in gut bezahlten Karrieren über angemessene Steuern auf sehr hohe Einkommen unseren Teil wieder zurückzugeben. Nein, im Gegenteil: Uns wird das Existenzminimum zugedacht, weil sich der Staat zu einem Minimum von Menschenwürde verpflichtet hat, und im Gegenzug dazu wird von uns erwartet, den größten Teil unserer Zeit in Niedriglohnjobs zu schuften, damit andere Leute einkaufen gehen können, saubere Büros vorfinden, Alte und Kranke versorgt sind und Straßen gebaut werden. Auch wenn ich neben dem Abitur hätte arbeiten müssen, wäre ja genau das passiert – ich hätte den größten Teil meiner Zeit außerhalb der Schule an irgendeiner Kasse verbracht oder die Räume fremder Leute geputzt.

Ich persönlich hatte das Glück, bereits in der 10. Klasse meinen heutigen Mann kennengelernt zu haben. Mit ihm bekam ich eine Schwiegermutter, für die es selbstverständlich war, mich nicht im Regen stehen zu lassen. Als ich völlig desillusioniert die

Schule hinschmeißen wollte, um Speditionskauffrau oder Hotelfachfrau zu werden, redete sie mir gut zu. Sie war diejenige, die verhinderte, dass ich vor dem System resignierte. Sie unterstützte mich sowohl mental als auch finanziell dabei, mein Abitur zu vollenden. Doch in einem Sozialstaat, der diesen Namen verdient, hätte es nicht davon abhängen dürfen, dass ich zum richtigen Zeitpunkt die richtige Person in meinem Leben hatte, damit ich den Schulabschluss machen konnte, der meinem Potenzial und meinem Fleiß entsprach. Gerade in einem Staat, dessen größter Wirtschaftsfaktor seine Fachkräfte sind, müsste es selbstverständlich sein, dass Menschen mit wenig Geld so viel Förderung bekommen, wie sie brauchen, um ihr Potenzial zu entfalten. Es darf nicht sein, dass der Zugang zu Bildung und einem gesicherten Einkommen so sehr vom Geldbeutel abhängt, dass man mittellosen, jungen Erwachsenen sagt, wenn sie sich ihre Schulbildung nicht leisten könnten, müssten sie halt darauf verzichten.

## FEHLENDE UNTERSTÜTZUNG SETZT ARMUT FORT

Leider entpuppten sich all meine Versuche, einen berufsqualifizierenden Abschluss zu machen, zu einer Ansammlung von Schuldenfallen. Weil die Sehnsucht nach einem Ende der Armut und einem sicheren Einkommen direkt nach dem Abitur schwerer wog als meine Traumvorstellungen einer Karriere, bewarb ich mich im öffentlichen Dienst für die gehobene Laufbahn. Ich hielt den Job genau sechs Monate durch, bevor mein Trauma an die Tür klopfte: Depressionen und Angstzustände machten es mir immer schwerer bis schier unmöglich, zur Arbeit zu gehen. Mir Hilfe zu suchen schien mir aber genauso unmöglich, immerhin war ich als Beamtin auf Widerruf privat versichert und musste alle Gesundheitskosten zunächst vorstrecken, bevor ich sie über die Beihilfe erstattet bekam. Geld, das mir konkret zum Leben fehlte, immerhin hatte ich keine finanziellen Rücklagen, und meine Anwärterbezüge finanzierten nicht nur mein Leben, sondern auch das meines Mannes, den ich noch während des Abiturs geheiratet hatte. Dass die Arbeit im öffentlichen Dienst mich zusätzlich unglücklich machte, half meiner Situation nicht – während meiner Hospitation im Jobcenter erlebte ich live mit, wie Mitarbeitende in der Leistungsberechnungsabteilung abfällig über ihre Klient*innen herzogen. Ich hörte tagtäglich, dass armutsbetroffene Menschen ja sowieso faul, verschlagen, arbeitsscheu, ungehobelt und unkultiviert seien. Man machte sich über die Klient*innen lustig, sobald sie das Büro verließen, hörte ihnen nicht zu, zeigte ihnen keine Alternativen auf, sondern setzte sie unter Druck, den Anforderungen der jeweils sachbearbeitenden Person gerecht zu werden. Ich musste über Monate hinweg jeden Tag miterleben, wie man Menschen mit Armutshintergrund, psychischen Erkrankungen und geringen Bildungsabschlüssen wie Dreck behandelte – Menschen wie mich.

Am Ende war es genau das, was mir den Rest gab: Als junge Erwachsene mit Armutshintergrund hatte ich mit der Beamtenurkunde den sozialen Aufstieg nachweislich geschafft. Seit Jahrhunderten steht das Beamtentum für Vermögen, Bildung und Stabilität – für all das, was unsere Gesellschaft vermeintlich für erstrebenswert hält. All meinen sozialen und finanziellen Hürden zum Trotz sollte ich plötzlich eine von ihnen sein. Und erlebte hautnah mit, wie diese Leute über Menschen mit meiner Herkunft denken. Erschrocken stellte ich fest:

Alles, was mich davor schützte, nicht genauso ihrem Spott und ihrer Verachtung anheimzufallen, war, dass ich mit der Beamtenurkunde ein Dokument in der Hand hielt, das meine Anwesenheit in ihrem Zirkel legitimierte. Und dass niemand von meinen Kolleg*innen wusste, wo ich herkam.

Mit jedem Tag im Büro fiel es mir schwerer, zwischen den Leuten, über die meine Kolleg*innen herzogen, und mir zu trennen. Mit jedem Tag wuchs der Druck, mir auf keinen Fall anmerken zu lassen, wo ich herkam. Es ging ja nicht nur um meine soziale Position innerhalb der Fachbereiche, in denen ich eingesetzt wurde, sondern ich war auch aufgrund der Hierarchien auf ihren guten Willen angewiesen. Dabei wurde mir immer klarer: Am Ende des Tages war ich den geächteten, gedemütigten und lächerlich gemachten Klient*innen immer näher als den Menschen, mit denen ich zusammenarbeiten musste. Es kostete mich mit jedem neuen Morgen mehr Kraft, mir die fein säuberlich konstruierte Maske der bürgerlich-legitimierten Beamtenanwärterin aufzusetzen, damit ich auch nur den Hauch einer Chance hatte, meine Ausbildung irgendwie fortzusetzen. Immerhin arbeitete ich in der gleichen Institution, zu der das Jugendamt gehörte, das damals meine Inobhutnahme veranlasst hatte. Der Druck, mittels Überangepasstheit zu verhindern, dass jemand meinem Mädchennamen auf die Schliche kam und der Flurfunk sich verselbstständigte, wuchs in Unermessliche. Ich kämpfte über Monate hinweg darum, mir mein neues Normal, meine Chance auf eine bessere Zukunft zu erhalten. Doch alles, was ich erreichte, war, dass die Traumafolgestörung aus meiner Kindheit mit voller Wucht zuschlug.

Und so häuften sich die Tage, an denen ich es morgens nicht aus dem Bett schaffte, an denen ich mich krankschreiben lassen musste und nicht zur Arbeit ging. Versäumnisse, Versehen und Fehler kamen in immer kürzeren Abständen vor. Knapp ein Jahr nach Beginn der Laufbahn im öffentlichen Dienst wurde ich von meinem Hausarzt längerfristig krankgeschrieben und saß weinend im Büro der Fachbereichsleiterin für Personal. Dort traf ich auf Unverständnis. Man warf mir Böswilligkeit vor. Also erklärte ich, dass ich aus dem Beamtenverhältnis entlassen werden wollte. Mein Glauben daran, den Anforderungen des öffentlichen Dienstes gewachsen zu sein, hat mich am Ende fast 10.000 Euro gekostet. Am ersten Tag meiner Anwartschaft hatte ich nämlich irgendwo in über 70 Seiten Papier unterschrieben, dass ich den Teil meiner Anwärterbezüge, die über dem Sozialhilfesatz liegen, zurückzahlen würde, wenn ich die Ausbildung vor dem Nichtbestehen der Zwischenprüfung abbrechen würde. Mir war nicht einmal bewusst, dass ich diese Klausel unterschrieben hatte. Eine Härtefallregelung aufgrund meiner psychischen Erkrankungen infolge eines Kindheitstraumas wurde abgelehnt. Ich ging also mit fast 10.000 Euro Schulden aus diesem ersten Versuch einer beruflichen Qualifizierung. Fast 13 Jahre später zahle ich diese Schulden immer noch zurück.

**Schulden über Schulden**

Ich ging in Therapie und schrieb mich für den erstbesten Studiengang, der mir lag, an der Uni ein. Einfach um des BAföGs willen, weil der Versuch, für den Übergang bei Rossmann morgens Regale einzuräumen, an meiner Erschöpfungsdepression gnadenlos scheiterte. Ich brauchte Zeit zum Luftholen, hatte aber kein finanzielles Sicherheitsnetz, das mir diese Zeit anderweitig ermöglicht hätte. An der Uni hatte ich die Freiheit, im ersten Semester gerade so viel zu tun, dass ich nicht wieder exmatrikuliert wurde.

Mit Fortschreiten der Therapie wurde ich stabiler und konnte mein Studium ein bisschen ernsthafter fortsetzen. Ich entdeckte im studentischen Onlinemagazin meine Begabung fürs Schreiben und Redigieren wieder – und dass mir die Flexibilität des Uni-Alltags den meisten Freiraum bot, mit den besonderen Erfordernissen meiner Biografie angemessen umzugehen.

Nur der Plan mit dem BAföG ging in erster Instanz nicht auf. Dass meine Eltern mittlerweile außer Landes waren, führte nämlich dazu, dass ich acht Monate lang darauf warten und darum kämpfen musste, dass mein BAföG-Antrag bewilligt wurde. Um unser Leben derweil finanzieren zu können, nahm ich einen KfW-Studienkredit auf. Man kann sagen: Weil es mir an der richtigen finanziellen Herkunft fehlte, führte mein Versuch, nach einem psychischen Zusammenbruch erst einmal stabil zu werden, zu noch mehr Schulden.

Gerade der KfW-Kredit wird von vielen, auch von vielen Politiker*innen, als DAS Aufstiegsinstrument schlechthin gefeiert. Immerhin wurde dieses staatlich geförderte Darlehen geschaffen, um all denjenigen, denen es über das, was das BAföG bieten kann, hinaus an finanzieller Sicherheit fehlt, das Studium und damit den Bildungsaufstieg zu ermöglichen. Aber gerade für Menschen mit Armutshintergrund oder solchen aus Arbeiter*innenfamilien stellt sich der KfW-Kredit als Schuldenfalle heraus. Wer zum 1.10.2023 einen KfW-Studienkredit aufgenommen hat, musste diesen zu einem effektiven Jahreszins von 9,01 Prozent abschließen.[14] Viele Studierende werden durch diesen Umstand gerade dazu gezwungen, ihr Studium zugunsten des Geldverdienens abzubrechen. Das ist vor allem deshalb ein Skandal, weil die KfW-Bank derweil Gewinne im Milliardenbereich einfährt – und staatlicher Kontrolle untersteht. Es bräuchte nur einen einzigen Regierungsbeschluss, um den Zinssatz auf einem niedrigen, leistbaren Level festzuschreiben und Studierenden damit das Studieren weiter zu ermöglichen. Aber die Bundesregierung schweigt.

Umso skandalöser ist diese Entwicklung, wenn man sich dazu die Zahl der BAföG-Beziehenden anschaut: Von 2,9 Millionen Studierenden im Wintersemester 2021/2022[15] haben lediglich 489.000 Menschen BAföG erhalten. Studierendenwerke, Gewerkschaften und Jugendorganisationen demokratischer Parteien bemängeln seit Jahren, dass die Hürden für den BAföG-Bezug für viele Studierende aus weniger gut gestellten Verhältnissen viel zu hoch sind. Das, was ich in meinem Gespräch mit dem Jugendamt ganz persönlich erlebt habe, ist ein gesellschaftlicher Missstand: Junge Menschen, die versuchen, durch Bildung die Voraussetzungen für ein gutes Leben zu schaffen, werden im Regen stehen gelassen. Die Chance auf ein Leben in finanzieller Sicherheit wird in Deutschland vor allem denen zuteil, die schon über die nötigen finanziellen Mittel verfügen. Dabei zeigen diverse Berechnungen eindrücklich, dass die Wirtschaftsleistung eines Staates enorm davon profitiert, wenn ein Staat viel Geld in die Bildung seiner Bevölkerung investiert.[16]

Das Ende der Regelstudienzeit kam und ging. Durch organisatorische Schwierigkeiten mit einer Kommilitonin und einer Dozentin verzögerte sich die Anmeldung meiner Bachelorarbeit, sodass ich in die Studienverlängerung gehen musste. Das BAföG fiel weg, und ich absolvierte ein bezahltes Praktikum, das mir den Berufseinstieg erleichtern sollte. Es war ein Vollzeitjob in einer Online-Marketing-Agentur, der mir große Freude machte, mich aber auch über alle Maßen forderte. So ließ ich das Wintersemester verstreichen, weil ich der Doppelbelastung aus

Studium und Praktikum nicht gewachsen war. Mit der Einführung des Mindestlohns wollte die Agentur plötzlich nichts mehr von dem Trainee-Job wissen, den man mir angeboten hatte. Ich war nämlich die einzige von drei Praktikantinnen, die damals auf dem Mindestlohn bestand, statt weiterhin die 450 Euro Praktikumsvergütung anzunehmen. Weil ich verdammt gut in meinem Job war, fand ich im Handumdrehen eine andere Trainee-Stelle, obwohl mein Bachelor immer noch offen war. Einen weiteren 40-Wochenstunden-Job und eine Schwangerschaft später ließ ich mich schließlich 1,5 Jahre nach dem Ende der Regelstudienzeit ohne Abschluss exmatrikulieren. Das Geldverdienen war aufgrund unserer familiären Situation und dem neuen Leben, das sich auf den Weg gemacht hatte, unweigerlich zur Priorität Nummer eins geworden. Sechs Jahre nach meinem Abitur stand ich schließlich mit einem riesigen Berg Schulden und ohne Abschluss da.

## ARBEIT HILFT NICHT GEGEN ARMUT

Das Tragische an dieser Geschichte ist, dass ich die gesellschaftliche Perspektive auf meinen Werdegang so sehr verinnerlicht habe, dass ich mir selbst Richterin und Henkerin bin. Denn bevor man meine Geschichte als Aufstieg lesen konnte, vor SZ-Artikeln und Buchverträgen, lautete das Urteil auf meine Schilderungen hin meist: Ich sei offenbar zu faul, nicht belastbar genug und hätte mich einfach durchbeißen und ein bisschen mehr anstrengen müssen. Immer wieder haben mir Leute in den letzten 13 Jahren vorgeworfen, ich sei einfach jedes Mal davongerannt, wenn es schwierig wurde, und ich sei einfach zu sprunghaft. Ich hätte mein Potenzial verschwendet. Ich habe diese Dinge so, so, so oft gehört, habe so oft mit anhören müssen, wie man über Menschen mit meiner Herkunft sagt, dass sie es sowieso nicht zu etwas Gescheitem bringen würden, dass ich das sehr lange selbst gedacht habe. Manchmal glaube ich das sogar heute noch, weil die Vorhaltungen so tief sitzen. Das stimmt allerdings objektiv betrachtet gar nicht. Es ist nicht wahr, dass ich nicht belastbar genug gewesen wäre – oder faul. Denn ich habe seit dem Ende meiner Schullaufbahn immer in irgendeiner Phase gearbeitet bzw. Leistung gebracht. Meine Noten im Studium waren tipptopp. Nachdem ich die Uni verlassen habe, hatte ich ja sogar TROTZ fehlendem Abschluss mehrere Jobs in renommierten Agenturen. Im Anschluss an meinen letzten Agenturjob habe ich mich selbstständig gemacht – und den Geburten zweier Kinder und einer Krebserkrankung UND einer Pandemie zum Trotz ernähre ich bis heute meine Familie von meiner Freiberuflichkeit. Die ersten zwei Jahre meiner Selbstständigkeit war ich sogar die Hauptverdienerin in unserer Familie. Ich habe also immer gearbeitet und dabei viel geleistet.

Mein Pech war einfach nur, dass meine Herkunft mir die denkbar schlechtesten Voraussetzungen mitgegeben hat – und in Deutschland auch die Zugänglichkeit von psychotherapeutischer bzw. gesundheitlicher Hilfe stark und zunehmend stärker an den eigenen Geldbeutel geknüpft ist. Mehr noch: Weil unser Sozialstaat vor allem darauf ausgelegt ist, dass Menschen dem Staatssäckel nicht zur Last fallen, bekommen vor allem diejenigen, die die Hilfe am meisten bräuchten, keine. Denn eigentlich sollte es für ein Pflegekind wie mich selbstverständlich sein, in ein Hilfesystem aus Psychotherapie und Sozialer Arbeit eingebettet zu werden, damit etwaige

Traumafolgestörungen oder Neurodivergenzen erst gar nicht dazu führen können, dass Bildungs- und Erwerbskarrieren in Schuldenbergen enden.

Aber selbst als ich von mir aus den Wunsch nach Psychotherapie äußerte, erfuhr ich seitens des Jugendhilfesystems wenig Unterstützung. Als meine Fehlzeiten in der Schule immer mehr wurden, hagelte es Verweise und Verwarnungen statt Hilfsangebote. In dem Moment, in dem ich auf das Verständnis einer Beamtin im Personaldienst angewiesen gewesen wäre, stieß ich auf Verurteilungen und wurde dazu verdammt, mit dem ersten Schuldenberg in mein Erwachsenenleben zu starten. All das nur, weil unsere Gesellschaft das Leistungsdogma so verinnerlicht hat, dass man ernsthaft glaubt, Menschen mit meiner Herkunft wären an ihrem Elend selbst schuld. Dabei haben vor allem die Verachtung, die Missgunst und der Klassenhass des Beamtentums und der gehobenen Mittelschicht mich so krank gemacht, dass ich meinen ersten Arbeitsplatz verlassen musste.

Dass ich heute nur einen Haufen Schulden und keinen Abschluss hab, liegt nicht daran, dass ich faul oder zu wenig belastbar gewesen wäre. Es liegt daran, dass es mir an den nötigen finanziellen Ressourcen fehlte, um meine Gesundheit und meine (Aus-)Bildung priorisieren zu können. Die Schuld trage nicht ich.

Wie belastbar und gut in meinem Job ich bin, zeigt meine mittlerweile achtjährige Selbstständigkeit. Vom ersten Tag an mussten zwei Leute von meinen Einkünften leben. Als ich 2016 schwanger in die Freiberuflichkeit gegangen bin, war ich die Hauptverdienerin unseres Haushalts. Selbst mit schwerer Schwangerschaftsübelkeit arbeitete ich, wann immer es ging, damit mein Mann eine neue Ausbildung machen und wir trotzdem unseren Kühlschrank füllen konnten. Ich schrieb nach der Geburt des Babys, wann immer es ging – wenn das Baby schlief, mit dem Baby in der Trage, oder wenn mein Mann den Kinderwagen um den Block schob. Ich schrieb Texte für 1 bis 3 Cent pro Wort, unter denen nicht einmal mein Name stand. Ich schrieb tags wie nachts stundenlang, bis die Augen brannten und die Hände krampften, damit wir irgendwie über die Runden kamen. Als mein Kind erst zehn Monate alt war und ich wieder schwanger wurde, schrieb ich umso mehr und umso länger – obwohl mir die Übelkeit wieder heftig zusetzte, mein Mann 170 km entfernt seine Ausbildung beendete und ich also 24 Stunden allein für die Care-Arbeit zuständig war –, damit wir uns den Umzug in die Heimat leisten konnten.

Der höchste monatliche Umsatz im ersten Jahr meiner Selbstständigkeit betrug genau 864 Euro und 2 Cent – brutto, vor Abzug von Steuern und Sozialversicherungsbeiträgen. Als wir, wegen des Elterngeldes, unsere erste Steuererklärung machen mussten, sagte der Steuerberater meiner Schwiegermutter zu uns: „Ihr wisst schon, dass ihr unter der Armutsgrenze lebt, oder?" Wir hatten es geahnt. Aber ich schrieb und schrieb und schrieb, damit es zumindest für das Nötigste reichte.

Nach meiner Krebserkrankung 2018 saß ich genau eine Woche nach dem offiziellen Ende der Behandlung wieder am Schreibtisch und fing wieder an zu arbeiten. Obwohl meine Kinder gerade zehn Monate bzw. zwei Jahre alt waren und ich gerade ein halbes Jahr lang um mein Leben gekämpft hatte. Ich musste sofort wieder anfangen, weil wir uns etwas anderes nicht leisten konnten. Acht Wochen nach dem Ende meiner Krebstherapie lief immerhin das Basiselterngeld fürs zweite Kind aus, und andere Unterstützung bekamen wir nicht. Also fing ich wieder an zu schreiben und verschob das Gesundwerden auf später.

Trotzdem halte ich mich an schlechten Tagen nach wie vor für eine Versagerin. Immer wieder ertappe ich mich selbst dabei, zu glauben, was alle sagen: Dass ich nur nicht hart genug gearbeitet hätte. Immerhin ist das auch das Horn, in das der amtierende Bundesfinanzminister Christian Lindner bläst. In Sommerinterviews sagt er Sätze wie: „Das beste Mittel gegen Armut ist Arbeit"[17], und wiederholt damit die gesellschaftliche Erzählung, dass Armutsbetroffene am Ende des Tages lediglich zu faul seien, einem anständigen Job nachzugehen. Dabei ignoriert er die klitzekleine Tatsache, dass laut der Statistik zur Grundsicherung der Bundesagentur für Arbeit im Oktober 2023 allein rund 818.000 Leistungsberechtigte die Grundsicherung lediglich als Aufstockung zu ihrem Erwerbseinkommen bezogen haben.[18] Das sind also Menschen, die tatsächlich arbeiten gehen, aber von ihrem Gehalt nicht leben können.

Dieselbe Statistik führt außerdem rund 550.000 Alleinerziehenden-Bedarfsgemeinschaften auf. Hier wird wieder offenbar, dass Armut eben auch ein geschlechtsspezifisches und strukturelles Problem ist. Denn von den 1,5 Millionen Familien in Deutschland mit nur einem Elternteil sind 90 Prozent der Alleinerziehenden in Deutschland Mütter.[19] Das bedeutet, ein sehr großer Teil der alleinerziehenden Leistungsbeziehenden sind Frauen, deren Einkommen nicht zum Leben reicht oder deren Lebenssituation ihnen eine auskömmliche Erwerbstätigkeit unmöglich macht. Denn die strukturelle Realität ist eben auch: Es fehlten laut der Bertelsmann-Stiftung 2023 in Deutschland circa 384.000 Kita-Plätze. Tendenz aufgrund klammer kommunaler Haushaltslagen und dem anhaltenden Fachkräftemangel im pädagogischen Bereich steigend.

Während ich dieses Buch schreibe, häufen sich die Meldungen in Lokalzeitungen, dass immer mehr Kitas ihre Betreuungszeiten einschränken und Gruppen früher schließen. Für viele Paarfamilien bedeutet das in der Realität die Rückkehr zum Ein-Verdiener-Modell, denn zwei Vollzeitjobs sind schlicht und ergreifend nicht machbar, wenn immer mehr Kitas ihre Türen schon um 13 oder um 15 Uhr schließen. Das zieht einen Anstieg der geschlechtsspezifischen Armut nach sich, denn schon jetzt zeigen Arbeitsmarktstatistiken, dass es vor allem Frauen sind, die in Teilzeit arbeiten. Aber ein Gehalt reicht oft eben auch nicht mehr. Wenn die Betreuungsstrukturen immer weiter zusammenbrechen und damit die Erwerbsmöglichkeiten für Mütter noch weniger werden, während wir gleichzeitig seit Juni 2021 eine Preissteigerung bei Lebensmitteln von 29 Prozent verzeichnen können, die Löhne aber längst nicht im gleichen Verhältnis steigen – wer kann denn da tatsächlich noch daran glauben, dass Arbeit das beste Mittel gegen Armut wäre? Arbeit hilft nicht gegen Armut. Am besten gegen Armut hilft Geld.

# SIGNATUREN VON TEILHABE

Leben ist mehr, als nur zu arbeiten oder zu konsumieren. Leben bedeutet auch, teilhaben zu können. Also dabei zu sein, wenn die eigenen Klassenkamerad*innen oder Kolleg*innen oder Freund*innen Dinge unternehmen und erleben. Es geht darum, das eigene Leben zu gestalten. Genau diese Möglichkeit fehlt Armutsbetroffenen oft. Sie können ihr Leben nicht selbstbestimmt gestalten, weil ihnen dazu die Ressourcen fehlen. Fehlende Teilhabe drückt sich dabei in mehr aus, als sich bestimmte Kleidung nicht leisten zu können oder nicht mit auf Klassenfahrt zu fahren. Armut grenzt aus. Sie isoliert.

Signaturen von Teilhabe sind dabei ganz unterschiedliche Aspekte: Etwa die Frage danach, ob ich im Urlaub neue Dinge erleben kann. Ob ich von Allianzen im Büro profitieren oder mir meine Medikamente leisten kann. Ob ich essen und einkaufen kann, wie ich das will und brauche. Im Folgenden werden wir uns die unterschiedlichen Dimensionen von Teilhabe ansehen und exemplarisch feststellen, wie viel Selbstwirksamkeit und Gemeinschaft Armutsbetroffenen eigentlich vorenthalten wird, nur weil das Geld nicht reicht.

# ARME MENSCHEN FAHREN NICHT NACH KÜHLUNGSBORN

Wir befinden uns in der Grundschule. Ein Gespräch nach den Osterferien in der 3. oder 4. Klasse: Ein Junge, von dem ich damals noch nicht so genau wusste, ob ich ihn mag oder nicht, nennen wir ihn M., stand neben mir am Zaun auf dem Schulhof. In dem Versuch, eine Verbindung herzustellen, fragte ich M., was er denn in den Ferien gemacht habe. „Wir waren in Kühlungsborn", nuschelte er und grinste.

Kühlungsborn? In meinem Kopf ergab dieses Wort keinen Sinn. Also fragte ich nach: „Was macht man da?"

M.s Grinsen bekam einen Hauch von Verwirrung. „Wir waren auf unserem Boot", antwortete er schulterzuckend, als sei es das Normalste auf der Welt, seine Osterferien auf einem Boot zu verbringen.

Für mich ergab das immer noch nicht viel mehr Sinn, aber ich traute mich auch nicht, nachzufragen. Später brachte ich in Erfahrung, dass Kühlungsborn ein Ort an der Ostseeküste ist. Heute weiß ich sogar, dass dieser Ort in Mecklenburg-Vorpommern liegt. Aber damals, mit neun oder zehn Jahren, war ich zwar stolz darauf, die Hauptstädte aller Bundesländer Deutschlands auswendig zu kennen, aber Kühlungsborn war mir neu. Denn als Kind kannte ich nicht mehr von der Welt als die vier verschiedenen Orte, in denen ich zwischen meinem fünften und fünfzehnten Lebensjahr wohnte. Urlaub im Sinne von Reisen gab es in unserer Familie nämlich nicht. Wenn ich genau darüber nachdenke, könnte ich mich nicht einmal daran erinnern, dass meine Eltern das Wort Urlaub überhaupt mal benutzt hätten, um zu erklären, dass sie heute nicht arbeiten müssten. Das ist aus zweierlei Gründen kurios:

Zum einen kann ich mich für meinen Erzeuger an mindestens vier verschiedene Berufstätigkeiten und bei meiner Mutter an mindestens drei Berufe erinnern, die sie in meiner Kindheit ausgeübt haben. Zum anderen ist für meine Kinder die Frage, ob wir in den Ferien denn auch Urlaub nehmen würden, eine ganz selbstverständliche.

Ich kann also wohl festhalten: In meiner Herkunftsfamilie gab es weder Urlaub als abstrakten Begriff von freier Zeit noch Urlaub im Sinne von Reisen oder Ausflügen. Wir haben nicht einmal Kurztrips gemacht. Es gab genauso wenig lange Wochenenden auf Nordsee-Campingplätzen, an die sich viele andere Kinder aus relativ armen Familien erinnern, wie es irgendwelche Hotelreisen gab, die für viele Mittelschichtskinder meiner Generation selbstverständlich waren. Mein Horizont als Kind war genauso groß, wie mein Fahrrad oder der Schulbus mich brachten. Dabei scheint mein Durst danach, die Welt zu sehen, schon immer groß gewesen zu sein: Eine der wenigen guten Storys aus meiner Kindheit, die mir einmal erzählt wurde, war die Anekdote, dass ich mit vier oder fünf Jahren wohl mehr als einmal ausgebüxt bin, um mit der Hannoveraner Stadtbahn zu fahren. Irgendwann hatten wohl alle Fahrer der Linien, die am Podbi-Park entlangführten, die Telefonnummer meiner Eltern, weil ich regelmäßig allein auf Tour ging.

Als wir während meiner Grundschulzeit mitten auf dem platten niedersächsischen Land wohnten, befeuerte diese Sehnsucht danach, die Welt zu sehen, meine Fantasie. Ich war Nachmittage lang mit meinem Fahrrad auf Feldwegen unterwegs und stellte mir vor, welche Orte und spannenden Erlebnisse hinter den Ortsschildern warteten, die ich in der Ferne erahnen konnte. Heute weiß ich, dass ich auf beiden Seiten des Hofes, auf dem wir gewohnt hatten, in wenigen Minuten die Landkreisgrenze überschritten hätte und im nächsten Kuhdorf gelandet wäre.

Aber damals waren das kleine grüne und das große gelbe Ortsschild für mich ein Ventil, um das Gefühl des Eingesperrtseins irgendwie kompensieren zu können. Denn tatsächlich habe ich mich nie getraut, die Grenzen unseres Dorfes zu verlassen. Auf der einen Seite war es finanziell für unsere Familie undenkbar, in den Ferien oder an den Wochenenden wegzufahren. Auf der anderen Seite haben meine Eltern die Grenzen unserer Lebensrealität sehr, sehr eng gesteckt. Ich hatte von klein auf gelernt, dass das, was ich von meinem Kinderzimmerfenster oder aus dem Schulbus heraus sehen konnte, genügen musste. Weiter konnte und durfte mein Horizont nicht reichen. Meine Welt war so klein, dass mein Gehirn einen kleinen mecklenburgischen Urlaubsort überhaupt nicht verorten konnte.

Ich glaube, Kühlungsborn ist mir deshalb so in Erinnerung geblieben, weil mir daran erst klar wurde, was mir eigentlich entging. Natürlich hatte ich schon längst begriffen, dass wir als Familie nicht dazugehörten, dass es für andere gar nicht so normal war, nicht in den Urlaub zu fahren. Aber ich glaube, bis zu diesem Gespräch war der Unterschied zwischen meinen Klassenkamerad*innen und mir für mein Kindergehirn einfach zu abstrakt, um die Tragweite zu begreifen. Denn wenn vorher die Rede von Urlaub war, dann sprachen andere Kinder von Mallorca oder Frankreich. Sie redeten von Flugreisen und Erlebnissen im Ausland, die für mich gut wegzuschieben waren. Flugreisen waren für mich als Konzept so dermaßen abstrakt, dass mein kindliches Gehirn gar kein Störgefühl dabei entwickelte, dass andere Familien sich so etwas leisten konnten und wir nicht. Tatsächlich dachte ich lange, es wäre einfach eine Frage der Vorliebe, ob man in den Urlaub fährt oder nicht, weil Urlaub für mich AUTOMATISCH mit Flugreisen ins Ausland verknüpft war. Und dass manche Menschen – also vielleicht auch meine Eltern – nicht gern fliegen, das war für mein Kindergehirn einfach nur logisch.

Kühlungsborn hingegen brachte diese kindliche Logik ins Wanken. Denn in Kühlungsborn war M. eigener Aussage nach nur einige Tage. Dass sich eine Flugreise für einige Tage nicht lohnen würde, vermutete mein kindliches Ich schon, bevor ich in Erfahrung gebracht hatte, dass Kühlungsborn in Deutschland liegt. Spätestens mit dieser Erkenntnis zerbrach der Kokon des Selbstschutzes, den meine kindliche Naivität mir errichtet hatte. Denn wenn eine Sache für mich glasklar war, dann: Wenn es möglich ist, in Deutschland Urlaub zu machen, dann muss das Ausbleiben von Urlaubsreisen einen anderen Grund haben als die Möglichkeit, dass meine Eltern nicht gern fliegen. Mit der Existenz des kleinen Ortes Kühlungsborn wurde meinem Grundschul-Ich klar, dass die Tatsache, dass wir nicht in den Urlaub fuhren, den gleichen Grund hatte, aus dem wir keine Ausflüge machten und keine Markenkleidung trugen. Kühlungsborn war für mich die Erkenntnis, dass meine Welt deshalb so klein war, weil meine Eltern schlicht und ergreifend kein Geld hatten.

Ironischerweise wurde die Ostsee zu Beginn der Coronapandemie auch für meinen eigenen Sohn das Sinnbild dafür, dass die Welt für Menschen, die über (viel) Geld verfügen, größer ist als für andere Leute. Denn damals war er mit einem Kind befreundet, dessen Eltern ein Ferienhaus an der Ostsee besitzen – und dieses dazu nutzten, sich Lockdowns und Notbetreuungsphasen erträglicher zu gestalten. Es sei ihnen an dieser Stelle von Herzen gegönnt. Aber als wir meinem Sohn auf seine Frage, ob er mit dem Kind spielen könne, antworteten, dass die Familie gerade in ihrem Haus an der Ostsee sei, lernte auch mein Sohn am Beispiel eines Ostseeortes etwas über Ungleichheit. Denn als er mich fragte, warum wir kein Haus an der Ostsee hätten, sagte ich ihm ganz ehrlich, dass wir dafür einfach kein Geld haben. Und ähnlich wie Kühlungsborn mir bis heute im Gedächtnis geblieben ist, weil es für mich der Moment war, in dem mir als Kind klar wurde, WIE klein meine eigene Welt eigentlich war, fragt mein Sohn bis heute jedes Jahr bei der Urlaubsplanung, ob wir nicht auch mal an die Ostsee fahren könnten. Einfach, weil die Ostsee für ihn zu einem Sehnsuchtsort geworden ist, während seine eigene Welt während der Corona-Lockdowns auf den eigenen Garten zusammengeschrumpft war.

Reisen ist heute ein Statussymbol. Wer etwas auf sich hält, zieht los und erkundet die Welt. Wer viel reist, gilt als gebildet, kultiviert und kompetent. Aber simple Urlaube im Ausland sind mit viel Geld verbunden – vor allem dann, wenn man Schulkinder hat und nur zur Hauptsaison reisen kann. Das Onlineportal Clever Reisen Club listete 2023 die durchschnittlichen Preise für die beliebtesten Urlaubsziele deutscher Familien: 2.800 bis 3.100 Euro pro Woche für eine vierköpfige Familie.[20] Das ist für viele Familien aus prekären Verhältnissen mehr als ein Monatseinkommen. Selbst wenn man davon ausgeht, dass Familien immer ein Jahr im Voraus auf den alljährlichen Urlaub sparen, muss man erst mal mindestens 250 Euro im Monat übrig haben, um sie beiseitelegen zu können. Für viele Familien abseits der Mittelschicht bedeutet das, dass Auslandsreisen schlicht und ergreifend nicht möglich sind.

Aber auch innerdeutscher Urlaub wird für immer weniger dieser Familien möglich. Zur Hauptsaison an der Nordsee wird man schnell 150 Euro pro Nacht los, wenn man sich für den vermeintlich kostengünstigeren Aufenthalt in einer Ferienwohnung entscheidet. Rechnet man Anfahrt, Verpflegung und Aktivitäten vor Ort dazu, ist der innerdeutsche Urlaub nur minimal günstiger als die Auslandspauschalreise.

Die Wahrnehmung von Urlaub als Statussymbol hat dazu geführt, dass selbst simple Arten, Urlaub zu machen, für viele Unterschichts- und prekäre Mittelschichtsfamilien nicht mehr leistbar sind. Ein gutes Beispiel ist das gute alte Camping. Früher galt Camping als die sehr kostengünstige Variante, in die Ferien zu fahren. Mittlerweile ist Camping ein Lifestyle – und die Preise für Ausrüstung und auch Stellplätze sind mit jedem Camping-Influencer und jeder Reisereportage weiter angestiegen. Auf beliebten Campingplätzen zahlt man mittlerweile pro Nacht für den Stellplatz das Gleiche wie früher für günstige Ferienwohnungen. Ein Problem, das sich seit der Pandemie verstärkt hat. Während bis 2020 das Van-Life und der Camping-Lifestyle eher in einer Nische stattgefunden haben, die vom kapitalistischen Betrieb weitestgehend in Ruhe gelassen wurde, hat die Pandemie für Hochkonjunktur für Wohnmobile und Camper-Vans gesorgt. Schon vor der Pandemie hat jedes zweite mittelständische Hipster-Pärchen vom eigenen ausgebauten VW-Bus geträumt. Als dann Social Distancing und Reisebeschränkungen das bisherige Flugreisen unmöglich gemacht haben, investierten viele Mittelstandspärchen und auch viele Senior*innen mit guter Rente in das mobile Zuhause auf vier Rädern. Mit der Begeisterung für Wohnmobil-Trips zogen auch die Preise für entsprechende Stellplätze auf Campingplätzen an.

Als wir 2021 darüber nachdachten, mit den Kindern zelten zu fahren, mussten wir sogar feststellen: Die herkömmlichen Zeltplätze, die wir zehn Jahre zuvor noch recherchiert hatten, gab es mittlerweile kaum noch. Die Kommerzialisierung des Camping-Lifestyles hat dafür gesorgt, dass es für viele Platzbetreiber viel lukrativer ist, mehr Stellflächen für Wohnmobile anzubieten. Damit ist das klassische Zelten als günstige Alternative zur Ferienwohnung im Sommer für viele Menschen mit geringem Einkommen quasi vom Tisch. Der Mittelstand hat sich die günstigste Form des Ferienmachens angeeignet und sie derart durchkommerzialisiert, dass diejenigen, die den Urlaub am dringendsten bräuchten, sich ihn gar nicht mehr leisten können.

## Reisen ist mehr als etwas anderes sehen

Beim Urlaub außerhalb der vier Wände geht es außerdem um mehr als darum, bloß den Ort zu wechseln. Die meisten von uns mit ausreichendem Einkommen können wohl aus eigener Erfahrung bestätigen: Es macht für den Grad der Erholung einen großen Unterschied, ob wir unsere arbeitsfreie Zeit zu Hause oder an einem anderen Ort verbracht haben. Obwohl das unter Eltern auf Instagram hart umstritten ist, stehe ich hinter diesem Statement sogar mit meinen beiden Kindern im Hinterkopf. Mein Urlaub ist an einem anderen Ort auch dann noch erholsamer als zu Hause, wenn ich rund um die Uhr Care-Arbeit leisten muss. Ich kann sogar begründen, warum das so ist: Im Urlaub steht die gemeinsame Zeit im Mittelpunkt. Ja, im Ferienhaus muss man trotzdem kochen und auch mal abwaschen und die Strand-Wäsche ausschütteln und aufhängen. Aber das alles passiert bei uns im Urlaub eher nebenbei. Der Haushalt fühlt sich weniger nach Haushalt an, weil in der

Regel ein Tag voller gemeinsamer Zeit mit Ausflügen und geschaffenen Erinnerungen vorangegangen ist.

Mein ganz persönlicher Bedürfnis-Akku ist im Ferienhaus abends viel voller, als wenn ich meine arbeitsfreie Zeit zu Hause verbringen würde. Denn zu Hause müssen die Strukturen und Routinen funktionieren. Und von denen können wir uns auch dann nicht frei machen, wenn die Erwerbsarbeit gerade Pause hat. Schlimmer noch: Zu Hause füllen wir die Zeit, die durch das Pausieren der Erwerbsarbeit übrig ist, im Zweifel mit noch mehr Arbeit. Dann gucken wir uns all die Renovierungsprojekte an, die wir Woche für Woche aufschieben. Da macht der Garten ein langes Gesicht, weil er so dringend auf Zuwendung wartet. Da raunt uns die Steuererklärung ins Ohr, dass doch genau JETZT der richtige Zeitpunkt wäre, sich da doch endlich mal dranzumachen. Den Erwerbsurlaub zu Hause zu verbringen ist einfach viel weniger erholsam, weil wir da eher in die Versuchung geraten, unsere Erholungszeit mit vielen anderen, vermeintlich sinnvolleren Dingen zu füllen.

Wenn man im Urlaub weg ist, fällt alles leichter. Außerdem beginnen wir den Tag eben nicht damit, zu überlegen, welche Verpflichtung heute auf dem Plan steht. Sondern wir starten damit, uns zu überlegen, worauf wir heute Lust haben. Urlaub fern von zu Hause ist selbstbestimmt. Wenn wir im Urlaub sind, legen wir die Priorität darauf, etwas zu erleben, denn immerhin sind wir dafür extra weggefahren. Natürlich kann das auch in Freizeitstress ausarten. Wir alle haben wohl die eine Bekannte oder den einen Verwandten, der notorisch dafür bekannt ist, Mitreisende von einem Sightseeing-Spot zum nächsten zu treiben. Aber selbst wenn die To-do-Liste diesbezüglich lang ist – es ist eine andere Art von To-do. Es ist Erleben und

Genießen und Lernen und Sich-inspirieren-Lassen. Allein der Tapetenwechsel gibt einem neue Energie.

Genau hier wird es problematisch, wenn ursprünglich günstige Arten, Urlaub zu machen, vom Mittelstand entdeckt werden, Anbieter – die oft selbst aus dem Mittelstand kommen – darauf mit Preiserhöhungen reagieren und diese Art von Urlaub durch die Preissteigerungen für prekäre Gesellschaftsschichten unerschwinglich wird. Denn gerade DANN, wenn das Geld knapp ist, wird es schier unmöglich, dieses Erleben und Genießen und den Tapetenwechsel in den Alltag zu integrieren. Je weniger finanzielle Möglichkeiten ich habe, desto wahrscheinlicher und gegebener ist es, dass ich nicht mehr erlebe als das, was meine alltäglichen Wege zur Schule oder zur Arbeit hergeben. GERADE für Menschen mit geringem Einkommen ist woanders Urlaub machen eigentlich die einzige Möglichkeit, dem Alltagstrott zu entkommen. Denn wer arm an Einkommen ist, ist in der Regel auch arm an Zeit. Das heißt, die auf Instagram und in Selbsthilfebüchern oft beschworenen Mikroabenteuer für den Alltag sind tendenziell auch etwas, das eher für Mittelschichtsangehörige möglich ist.

Der jährliche Trip auf den Campingplatz könnte also gerade für armutsbetroffene Menschen die eine Oase im sonst von alltäglichem Einheitsbrei geprägten Jahr sein. Seitdem selbst diese Oase nicht mehr leistbar ist, hängen Armutsbetroffene in ihrem Alltag und in der entsprechend alltäglichen Umgebung fest. Gerade für die Kinder Armutsbetroffener ist das doppelt bitter. Ich weiß noch genau, wie miserabel ich mich jedes Mal wieder gefühlt habe, wenn nach den Ferien der Erzählkreis stattgefunden hat und alle von coolen Urlauben und spannenden Ausflügen berichtet haben – außer mir. Je älter ich wurde, desto weniger Elan hatte ich, durch eine entsprechende Ausgestaltung alltäglicher Begebenheiten mit den Erzählungen meiner Mitschüler*innen mithalten zu wollen. Irgendwann habe ich entweder gelogen – was aber auch nur ein, zwei Mal funktioniert hat – oder ich habe in den meisten Fällen mit den Schultern gezuckt und gar nichts zu meinen Ferien gesagt. Beides zog gleichermaßen Spott und Hänseleien aufseiten der Schülerschaft und mitleidige Blicke des Lehrpersonals nach sich. Gleichzeitig nimmt diese gesellschaftliche Gewichtung von Reisen Kindern und Erwachsenen mit Armutserfahrung auch Zukunftschancen.

## Reisen als Kapital

Reisen ist nämlich nicht nur in Bezug darauf, was Nachbarn oder Mitschüler*innen denken, ein Statussymbol. Auch für die berufliche Perspektive spielt es in vielen Branchen eine Rolle, ob jemand Auslandserfahrung hat oder nicht. Mit stetiger Dringlichkeit erzählt man jungen Leuten heutzutage, wie wichtig es sei, Auslandserfahrung zu sammeln, um überhaupt eine Chance auf einen gut bezahlten Job zu haben. Es gilt: Je mehr Auslandsaufenthalte in einer Vita stehen, desto interessanter und vielversprechender als Angestellte*r ist die Person. Also quetschen Jahrgang um Jahrgang an Absolvent*innen Auslandsjahre in der Schule, Au-pair-Aufenthalte, Work-and-Travel-Jahre und Auslandssemester in ihr Leben. Es gibt mittlerweile immer mehr Studiengänge, bei denen ein Auslandssemester oder ein Auslandspraktikum sogar Pflicht ist, um den Abschluss zu erwerben. Selbst für Auszubildende gibt es mittlerweile das Erasmus+-Programm, mit dem Berufsschüler*innen sich ein Auslandspraktikum fördern lassen können.

Das Problem daran: Selbst mit dem entsprechenden Stipendium sind Auslandsaufenthalte vor allem für diejenigen möglich, deren Eltern das entsprechende Kleingeld haben. Denn auch mit Stipendium kosten diese schnell mehrere Tausend Euro. Kosten für Visa, für Flüge oder Bahnfahrten, Studiengebühren, Wohn- und Lebenshaltungskosten – Programme wie das Erasmus-Stipendium können das zwar querfinanzieren, aber die Zuschüsse allein reichen oft bei Weitem nicht. Denn auch Kosten wie die Auslandskrankenversicherungen, ggf. Impfungen und auch der Semesterbeitrag an der Heimatuni werden zusätzlich fällig und müssen oftmals bezahlt werden, bevor beispielsweise der Erasmus-Zuschuss ausgezahlt wird. Selbst im Work-and-Travel-Modell sind Auslandsaufenthalte oft bevorzugt für diejenigen geeignet, deren Eltern es sich leisten können, hin und wieder Taschengeld zuzuschießen. Das benachteiligt Menschen mit Armutshintergrund auf dem Arbeitsmarkt maßgeblich – denn wer das nötige Kleingeld nicht hat, blitzt schlussendlich bei Arbeitgebern ab, die besonders viel Wert auf die vermeintliche interkulturelle Kompetenz legen.

Mal abgesehen davon, dass fehlende Auslandserfahrung Jobchancen minimiert – nicht reisen zu können, nichts abseits des Alltags zu erleben macht etwas damit, wie man die Welt um sich herum wahrnimmt. Denn es stimmt schon: Reisen stimuliert den Geist. Neue Orte zu erkunden und sich in neuen Gefilden zu bewegen kann inspirieren, macht mutiger, stärkt Verständigungs- und Lösungskompetenzen. Es lässt offener werden für Neues und damit Unbekanntes. Wer die Möglichkeit hat, hin und wieder aus dem Alltagstrott aus- und an einen neuen Ort aufzubrechen, traut sich in der Regel mehr zu und lernt, die Scheuklappen abzusetzen.

All das sind Dinge, die Arbeitgeber sich tatsächlich davon erhoffen, wenn sie Auslandserfahrung als Bonuspunkt bei der Jobbewerbung aufführen. Gleichzeitig sind all das Kompetenzen, sogenannte Soft Skills, die eigentlich nicht daran gekoppelt sein sollten, ob man die finanziellen Mittel hat, das eigene Lebensumfeld hin und wieder zu verlassen. Am Ende macht die Fähigkeit, reisen zu können oder nicht, unter Umständen auch etwas mit dem eigenen Selbstbewusstsein beziehungsweise der eigenen Selbstwirksamkeit. Denn wenn ich meine Lebenswelt als sehr begrenzt wahrnehme und das Gefühl habe, aus meiner Nachbarschaft, aus meinem sozialen Umfeld nicht herauszukommen, dann werde ich mich auch weniger wahrscheinlich darum bemühen, meine Lebenssituation zu verbessern. Ich muss die Chance haben, auf den Geschmack einer anderen Lebensrealität zu kommen, um mir überhaupt zuzutrauen, dass es für mich selbst mehr geben kann als die immer gleichen Wege zur Schule oder zur Arbeit. So betrachtet sollte man eigentlich glauben, dass es unserer leistungsorientierten Gesellschaft ein Anliegen sein sollte, Menschen das Reisen zu ermöglichen. Denn ihnen andere Lebensrealitäten und damit mehr Möglichkeiten zu zeigen wäre doch der perfekte Nährboden dafür, ihnen das Narrativ von „Du kannst es schaffen, wenn du nur willst!" schmackhaft zu machen. Oder nicht?

Ironischerweise war es unter anderem die Aussicht darauf, dass ich mit meiner zukünftigen Pflegefamilie jährlich die Sommerferien in Spanien verbringen konnte, die meine Mutter dazu bewog, meiner Inobhutnahme kurz vor meinem 15. Geburtstag zuzustimmen. So erzählte sie es mir fast zehn Jahre danach. Der Sachbearbeiter hatte eine Bemerkung darüber wohl fallen gelassen, als er erklärte, dass die endgültige Zusage der Pflegefamilie wegen genau diesem jährlichen Urlaub noch einige Tage auf sich warten lassen würde. Meiner Mutter war also sehr wohl bewusst, dass auch Urlaube und Reisen durchaus etwas sind, was kulturellen Wert hat und dass es meiner Zukunftsperspektive guttäte, daran Anteil zu haben. Obwohl wir in meiner Kindheit nicht einmal Tagesausflüge oder kostenfreie Unternehmungen gemacht haben.

Tatsächlich bin ich in zwei von drei Jahren meines Pflegekinderdaseins mit in diesen fünfwöchigen Urlaub gefahren. Auch in Holland waren wir mehrfach, und die ersten Male habe ich tatsächlich jedes noch so kleine Detail aufgesogen, das mein Pflegevater mir über Schilder am Autobahnrand, über Flüsse und örtliche Begebenheiten erzählte. Im dritten Jahr habe ich mich dann gegen den Sommer in Spanien entschieden – zum Teil wegen meines heutigen Mannes, mit dem ich meine Zeit lieber verbrachte. Zum Teil eben aber auch, weil ich merkte, dass Reisen in der falschen Gesellschaft am Ende genauso miserabel war, wie als einziges Kind nach den Ferien keine spannenden Abenteuer berichten zu können.

Gleichzeitig haben Urlaub und Ausflüge machen können für mich mit meiner eigenen Familie große Priorität. Selbst als das Geld mit zwei sehr kleinen Kindern superknapp war, haben wir uns zumindest Kurzurlaube über zwei bis drei Nächte ermöglicht. Zum einen natürlich auch, weil wir unseren Kindern das ermöglichen möchten und mein Mann es von zu Hause gar nicht anders kennt. Zum anderen aber eben auch, weil wir gemerkt haben, dass wir besonders im Urlaub sehr zugewandte und aufmerksame Eltern sein können. Es macht nämlich auch für unsere mentale Gesundheit einen Unterschied, wenn wir ab und an mal die Szenerie wechseln. Deshalb gönnen wir uns das als Familie, selbst wenn es bedeutet, an anderen Stellen Abstriche machen zu müssen.

Ich war übrigens bis heute nicht in Kühlungsborn. Vielleicht hole ich das nächstes Jahr nach und nehme dieses Buch für eine Lesung mit dorthin. Interessanterweise las ich kurz vor Abgabe des Buches auf mehreren Reiseportalen, dass Kühlungsborn als Urlaubsort wohl sehr teuer sei. Die Ostsee-Zeitung berichtet in einem Artikel, dass sich viele Menschen auch gar nicht mehr leisten könnten, dort zu leben, weil die Mieten hoch, aber die Verdienste gering seien.[21] Erst recht ein Grund, Kühlungsborn endlich mal einen Besuch abzustatten.

Das ist dann auch eine gute Gelegenheit, einmal darüber zu sprechen, dass man gerade an Urlaubsorten, die von gut verdienendem Klientel leben, oft auch an der Kleidung sieht, wer im Hafen ein Boot liegen hat und wer am Ende des Tages in die kleine Zweizimmerwohnung am Stadtrand zurückkehren muss.

## ARMUT FÄLLT AUF

Im Sommer vor meinem 15. Geburtstag kamen meine Eltern plötzlich zu etwas Geld. Meine Mutter hatte eine Anstellung gefunden, wo sie so viel verdiente, dass sie mit uns Kindern zum Klamottenshoppen fahren konnte. Also klar, wir fuhren nur zu Takko, aber für uns war das, als ob Ostern und Weihnachten auf einen Tag fallen würden. Denn neue Kleidung, die auch noch so etwas wie modisch war, gehörte bislang eher selten zu unserem Alltag. Stattdessen gab es normalerweise Kleidung aus irgendwelchen Discountern oder – schlimmer noch – aus zweiter Hand. Bis heute sehe ich die durchscheinenden

Plastiktüten vor mir, in denen säuberlich gefaltete Kleidung fremder Menschen lag, die für meine Brüder und mich gedacht waren. Es ist nicht so, dass ich mit Secondhandkleidung per se ein Problem hätte. Meine eigenen Kinder tragen nach wie vor viele Dinge, die ich aus zweiter Hand kaufe, weil ich es nicht einsehe, für eine Übergangsjacke, die genau eine Saison passt, mehr als 30 Euro auszugeben. Aber bei meinen eigenen Kindern achte ich darauf, dass die Dinge, die ich ihnen gebraucht kaufe, zwei essenzielle Kriterien erfüllen: Sie sehen ordentlich beziehungsweise schick aus, und sie passen ihnen vernünftig. Alles andere wird nicht gekauft oder direkt weitergeben.

Leider hatten meine eigenen Eltern da weniger Mitgefühl, vor allem mit mir, deren Körper nie ganz der Norm entsprach. Ich war in der Grundschule immer die Größte in der Klasse. Irgendwann in der 4. Klasse begann ich, Oberweite zu entwickeln – und das auch noch recht ordentlich. Mein Körper war immer länger, runder, anders als der meiner Mitschülerinnen. Das führte leider auch dazu, dass mir die gängige Kinder- bzw. Teenie-Kleidung der 1990er- und 2000er-Jahre nicht passte. In den Hosen hatte ich entweder Hochwasser oder ich bekam sie nicht über meinen Hintern. Die Oberteile waren meist zu kurz, zu eng oder wirkten aufgrund meiner früh vorhandenen Oberweite zu anzüglich.

Kleidungstechnisch war meine Kindheit die schlimmste aller Kombinationen: Die Mode der Zeit wollte Körper wie meinen nicht einkleiden, und für Kleidung, die zu mir passte, hatten meine Eltern keine Kohle. Ich kann mich noch gut an diese furchtbar bullig wirkende, weite schwarze Jeans erinnern, die mir an den Beinen viel zu groß war, aber immerhin am Bauch passte. Ich hasste diese Jeans. Sie war nicht einmal richtig schwarz, aber eben auch nicht richtig dunkelgrau, sondern einfach nur seltsam verwaschen. Die Jeans war ein bisschen wie meine Kindheit: trüb, dunkel und viel mehr, als ich hätte tragen sollen. Es war eine Erwachsenenjeans an einem Kinder- bzw. Teeniekörper. Im Endeffekt führte das dazu, dass ich altbacken aussah. Die schwarze Jeans, die einzige Hose, die mir damals passte, sorgte dafür, dass ich immer viel, viel älter wirkte, als ich eigentlich war. Gleichzeitig ruinierte sie jedes Outfit, sodass man mir meine Armut einfach immer ansah. Es war kein Vorbeikommen daran, dass meine Familie sich das, was angesagt war, einfach nicht leisten konnte. Unsere Kleidung war zweckmäßig. Schönheit war ein unnützer Luxus.

Umso aufregender war es also, als wir uns tatsächlich bei Takko jeweils unser Wunschoutfit zusammenstellen durften. Endlich Kleidung, die modisch war und die ICH tragen wollte! Witzigerweise erinnere ich mich nicht mehr daran, welches Oberteil ich mir ausgesucht hatte. Aber ich weiß noch genau, dass ich eine Sweatjacke mit Reißverschluss und Kapuze mitgenommen hatte, einfarbig, aus Baumwolle. In meiner Erinnerung ist sie pfirsichfarben, aber ich könnte nicht mehr drauf schwören, welche Farbe sie wirklich hatte. Viel wichtiger war die Jeans, die ich mitnahm. Eine richtige hellblaue, Low-rise-Jeans mit geradem Bein, die mir ALLES bedeutete. Denn zu dieser Jeans gehörte ein Gürtel – DER Gürtel. Ein babyblauer Stoffgürtel mit großer, silberner Durchzugschnalle. Alle Teenie-Mädels hatten zwischen 2004 und 2006 diesen Gürtel, ob in Babyblau, Zartrosa oder sogar in Camouflage. Viele meiner Mitschülerinnen sammelten ihn in so vielen Farben wie möglich. Eigentlich alle – außer mir. Denn nur dafür

Geld auszugeben, ein Accessoire in möglichst vielen Farben zu besitzen, war schlicht und ergreifend einfach nicht drin. Umso glücklicher machte mich dieser Shoppingtrip bei Takko. Denn endlich besaß auch ich einen dieser Gürtel. Mehr noch: Ich konnte DEN Gürtel auch noch mit einem Outfit kombinieren, das direkt aus einem amerikanischen Teeniefilm hätte stammen können. Die Low-rise-Jeans, der Stoffgürtel und die Sweatjacke über einem Top mit V-Ausschnitt – ich hatte endlich ein Outfit, das nicht nur praktisch, sondern auch lässig und stylish war. Ein Outfit, in dem meine Armut nicht sofort auffallen würde. Ein Outfit, das mich nicht noch zusätzlich ausgrenzen würde.

Innerhalb des mehrheitlich mittelständisch-gutbürgerlichen Umfeldes, in dem ich mich bewegte, weil ich das Gymnasium besuchte, verlieh mir dieses Outfit eine Möglichkeit, plötzlich an der Gemeinschaft teilzuhaben. Wir Menschen stiften Gemeinschaft nämlich über Gemeinsamkeiten – ein ähnlicher Musikgeschmack, der gleiche Arbeitsweg, verbindende Werte, aber auch ganz grundlegend über gemeinsame optische Eigenschaften. Weil wir Menschen visuelle Wesen sind, zählt der berühmte erste Eindruck. Gerade, wenn es darum geht, in eine Gruppe aufgenommen zu werden, checkt die Gruppe als Erstes optisch aus, ob wir denn überhaupt reinpassen. Tragen wir die richtige Kleidung, haben wir die passende Frisur, stimmt unser Styling? In einer rassistisch sozialisierten Gesellschaft wie unserer bedeutet das leider auch, dass nicht weiße Menschen es generell schwerer haben. Die Optik ist eine niedrigschwellige und gleichzeitig in einer vom Streben nach sozialem Status getriebenen Gesellschaft wichtigste Hürde, die wir überwinden müssen, um zu einem bestimmten Umfeld Zugang zu erhalten.

Beispielsweise, wenn wir als Teenager nach einem Umzug neu in eine Schulklasse kommen und versuchen, Anschluss zu finden.

## Kulturelles Kapital

Wie sehr der eigene Kleidungsstil oder auch Ausdrucksweise und Freizeitgestaltung Einfluss darauf nehmen, wie Menschen von ihrem Umfeld wahrgenommen werden und daraufhin eben auch Zugang zu bestimmten Gruppen bekommen, ist dabei nicht nur meine Beobachtung, sondern sozialwissenschaftlich belegt. Der Soziologe Pierre Bourdieu erklärt in seinem Werk „Die feinen Unterschiede", dass verschiedene Klassen innerhalb unserer Gemeinschaft unterschiedliche Arten von Kultur pflegen. Dabei legt die Klasse mit der symbolischen Macht, also dem meisten Einfluss und der Gestaltungshoheit, fest, was als die sogenannte legitime Kultur gilt. Im Grunde bedeutet das nichts anderes, als dass die Menschen mit dem meisten Geld, den besten Beziehungen und einer bestimmten Position in der Gesellschaft bestimmen, was schick, erstrebenswert und überlegen ist. In der Praxis heißt das: Wer zu einer bestimmten Gruppe (oder Klasse) dazugehören will, muss sich zum Beispiel auf die von der Gruppe bestimmte Art und Weise kleiden. Pierre Bourdieu bezeichnet das Wissen um die geforderte Mode und die Möglichkeit, sich in ihr zu kleiden, als das sogenannte kulturelle Kapital.

Interessanterweise ist diese soziale Etikette, dass Menschen bestimmter Einkommensschichten sich auch auf besondere Art und Weise zu kleiden haben, keine Erfindung moderner Gesellschaften. Tatsächlich gab es für die Ständegesellschaft in deutschen Städten des 15. Jahrhunderts eine reell existierende Kleiderordnung, die auf den ersten Blick erkennbar machen sollte, welchem Stand eine Person angehörte. So war niederen Ständen die Verwendung bestimmter Stoffe oder Kleidungsstücke verboten, weil sie anderen Ständen vorbehalten waren. Gleichzeitig wurde von Bürgern wie Adeligen oder Geistlichen erwartet, auf jeden Fall bestimmte Kleidungsstücke zu tragen, damit sie von Weitem als zu ihrem Stand zugehörig erkennbar waren. Die einzige Personengruppe, für die diese Kleiderordnung nicht galt, waren die Bettelnden. Archäologin Angelika Franz bringt es für sie so treffend auf den Punkt: „[...] die Ärmsten trugen, was ihnen geblieben war oder gegeben wurde."²² Kleidung als gemeinsames kulturelles Kapital ist also eine Konstante, die deutsche Gesellschaften durch die Jahrhunderte hinweg verfolgt.

Im Falle des mittelständischen Milieus, in dem ich zur Schule ging, gab diese Kleiderordnung bzw. der legitime Geschmack vor, dass ich als Teenagerin diesen blauen Stoffgürtel mit der silbernen Durchzugschnalle brauchte, um auch nur die Chance zu haben, zu den anderen Mädchen dazuzugehören. Durch die neu erworbene Kleidung konnte ich an der Gemeinschaft stiftenden Gemeinsamkeit teilhaben, die durch die tonangebenden Schüler*innen als überlegen klassifiziert wurde. Pierre Bourdieu würde sagen, ich habe damals kulturelles Kapital dazugewonnen.

Das Problem für meine Position in der Klasse war allerdings: Das Kind war längst in den Brunnen gefallen. Ich war schon längst die Außenseiterin, denn vor dem Geldsegen meiner Eltern hatte man mir die Armut bereits monatelang angesehen. Mir fehlte es nicht nur an dem kulturellen Kapital, um gleichberechtigt zu dieser Gruppe Teenager dazuzugehören – ich wurde aktiv ausgegrenzt, weil meine Kleidung ihren

Maßstäben nicht gerecht wurde. Denn genauso, wie die Gruppe mit der symbolischen Macht nach Bourdieu bestimmte Merkmale als überlegen und erstrebenswert klassifiziert, werden andere Merkmale eben auch als unzureichend und unkultiviert gebrandmarkt. Im Falle des Klassenverbandes bedeutete das, dass meine altbackene, schlecht sitzende Kleidung dazu führte, dass ich gemobbt wurde und zu den uncoolen Kids gehörte. Weil es meinen Eltern an Geld fehlte, nach Bourdieu also an ökonomischem Kapital, und ich als neues Kind in der Klasse auch keine Freundschaften hatte, auf die ich mich stützen konnte (was Bourdieu als soziales Kapital bezeichnen würde), half mir auch der späte Erwerb des kulturellen Kapitals nur wenig – ich war die Außenseiterin und erlebte durch die Jeans mit DEM Gürtel leider auch keine Glow-up-Storyline, wie ich sie aus den damals angesagten Teenie-Filmen kannte.

Pierre Bourdieu hat seine feinen Unterschiede natürlich nicht geschrieben, um zu erklären, warum ich es in der 8. Klasse so schwer hatte. Vielmehr wollte er damit erklären, warum bestimmte Dinge in unserer Gesellschaft einen besseren Ruf genießen als andere. Denn obwohl wir uns immer erzählen, den „sozialen Aufstieg" könnten alle schaffen, die sich nur hart genug anstrengen, lebt unsere Gesellschaft immer noch in verschiedenen Klassen, die sich durch ihre Lebensweisen stark voneinander abgrenzen. Dabei versuchen diejenigen, die ein hohes soziales Ansehen genießen und die symbolische Macht innehaben, ihre privilegierte Position so lange wie möglich zu verteidigen. Das passiert vor allem dadurch, dass sie Geld und soziale Beziehungen dafür nutzen, ihre Geschmacksvorstellungen als Ideal beziehungsweise als Norm zu etablieren. Die Kleidung, die sie tragen, die Musik, die sie hören, die Speisen, die sie verzehren, die Urlaubsorte, die sie besuchen, aber auch die Art, wie sie sprechen und sich bewegen – der komplette Lebensstil wird zum Nonplusultra erklärt. Dabei gilt: Dieser Lebensstil soll für Menschen mit weniger ökonomischem, kulturellem und sozialem Kapital unerreichbar sein. Die Reichen, Schönen und Gebildeten nutzen ihren Lebensstil und die Unerreichbarkeit desselben, um sich gegen das vermeintlich einfache Volk abzugrenzen. So etablieren und sichern sie ihre Machtpositionen und gesellschaftlichen Hierarchien.

**Trends dienen der sozialen Abgrenzung**

Seitdem ich mich mit Bourdieu beschäftigt habe, verstehe ich beispielsweise solche Phänomene wie Fashion Weeks viel besser. Von klein auf habe ich Frauenzeitschriften durchgeblättert, mir die neueste Haute Couture angeschaut und mich gefragt: Wer zur Hölle soll das denn tragen? Denn die Fotostrecken sind bis heute voll mit Kleidungsstücken, die entweder völlig unpraktisch oder abgefahren extravagant sind. Und so teuer wie ein Kleinwagen. Bis in meine frühen 2oer habe ich naiverweise angenommen, diese Fotostrecken von den Fashion Weeks wären tatsächlich dafür gedacht, dass sich die Otto Normalbürgerin für ihren eigenen Kleiderschrank inspirieren lässt. Mit dem Ergebnis, dass ich mich noch ärmer gefühlt habe als sowieso schon. Wenn ich schon keine 50 Euro für eine Hose ausgeben konnte, wie sollte ich mir dann eine Hose für Fünf-HUNDERT Euro leisten können?

Heute weiß ich: Diese Fashion Weeks und Fotostrecken werden nicht gemacht, damit Menschen wie Sie und ich uns diese Kleidung wirklich kaufen können. Nein, sie sind lediglich Demonstration dessen, was die Reichsten der Reichen als sogenannte hohe Kultur verstehen – und sie sind eine Macht-demonstration. Denn sie signalisieren auch ganz klar: Solange du DIESE Schönheit nicht anerkennen und dir DIESE Kleidung nicht leisten kannst, bist du keine von uns, sondern einfacher Pöbel. Die Klasse mit der größten symbolischen Macht stellt hier ihre eigene Überlegenheit zur Schau – und grenzt sich nach unten ab.

Das ist auch in Teilen der Grund dafür, dass Trends in regelmäßigen Abständen wechseln und das in immer kürzeren Abständen. Denn um mit dieser Schnelllebigkeit der Modewelt mithalten zu können, braucht es vor allem eins: Geld. Armutsbetroffene und Einkommensschwache KÖNNEN gar nicht mithalten, selbst wenn sie wollten. Einfach, weil es ihnen an verfügbarem Geld fehlt, um selbst bei der günstigsten Fast-Fashion-Kette immer die neueste Kollektion zu kaufen. Das heißt, wer in der aktuellen Mode up to date ist, sieht Armutsbetroffenen ihre fehlende Klasse an. Gleichzeitig freut sich der Kapitalismus. Denn mit dem ständigen Mangelgefühl, der Angst vor sozialer Ausgrenzung und der Furcht, eine aktuelle Kollektion zu verpassen, lässt sich hervorragend Geld verdienen.

Das Beispiel der Fashion Week zeigt auch sehr anschaulich: Medien jeglicher Art sind bereitwillige Erfüllungsgehilfen bei der Verstetigung dieser sozialen Hierarchien. Denn haben Sie sich mal angeschaut, was nicht nur die Kleidung, sondern auch Haushaltsgadgets oder Urlaubsorte kosten, die in den klassischen Lifestyle-Magazinen empfohlen und vorgestellt werden? Oder welches bildungstechnische Niveau die vorgestellten Romane oder Musikalben haben? Weil in den Redaktionen vor allem Menschen sitzen, die selbst einen sehr privilegierten Hintergrund haben, wird hier der Lifestyle der gehobenen

Klasse teilweise komplett unreflektiert reproduziert. In vielen journalistischen Redaktionen sitzen Gleiche unter Gleichen: Angehörige des Bildungsbürgertums, für die ein gewisser Luxus selbstverständlich zum Leben dazugehört. Weil da in den Redaktionen niemand ist, der oder die mal sagt, wie lebensfremd manche Artikel für einen großen Teil der Bevölkerung sind, wird der Lifestyle der Oberklasse fleißig weiterverbreitet.

Aber auch die Anzeigenkunden tragen dazu bei, dass die sozialen Machtstrukturen über journalistische Medien fortgesetzt werden: Denn die Marken sprechen oft ein besonders gut verdienendes Publikum an und wollen entsprechend auch nicht mit Dingen in Verbindung gebracht werden, die mit niedrigeren Klassen assoziiert werden. Soziale Abgrenzung gegenüber anderen Klassen funktioniert nämlich nicht nur darüber, dass bestimmte Dinge als überlegen und erstrebenswert klassifiziert werden. Sondern zu dieser sozialen Abgrenzung gehört auch, dass andere Dinge als unkultiviert, zu vermeiden, als minderwertig deklariert werden. In dem Versuch, ihre eigene soziale Position und symbolische Macht abzusichern, deklarieren die Reichen und Schönen vor allem die Dinge als minderwertig, die in den unteren Klassen selbstverständlich zum Alltag oder Lebensstil dazugehören.

**Make-up ist ein Erkennungsmerkmal**
Am besten erklären lässt sich das am Beispiel von Make-up. Als sich zu schminken zur alltäglichen Praxis von Frauen wurde, war Schminke vor allem etwas für wohlhabende Frauen. Im Alltag der Arbeiterin hatte Make-up nur wenig Platz, und oft waren die entsprechenden Kosmetika auch viel zu teuer, als dass sich die durchschnittliche Frau viel Schminke leisten

konnte. Es galt also lange, dass sich die oberste Klasse an Frauen durch alltägliches Make-up von Frauen der unteren Klasse abgrenzte. Je ausdrucksstärker das Make-up war, desto reicher die Frau, denn Farbpigmente waren teuer. Ungeschminkt zu sein galt als unkultiviert und als sicheres Zeichen dafür, zum armen Pöbel zu gehören.

Mit der Industrialisierung, der Massenproduktion und dem Siegeszug des Kapitalismus wurde Make-up irgendwann allerdings etwas, das neuen gesellschaftlichen Schichten zugänglich wurde. Auch die Frau aus der Arbeiterklasse begann, sich die Augen mit Kohle zu umranden oder Lippenstift zu tragen, wenn sie sich für einen besonderen Anlass herausputzte. Die Konsumpraxis, über die sich die Frauen aus oberen Klassen bisher nach unten hin abgegrenzt hatte, wurde klassenübergreifend verfügbar. Die Abgrenzung zwischen reichen und privilegierten Frauen und denen aus unteren Gesellschaftsklassen fiel weg.

Was machten die Frauen, die nun ihre symbolische Macht und die privilegierte gesellschaftliche Position verteidigen wollten? Sie erklärten nicht mehr allein das Make-up zum Abgrenzungsmerkmal, sondern die Art und Weise, wie es verwendet wird. Natürlichkeit als Ideal kam zurück. Wir sehen das bis heute an Phänomenen wie den „Vanilla Girls" oder dem „Clean-Girl-Trend", die durch die sozialen Netzwerke ziehen. Frauen mit symbolischer Macht, also viel Geld, der richtigen Herkunft und weitreichenden sozialen Beziehungen, schminken sich zwar nach wie vor – aber sie bemühen sich dabei, möglichst ungeschminkt auszusehen. Understatement als Schönheitsideal: Sie schminken zwar große Poren, Fältchen und Augenringe weg, verzichten aber auch auf starke Lidstriche, grellen Lippenstift oder bunten Lidschatten. Ihre Outfits bestehen aus gedeckten

Farben. Seit ich denken kann, werden bestimmte Frauen immer als „natürliche Schönheit" bezeichnet – Influencerinnen gießen diese „natürliche Schönheit" in Skincare-Routinen und Schminktipps, die eine gewisse Kultiviertheit und im wahrsten Sinne des Wortes Klasse vermitteln sollen. Man hantiert zwar immer noch mit Primern und Seren und Foundations, lässt sich die Augenbrauen microbladen und die Wimpern färben – aber alles mit dem Ziel, dass Frau aussieht, als sei sie gerade naturschön aus dem Bett aufgestanden.

Mit diesen Trends grenzen sich die Reichen, Schönen und Einflussreichen von den Frauen der unteren Klassen ab. Sich zu stark zu schminken gilt mittlerweile als verpönt und unkultiviert. „Das wirkt irgendwie billig", sagen Frauen abwertend über andere Frauen, deren Augenbrauen in breiten Balken nachgezogen oder deren Lippen einen Rotton zu grell geschminkt sind. Starkes Make-up wird als Erkennungsmerkmal der Unterschicht klassifiziert. Besonders eindrücklich sieht man das an den sogenannten Chavs in Großbritannien. Chavs wird dort als abwertende Bezeichnung gegenüber der Unterschicht verwendet. Der Clean-Girl-Trend entstand in den sozialen Netzwerken als Gegenbewegung zu zahlreichen, teils satirischen Tutorials, in denen Frauen zeigen, wie man sich den Unterschichtslook aus zu viel Foundation, breiten Augenbrauen, mit Concealer geweißten Lippen und blockartigem Rouge schminkt. Gepaart mit Bomberjacken, goldenem Schmuck und einem glatt gegelten Dutt wird der Look vollständig, der sich bemüht, alle Klischees einer britischen Unterschichtsfrau zu erfüllen. Interessanterweise zeichnet sich der globalisierte Kapitalismus dadurch aus, dass dieses Schema, diese Schablone einer Unterschichtsfrau, auch unserer deutschen Gesellschaft nicht ganz unbekannt ist.

## Abgrenzung funktioniert auf den ersten Blick

Erinnern Sie sich an Cindy von Marzahn? Die Kunstfigur der Comedienne Ilka Bessin hat den Look der Chavs schon im Jahr 2000 erfolgreich auf den Punkt gebracht. Eine überstylte Dauerwelle paarte sich mit dunklem, orangestichigem Make-up, balkenähnlichen dunklen Augenbrauen, grellpinkem Lippenstift, der dunkel umrandet war, und ebenso pinkem Lidschatten. Getoppt hat Bessin diesen Look mit einem unübersehbaren pinken Jogginganzug. Cindy von Marzahn verkörperte optisch all die Klischees, die unsere Gesellschaft Langzeitarbeitslosen zuspricht: Sie ist schrill, sie ist laut, hat vermeintlich keinen Stil, keinen Job, und berlinern tut sie auch noch. Sie ist die Antithese zu dem, was wir als akademisiertes Bildungsbürgertum verstehen. Die Kunstfigur funktioniert, weil sie optisch und auch von ihrem gesamten Verhalten her direkt einzuordnen ist. Wir als Zuschauende sehen sie und müssen ihre Lebensgeschichte gar nicht erst hören, um einen Eindruck davon zu haben, wo sie herkommt.

In diesen unterschiedlichen Abgrenzungsmerkmalen zwischen Ober- und Unterschicht kommt also ein Bündel an Gegensätzen zustande: Vermeintlich natürliche Schönheit vs. übertriebenes Make-up, Naturfasern vs. Polyester, Blazer vs. Trainingsjacke. Cindy von Marzahn und auch die „Clean Girls" zeigen damit als Symbole ihrer Klasse, was Bourdieu unter anderem mit dem Modell des Habitus zu erklären versucht: Wo wir herkommen und groß werden, beeinflusst maßgeblich, was wir schön finden, wie wir uns anziehen und wie wir uns in unserem Alltag verhalten. Gleichzeitig zeigt, was wir anziehen, wie wir uns stylen und wie wir uns verhalten, wo wir herkommen und ob wir über das geforderte Kapital verfügen.

Am Ende entscheidet damit unsere Herkunft oft darüber, wohin wir gehen können. Sie beschränkt oder eröffnet, welche Zugänge wir zur Gesellschaft haben. Denn in der Abgrenzung der Oberschicht gegenüber der Mittelschicht und der Unterschicht geht es ja eben immer um den Erhalt hierarchischer, gesellschaftlicher Strukturen. Es geht also vor allem darum, Menschen, die versuchen, aus ihrer angeborenen sozialen Position nach oben auszubrechen, den Zugang zu verwehren. Damit diejenigen, die in eine privilegierte Herkunft hineingeboren wurden, ihre Position erhalten können.

Unsere Gesellschaft bemüht sich zwar, die Erzählung aufrechtzuerhalten, dass Armutsbetroffene und Arbeiter*innen sich mit genug Fleiß durchaus eine Position unter den Reichen und Schönen erarbeiten könnten. Aber rein praktisch kann allein ein kritischer Blick auf unser Outfit – oder das Fehlen eines passenden Outfits – unsere Zukunftsperspektiven in Schutt und Asche legen. Einfach, weil die gesellschaftlich festgelegten Schönheitsideale und Kleiderordnungen dazu dienen, soziale Hierarchien festzuschreiben. Mehr noch: Diese Zuschreibungen und die Festlegung dessen, was als legitimer Geschmack gilt, sollen die gesellschaftlichen Hierarchien rechtfertigen. Denn am Ende erklären privilegierte Personen die Armut der Unterschichtsfrauen damit, dass sie einfach keinerlei Ahnung davon hätten, wie man sich denn „anständig" schminkt. Und wenn jemand derlei unkultiviert sei, sei es ja auch kein Wunder, dass diejenige ihr Leben in Armut fristen muss. Würde sie sich nur ein bisschen mehr anstrengen, zu lernen, was sich gehört, würde sie bestimmt auch nicht arm bleiben müssen.

Zu Anfang des Jahres 2015 verlor ich meine Praktikumsstelle in einer Hamburger Online-Marketing-Agentur, weil ich als einzige Praktikantin den damals frisch eingeführten gesetzlichen Mindestlohn eingefordert hatte. Statt, wie vereinbart, mein Praktikum in eine Trainee-Stelle überführen zu können, musste ich also wieder auf Jobsuche gehen. In meinem damals einzigen Blazer und der bestsitzenden Jeans, die ich hatte, konnte ich auf einer Jobmesse für Online-Marketing-Interessierte schließlich den Vertreter einer international tätigen Agentur davon überzeugen, mich zum Vorstellungsgespräch einzuladen. In dem Vorstellungsgespräch brillierte ich über meinen Witz und Charme – von dem ausgeschriebenen Job hatte ich keine Ahnung. Die tatsächlich ernst zu nehmende Herausforderung ergab sich, als die Agentur mir den Job tatsächlich anbot. Denn auf eine Sache wurde sehr explizit hingewiesen: Man erwartete eine gewisse professionelle Garderobe von den Angestellten. Immerhin gingen in der Agentur internationale Kundinnen und Kunden ein und aus. Das, was gefordert wurde, würde man vermutlich als Business Casual oder Casual Chic bezeichnen. Ich nenne es mittlerweile die Online-Marketer-Uniform. Bei Frauen besteht diese Uniform aus einem auf Figur geschnittenen Blazer über einem moderat ausgeschnittenen Top oder Pulli, dazu eine dunkle, aber teuer ausschauende Jeans, und an den Füßen trägt frau entweder Kitten Heels (also sehr niedrige Pumps) oder weiße Sneaker. Für die Herren der Schöpfung sieht diese Uniform ähnlich aus, sie ersetzen den Blazer und das Top lediglich durch ein Hemd, das sie unter einem Pullover oder Pullunder tragen. Die Quintessenz des Looks ist, dass man quasi jederzeit eine Zara-Modenschau auf dem Agenturflur veranstalten könnte, weil die Angestellten zwischen den Models vom Look her kaum auffallen würden.

Ich stach allein deshalb heraus, weil ich schon damals nicht so wahnsinnig schlank war. Aber auch mein Kleiderschrank stellte mich vor eine Herausforderung. Denn in dem Praktikumsjob war die Garderobe weniger anspruchsvoll gewesen. Hauptsache ordentlich und sauber war die Devise. Es war absolut kein Problem gewesen, dass meine Kleidung sehr günstig und eher in der edgy Ecke des Mode-Spektrums angesiedelt war. In der neuen Agentur konnte ich mir das allerdings nicht leisten. Ich durfte auf gar keinen Fall auffallen. Immerhin grenzte es an ein Wunder, dass sie mich, ohne akademischen Abschluss und ohne nennenswerte Marketingerfahrung, überhaupt eingestellt hatten. Die Jobzusage stellte mich also vor ein enormes Problem, weil mein Kleiderschrank genau einen passenden Blazer und eine geeignete Jeans hergab und ich absolut pleite war. Es folgte eine Odyssee aus Kleiderkreisel-Käufen und H&M-Besuchen, in dem Bemühen, für möglichst wenig Geld zumindest noch zwei, drei geeignete Kleidungsstücke zusammenzukratzen. Im Anschluss lebte ich in Monaten voller Scham, weil ich viel zu häufig in den gleichen Klamotten in die Agentur kam und natürlich mitbekam, wie Kolleginnen und Kollegen darüber die Nase rümpften. Doch nachdem Armut und Krankheit uns in Schulden gestürzt hatten, hörte die Armut mit dem regelmäßigen Trainee-Gehalt nicht wirklich auf. So blieb mir nur der Versuch, das fehlende kulturelle Kapital zumindest durch Flickwerk in meinem Kleiderschrank irgendwie vorzutäuschen.

**Auffallen muss man sich leisten können**

In ihrem Buch „Wie viel" schreibt Mareice Kaiser: „Auch das ist Kapital: zu wissen, wie man sich verhält, um nicht aufzufallen. Oder auch, um aufzufallen. Sich das erlauben zu können."²³ Was ich daraus mitgenommen habe: Auffallen muss man sich leisten können. Was sie meint, ist, dass es schon eine sehr sichere soziale Position braucht, um innerhalb der Mittel- und Oberschichtsnormen aus der Reihe zu tanzen. In der Regel können sich nur Menschen mit sehr viel Geld und sehr viel Einfluss leisten, irgendwie außergewöhnlich zu sein. Für sie findet man dann die liebevolle Zuschreibung „extravagant". Wer dieses Geld, diesen Einfluss oder die geerbte Position nicht hat, wird entweder zur Party gar nicht zugelassen oder man rümpft die Nase über „diese Aufsteigerin". Man muss das eigene kulturelle Kapital, die eigene Position erst verstetigt haben, um sich Ecken und Kanten leisten zu können. Man muss es sich verdienen, aus dem sozialen Raum, den man anstrebt, nicht wieder ausgeschlossen zu werden.

Ich kann das nur bestätigen. Nach meiner Zeit in der Agentur habe ich sehr lange nicht damit aufgehört, mich in dem, was als seriös und angemessen gilt, zu verkleiden. Obwohl ich es eigentlich lieber ein bisschen dunkler, ein bisschen gewagter, ein bisschen rockiger mag. Aber das höchste der Gefühle waren lange rote Haare und ein Sidecut nach meiner Krebserkrankung. Ansonsten sind vor allem die Looks meiner Businessfotos immer ziemlich zahm und anbiedernd gewesen. Immerhin fürchtete ich ständig, dass große Unternehmen oder Organisationen und Zeitungen nicht mit mir arbeiten wollen würden, weil man mir meine Herkunft zu sehr ansehen würde. Weil als Selbstständige mit Armutsherkunft meine Position immer ein bisschen fragiler, ein bisschen wackeliger war als die anderer Soloselbstständiger, habe ich Jahre damit zugebracht, Mittelstands-Cosplay zu spielen. Erst in diesem Jahr habe ich mich getraut, einen Teil meiner Haare blau zu färben und Fotos von mir machen zu lassen, auf denen ich tatsächlich mehr nach mir und der Frau aussehe, die ich in meiner Freizeit bin. Ein Artikel in der Süddeutschen Zeitung, Einladungen zu diversen Veranstaltungen und nicht zuletzt der Verlagsvertrag für dieses Buch haben mir die Sicherheit gegeben, dass ich genug kulturelles Kapital innehabe, um ich selbst sein zu dürfen.

Gerade weil sich die Normen und Ideale, die uns durch die Gruppe mit der meisten symbolischen Macht vorgegeben werden, in der Regel nur durch den Einsatz von viel ökonomischem Kapital – also Geld – erreichen lassen, ist es für Armutsbetroffene kaum möglich, im Falle eines Bildungsaufstiegs eine tatsächliche wirtschaftliche Verbesserung oder Absicherung ihrer Situation zu ermöglichen. Es fängt damit an, dass uns die Mittel dafür fehlen, uns die für den Job nötige Garderobe zuzulegen, und setzt sich beispielsweise darin fort, dass wir es uns nicht leisten können, all die unbezahlten Auslandsjahre, Praktika, Volontariate und Fortbildungen zu machen, die nötig sind, um Erfahrungen, ein berufliches Netzwerk oder weitere qualifizierende Zertifikate zu erlangen. Dadurch, dass es uns nicht nur an Geld, sondern auch an kulturellem Kapital und den nötigen Beziehungen mangelt, geht es Armutsbetroffenen ein bisschen wie Sisyphus: Wir schieben und schieben und schieben diese Kugel den Berg hinauf, aber wir kommen niemals oben im Mittelstand – oder gar der Oberschicht – an.

Selbst wenn es in der Ausnahme einmal gelingt, dass sich jemand von uns eine Position erkämpft, in der er oder sie sich erfolgreich als Mittelschichtsangehörige*r verkleidet und den Habitus ausreichend einstudiert hat, um für eine*n von ihnen gehalten zu werden, versucht er oder sie, nicht als Aufsteiger* enttarnt zu werden. Wir müssen immer fürchten, dass jemand mitbekommt, wo wir herkommen – und uns genau deshalb die nächste Tür vor der Nase zuknallt. Alternativ werden wir aufgrund unser Herkunft instrumentalisiert. Immer dann nämlich, wenn Institutionen uns als Vorzeigeobjekt missbrauchen, um ihr soziales Gewissen zu beruhigen. Stipendien, Begabtenförderungen, besondere Diversity-Programme in Unternehmen – hier wird die niedere Herkunft plötzlich zum Bonus. Hier sollen wir dann plötzlich stolz und fordernd sein, statt uns für unsere Herkunft zu schämen. Jedenfalls so lange, wie wir uns als Showpony vorführen lassen und der restlichen Welt beweisen, wie progressiv, wie großzügig und wie engagiert für soziale Gerechtigkeit die Institution ist, die uns fördert. Unsere Herkunft wird dann vor aber vor allem hervorgehoben, um zu beweisen, dass der Mythos von der Leistungsgesellschaft angeblich funktioniert. Wir sollen den lebenden Beweis dafür spielen, dass der soziale Aufstieg möglich und unsere Gesellschaft vermeintlich durchlässig wäre.

Allerdings geht es bei all diesen Stipendien nicht wirklich um einen systemischen Wandel. Sie dienen vielmehr dazu, dass sich die herrschenden Institutionen und die Angehörigen der oberen Klasse gegenseitig vergewissern, dass sie durchaus ein Gewissen hätten. Diese Förderungen und Programme dienen lediglich zur Befriedung der Massen. Sie werden immer dann herausgeholt, wenn der Aufschrei wegen all der sozialen Ungerechtigkeiten ein bisschen zu laut wird. Dann präsentiert man all die geförderten Aufsteiger*innen und sagt: „An uns liegt es nicht. Wir geben doch denen die Möglichkeiten, die nur hart genug dafür arbeiten." Dabei sind all diese Förderungen wie ein Pflaster auf einem geplatzten Rohr. Die strukturelle

Ungerechtigkeit wird dadurch nicht behoben. Soll sie aber auch gar nicht. Am Ende dienen auch karitative Stiftungen vor allem dem Machterhalt der oberen Klasse. Man macht die Trennung zwischen den Schichten für einige wenige durchlässig. Dabei belegt man die Aufgestiegenen entweder mit so vielen Bedingungen und Regeln, dass sie ihre Position nicht nutzen KÖNNEN, um einen Systemwandel anzustoßen – oder man integriert sie so eng in ihr neues Milieu, dass sie anfangen, die Lügen der Leistungsgesellschaft selbst zu glauben. In jedem Fall halten die privilegierten Gesellschaftsschichten ihre ausgewählten Aufsteiger*innen so lange an einer sehr kurzen Leine, bis sie für die etablierte Hierarchie keine Bedrohung mehr sind.

Denn jedes Mal, wenn also eine armutsbetroffene Person versucht, ihre Herkunft zu verlassen und ihre Situation zu verbessern, indem sie sich bemüht, „sozial aufzusteigen", fordert sie diese Hierarchien heraus. Würde der soziale Aufstieg tatsächlich zur Norm werden, wäre der Machterhalt der Oberschicht tatsächlich gefährdet. Deshalb wird zwar auf der einen Seite das Narrativ gestreut, alle könnten den sozialen Aufstieg schaffen, um niemandem einen Grund zu geben, eine soziale Revolution vom Zaun zu brechen. Auf der anderen Seite wird aber sorgfältig dafür gesorgt, dass sozialer Aufstieg so gut wie möglich verhindert wird.

Aus dem Grund gibt es auch diese sozialisierten Regeln und Normen wie beispielsweise die, dass Bankangestellte bis heute ihre Tattoos bedecken müssen und nicht zu stark gepierct sein dürfen. Denn die Oberschicht, deren Abgrenzungsmerkmal Natürlichkeit und Understatement ist, hat Dinge wie Tattoos, Piercings oder auch bunt gefärbte Haare erfolgreich mit dem Label „Unterschicht" versehen. Um die Rebellion des Punks gegen bestehende Herrschaftsverhältnisse zu unterbinden, wurde Menschen mit bunten Haaren und Piercings und Tattoos nachgesagt, sie seien gescheiterte Existenzen, faul, leistungsscheu. Die gesellschaftlich etablierte Annahme wurde: Wer bunte Haare, Tattoos und Piercings trägt, gehört also wohl zur gescheiterten Unterschicht, die für ihr Elend selbst verantwortlich ist. Und wer würde denn wohl jemandem, der oder die nach „Unterschicht" aussieht, das eigene Geld anvertrauen? Richtig, niemand. Da unsere Gesellschaft nach wie vor davon ausgeht, dass Armutsbetroffene selbst verschuldet arm seien und einfach nicht mit Geld umgehen könnten, fordern Banken ein gewisses „seriöses" Äußeres, um ihr Kundengeschäft nicht zu gefährden, und verbieten Looks, die im gesellschaftlichen Konsens irgendwie mit Armut verbunden werden könnten. Dazu gehört beispielsweise auch, keine zerrissenen Jeans oder zu tiefe Ausschnitte zu tragen – all das hat in den Augen derer mit der symbolischen Macht im wahrsten Sinne der Worte „keine Klasse". Wer sich dieser Norm nicht beugt und das Äußere nicht anpasst, sich selbst nicht anpasst, bekommt den Zugang zu einer Karriere im Bankengeschäft verwehrt – egal, wie gut diese Personen mit Zahlen und Statistiken ist.

## Klasse entscheidet, was wir schön finden

Ganz im Sinne von Bourdieus Theorie zum legitimen Geschmack legen die von der Oberschicht als überlegen klassifizierten Merkmale fest, was wir schön finden. Attraktivität bemisst sich an den Klassenmerkmalen derjenigen mit der meisten symbolischen Macht. Mit dem Ergebnis, dass Klassenmerkmale der Unterschicht – hier am Beispiel des stark überschminkten Unterschichtenlooks – als unattraktiv kategorisiert werden. Das nimmt unabhängig von der sozioökonomischen Herkunft Einfluss auf unsere gesellschaftlichen Möglichkeiten. So konnten Studien nachweisen, dass die Attraktivitätsunterschiede zwischen zwei sich bewerbenden Personen maßgeblich darüber entscheiden, wer den Job bekommt. Nicht überraschend bekommt die Person den Zuschlag, die als attraktiver wahrgenommen wird.[24] Im Kontext der Feststellung, dass Geschmack erlernt und durch die Oberschicht festgelegt wird, bedeutet das schlicht und ergreifend: Es bekommt die Person den Job, die am ehesten nach privilegierter Herkunft aussieht.

Für Armutsbetroffene bedeutet das: Sie müssten erst einmal sehr viel Geld in Kosmetika und Kleidung investieren, bevor sie auch nur die Chance hätten, in einem Bewerbungsprozess erfolgreich zu sein – unabhängig von ihrer Qualifikation. Während das bei Männern vor allem das Investment in eine ordentliche dunkle Jeans und ein Sakko bedeutet, ist die Herausforderung für Frauen da durchaus komplexer. Es braucht das richtige Make-up mit Foundation, Concealer, Mascara und Augenbrauenfarbe, sie benötigen eine Maniküre, die den Ansprüchen finanziell gut situierter Frauen genügt, und dann kommt die passende Kleidung noch dazu. Um ihre Armut zu beenden, müssen Frauen also erst einmal mehrere Hundert Euro in die Hand nehmen. Geld, das sie in der Regel nicht übrig haben. Frauen sind also schon bei dem Versuch, ihre ökonomische Situation zu verbessern, gnadenlos benachteiligt.

Dabei hört die Diskriminierung aufgrund äußerer Merkmale und ihrer Herkunftszuschreibung nicht bei ablegbaren Dingen wie Haarfarben, Make-up oder Kleidung auf. Sondern auch Körperformen können dazu führen, dass Menschen diskriminiert werden. Dicke Menschen werden bei der Jobsuche nachweisbar benachteiligt.[25] In unserer Gesellschaft wird Dick-sein nämlich mit Faulheit, mangelnder Leistungsbereitschaft und fehlender Belastbarkeit assoziiert. Genau die Dinge also, die unsere kapitalistische Gesellschaft auch armen Menschen vorwirft. Armutsfeindlichkeit und Fettfeindlichkeit hängen eng zusammen. Wer arm und dick ist, hat am Arbeitsmarkt demnach die geringsten Chancen.

Wir leben also in einer Gesellschaft, in der Ästhetik und Style-Entscheidungen nicht neutral sind. Was wir schön finden und wie wir uns präsentieren, ist immer mit den Vorurteilen gegenüber unserer sozioökonomischen Herkunft aufgeladen und mit den Handlungsräumen unserer finanziellen Möglichkeiten verbunden. Wir alle laufen mit diesen Glaubenssätzen herum, weil sie uns von klein auf beigebracht werden. In Schulen werden junge Menschen immer wieder für das Tragen von Jogginghosen gemaßregelt, weil wir glauben, über die gewählte Kleidung würde man Respekt ausdrücken oder vorenthalten. Menschen bekommen bestimmte Jobs nicht, weil ihre Piercings oder Tattoos vermeintlich das Image des Arbeitgebers gefährden würden. Wir be- und verurteilen Menschen aufgrund ihrer Körperform oder aufgrund dessen, was sie anhaben. Dabei sagen weder die blauen Haare noch ausgefallene Gesichtspiercings oder der superteure Designeranzug etwas darüber aus, wie freundlich, liebenswürdig oder gar kompetent ein Mensch ist. Hinter den bunten Haaren, auffälligen Tattoos und dem Totenkopf-Pulli kann sich eine erfolgreiche und blitzgescheite Unternehmerin verstecken. In dem Trainingsanzug mit weißen Sneakern kann ein super zuvorkommender, höflicher junger Mann stecken, der durch Wärme und Charme jeden Raum für sich gewinnt. Und nicht zuletzt kann der teure

Designeranzug auch nur für eine bestimmte Zeit jede Menge mit Menschenfeindlichkeit gepaarte Inkompetenz kaschieren. Ein kluges Sprichwort sagt, wir sollen Bücher nicht anhand ihres Einbandes beurteilen. Der einzige Weg zu einer weniger klassistischen Gesellschaft führt darüber, die Symbole etablierter Herrschaftsmechanismen endgültig zu dekonstruieren und vor allem die eigenen armutsfeindlichen Vorurteile gnadenlos ehrlich mit uns selbst abzubauen.

## (FRAUEN-)GESUNDHEIT HÄNGT IN DEUTSCHLAND AM SEIDENEN FADEN – BEZIEHUNGSWEISE AM GELDBEUTEL

Meine Zähne sind für mich ein großes, schambehaftetes Thema. Ich habe immer schon mit sehr weichem Zahnschmelz Probleme, weshalb ich immer häufiger zu Zahnbehandlungen musste als andere. Wenn aber das Geld schon Mitte des Monats aufgebraucht ist, dann ist es wirklich schwierig, auch noch Zahnfüllungen für mindestens 60 bis 100 Euro zu bezahlen. Weshalb ich irgendwann angefangen habe, Zahnarztbesuche bis zum letztmöglichen Zeitpunkt zu verschleppen. Es ist im Grunde ein Musterbeispiel dafür, wie Armut zu Problemverkettungen führt: Weil ich mir die Füllungen für meine Zähne nicht leisten konnte, habe ich Zahnarztbesuche bis zum letztmöglichen Moment hinausgezögert, wodurch die Probleme mit den Zähnen nur noch schlimmer wurden und im Endeffekt alles noch mehr Geld kostete als sowieso schon.

Eben weil ich einen großen Teil meines bisherigen Erwerbslebens in Armut gelebt habe, war auch nie Geld übrig für eine Zahnzusatzversicherung. Der eine oder die andere will jetzt wahrscheinlich argumentieren, dass doch gerade in Armut eine solche Versicherung sinnvoll sei, um zukünftige Behandlungen zu gewährleisten. Aber die Realität ist: Auch die 15 oder 20 Euro für eine günstige Zahnzusatzversicherung müssen erst einmal übrig sein. Wenn man aber teilweise darauf angewiesen ist, dass einem Bekannte und Freund*innen hier und da mal 50 Euro zustecken, weil man sonst nicht einmal mehr einkaufen gehen kann, dann ist an Luxus wie Zusatzversicherungen nicht zu denken.

Die Konsequenzen meiner Armut holten mich nach meiner Krebserkrankung ein. Infolge der Krebsart und der Chemotherapie verringerte sich meine Knochendichte stark, vor allem die Backenzähne wurden brüchig. Es dauerte nur wenige Monate, bis mir drei Backenzähne einfach auseinanderfielen. Sie mussten in letzter Konsequenz alle gezogen werden. Und obwohl meine Zahnärztin mir sogar bescheinigen kann, dass die Zerstörung meiner Zähne unmittelbar auf die Chemotherapie zurückgeführt werden kann, zahlt die Krankenkasse nicht einen Cent zu möglichen Implantaten beziehungsweise Brücken dazu. Da habe ich den Krebs überlebt, der mich zum Diagnosezeitpunkt schon fast umgebracht hatte, um jetzt in meinem eigenen Gebiss vor einem Tausende Euro tiefen finanziellen Grab zu stehen.

Dabei hat mich sogar die Chemotherapie mit noch mehr Schulden zurückgelassen. Wie eng in unserem Gesundheitssystem Gesundheit und Gesundheitsvorsorge mit der Größe des Geldbeutels verknüpft sind, habe ich nämlich in dem Moment erfahren, als der erste Stapel Rechnungen von der Apotheke, von der die Onkologin meine Chemo-Medikamente bezogen hatte, im Briefkasten lag. In vier Chemozyklen musste ich damals insgesamt fast 1.200 Euro an Medikamentenzuzahlungen leisten. Plus 10 Euro für jeden Tag, den ich im Krankenhaus verbracht habe. Plus 10 Euro für jeden Tag, an dem die Haushaltshilfe kam, um meinem Mann mit dem damals fünf Monate alten Baby und dem eineinhalbjährigen Kleinkind zu helfen. Plus 10 Euro für jede Taxifahrt in die 25 Kilometer entfernte onkologische Praxis. Es war eine MENGE Geld, die ich über Monate hinweg vorstrecken musste.

Ich hatte Glück: Nach etwa der Hälfte meiner Therapie wurde mir durch eine besonders findige Krankenkassenmitarbeiterin vorzeitig die Zuzahlungsbefreiung bewilligt. Aber wir mussten uns trotzdem mehr als 1.000 Euro leihen und unser Konto überziehen, weil ich als Selbstständige in der Situation damals nicht einmal Wohngeld für unsere Familie bekam. Krankengeld gab es auch nicht – bei der Krankenkasse galt ich vorher nämlich wegen der sehr kleinen Kinder nur als nebenberuflich selbstständig und war deshalb ohne Krankengeldanspruch versichert. Etwas, das man mir beim Beratungsgespräch zu Beginn der Selbstständigkeit schlicht verschwiegen hatte. Andere Krankenkassen handhaben das mit der Zuzahlungsbefreiung übrigens weniger kulant: Dort müssen Erkrankte erst das laufende Kalenderjahr abwarten. Und müssen in dieser Zeit die Hunderte bis Tausende Euro an Medikamentenzuzahlungen allein tragen. Während sie um ihr Leben kämpfen.

Es ist mittlerweile gut erforscht, dass Armut zu einem schlechteren Lebensstandard und damit auch zu einer Einschränkung der Gesundheit führt. Schon bei Kindern und Jugendlichen, die in Armut groß werden, ist feststellbar, dass ihre Gesundheit unter den fehlenden finanziellen Mitteln leidet.[26] Auch das Robert Koch-Institut stellt fest: „Menschen mit niedrigem Sozialstatus sind häufiger von chronischen Krankheiten, Unfallverletzungen und Behinderungen betroffen. Sie schätzen ihre Gesundheit schlechter ein und berichten häufiger von gesundheitsbedingten Einschränkungen in der Alltagsgestaltung. Die Nutzung von Präventionsangeboten, zum Beispiel Impfungen, nimmt mit niedriger Bildungsgruppe und Einkommen ab."[27] Die soziale Ungleichheit und die damit zusammenhängenden Ungerechtigkeiten machen also auch vor Gesundheitsthemen nicht halt. Umso weniger, wenn man armutsbetroffen UND eine Frau ist.

## Menstruationshygiene gibt's nur für reiche Leute

Wäre ich in diesem Buch nicht um eine Sprache bemüht, mit der mich auch gebildetere Menschen ernst nehmen, würde ich dieses Kapitel jetzt damit beginnen, zu sagen: Frau und armutsbetroffen zu sein ist noch mal anders wild! Denn es IST wirklich noch mal anders wild, wenn man sowieso schon knapp bei Kasse ist und sich mit Dingen wie der monatlichen Menstruation herumschlagen muss. Ja, wir sprechen jetzt tatsächlich übers Bluten, weil immerhin circa plus/minus 51 Prozent der Weltbevölkerung an diesem Thema nicht vorbeikommen und wir das hier jetzt also auch gemeinsam aushalten können, obwohl UND weil es immer noch ein breites gesellschaftliches Tabu ist.

Auch wenn in Kommentarspalten viel darüber gestritten wird, ist Periodenarmut ein Thema, das ich als Frau nicht ausklammern kann, wenn ich mich mit meiner und anderer Menschen Armutserfahrung beschäftige. Periodenarmut bezeichnet den Umstand, dass Menstruierende nicht ausreichend Geld für Menstruationsartikel wie Binden, Tampons oder gar Periodenunterwäsche zur Verfügung haben. Kritiker*innen dieser

Armutsform versuchen regelmäßig, dieses Problem verbal in den globalen Süden zu verschieben. Doch eine Umfrage von Plan International ergab: 23 Prozent der befragten Frauen und Mädchen zwischen 16 und 45 Jahren in Deutschland nehmen die monatlichen Ausgaben für ihre Hygieneartikel als finanzielle Belastung wahr.[28] Unter den 16- bis 24-Jährigen sagten sogar 70 Prozent, hätten sie mehr Geld zur Verfügung, würden sie sich besser mit Hygieneprodukten versorgen können. Das bedeutet ganz konkret: Viele von ihnen versuchen möglichst wenige dieser Produkte zu verbrauchen und zögern den Wechsel von Binden, Tampons und Co so weit wie möglich hinaus. Für all diejenigen, die sich noch nicht so sehr damit beschäftigt haben, klingt das jetzt vielleicht erst einmal wenig beunruhigend. In der Praxis beherbergt das aber durchaus ernst zu nehmende Risiken: Durch unregelmäßiges oder zu spätes Wechseln von Tampons können Menstruierende das Toxische Schocksyndrom (TSS) erleiden. Das Toxische Schocksyndrom wird durch eine Infektion mit den Erregern Staphylococcus aureus oder Streptokokkus pyogenes ausgelöst und muss in der Regel mit Antibiotika behandelt werden.[29] Obwohl das Syndrom eher selten auftritt, steht es so direkt im Zusammenhang mit dem zu späten Wechsel von Menstruationsprodukten, sodass viele Tamponpackungen einen entsprechenden Hinweis enthalten. Wenn Menstruierende sich nicht ausreichend Hygieneprodukte leisten können, sind sie also einem höheren Erkrankungsrisiko ausgesetzt.

Dazu kommt außerdem noch die Scham beziehungsweise die Stigmatisierung. Gerade bei einer starken Periode kann es durchaus vorkommen, dass günstige oder zu lang getragene Menstruationsprodukte „durchbluten". Es ist super unangenehm bis demütigend, wenn man die eigene Unterwäsche oder sogar die eigene Hose mit Menstruationsblut vollblutet. Durch die gesellschaftliche Stigmatisierung der Periode kommt unter Umständen die öffentliche Demütigung hinzu, wenn man gerade in der Öffentlichkeit unterwegs ist. In der Umfrage von Plan International gaben 97 Prozent der befragten Frauen und Mädchen an, Blutflecken auf der Kleidung als Worst-Case-Szenario zu empfinden. Im schlimmsten Fall bedingt die eigene Armut dann weitere finanzielle Schwierigkeiten: Gerade aus heller Kleidung kann man Blut kaum herauswaschen. Unterwäsche und unter Umständen die Hose sind ruiniert. Armutsbetroffenen fehlt dann aber in der Regel eben auch das Geld, die betroffene Kleidung zu ersetzen, was wiederum zu gesellschaftlicher Ächtung, Isolation und Schamgefühlen führt.

Dabei ließe sich relativ niedrigschwellig etwas gegen Periodenarmut und die daraus entstehende soziale Isolation unternehmen. Ein Anfang wurde im Januar 2020 gemacht: Nach jahrelanger Lobbyarbeit und einer erfolgreichen Petition durch die Aktivistinnen Nanna-Josephine Roloff und Yasemin Kotra beschloss der Bundestag die Absenkung der Mehrwertsteuer auf Menstruationsprodukte auf 7 Prozent. Das machte vor allem für viele armutsbetroffene Menstruierende einen entscheidenden Unterschied. Doch da, wie überall anders auch, die Preise auf Menstruationsprodukte im Laufe der Jahre angestiegen sind, braucht es weitere Vorstöße. Hierzu gehört die Forderung, auf allen öffentlichen Toiletten kostenlose Menstruationsprodukte zur Verfügung zu stellen. Eine Forderung, die leider vor allem von konservativer Seite oft verlacht wird.

Dabei entpuppen sich viele Argumente gegen die kostenlose Bereitstellung der Menstruationsprodukte als schiere

Unwissenheit bezüglich der Menstruation an sich. Überraschend ist die Wissenslücke nicht: Als Sally Ride 1983 als erste Frau ins All flog, wurde sie allen Ernstes von den Ingenieuren der Nasa gefragt, ob denn 100 Tampons für sechs Tage im All reichen würden.[30] Wenn selbst die vermeintlich klügsten Köpfe der amerikanischen Nation offenbar völlig ahnungslos gegenüber dem Timing und der Menge der Menstruation waren, verwundert es nicht, dass viele Kritiker*innen von kostenlosen Menstruationsprodukten glauben, man müsse Tampons immer nur von Tag zu Tag wechseln oder dass Menstruationsprodukte mit Rasierern zu vergleichen seien.

Schaut man sich die Umfrage von Plan International an, sieht man, dass die Forderung nach kostenlosen Menstruationsartikeln auf öffentlichen Toiletten durchaus ihre Berechtigung hat: 29 Prozent der befragten Mädchen und Frauen sagten, dass sie während ihrer Menstruation so viel wie möglich zu Hause bleiben würden, um keine schlecht ausgestatteten oder schmutzigen Toiletten nutzen zu müssen. Dabei gaben 80 Prozent der Befragten an, dass sie sich kostenlose Binden und Tampons auf öffentlichen Toiletten wünschen würden. Frauen und Mädchen sagen uns als Gesellschaft also durchaus sehr deutlich, dass sie Unterstützung bei der Verfügbarkeit von Menstruationsprodukten benötigen.

Dabei dürfte der Bedarf umso höher sein, je prekärer die Situation der Frauen und Mädchen ist. Gerade Menstruierenden in der vulnerabelsten und finanziell schwierigsten Situation würden kostenlose Periodenprodukte enorm weiterhelfen: Wohnungslose Menstruierende sind aufgrund ihrer Lebenssituation sowieso schon vermehrt von Hygieneproblematiken und dazugehörigen gesundheitlichen Schwierigkeiten betroffen. Für sie kann menstruieren durchaus bedeuten, sich zwischen Binden und einem Laib Brot entscheiden zu müssen. Es ist eine Schande, dass wir in einer so reichen Gesellschaft wie unserer Menstruierende vor die Wahl stellen, zu hungern oder in ihre Kleidung zu bluten. Es sollte gar keine Debatte darüber geben müssen, sondern kostenlose Menstruationsprodukte auf öffentlichen Toiletten sollten selbstverständlich sein. Doch Klassismus und Sexismus geben sich hier fleißig weiterhin die Hand, weil Frauengesundheit im Allgemeinen und die Gesundheit Armutsbetroffener im Speziellen einfach kaum Priorität genießen. Ein weiteres Beispiel: die Blasenentzündung. Rund ein Viertel aller Frauen leidet an wiederkehrenden Blaseninfektionen.

So wie viele Frauen wusste ich lange nicht, dass ich mich dagegen impfen lassen könnte. Die Impfung muss allerdings selbst bezahlt werden und kostet ungefähr 150 Euro.

Es ist eigentlich vollkommen absurd: Da gibt es ein Medikament, das Tausenden von Frauen mittelfristig gesundheitliche Probleme ersparen kann – aber statt dem Sozialversicherungsauftrag nachzukommen, verschränken die gesetzlichen Krankenkassen die Arme und verweigern die Kostenübernahme. Der Leistungsabbau, der mit Brillen und Zahnersatz begonnen hat, erstreckt sich mittlerweile in sehr, sehr viele Bereiche. Lebensrettende Vorsorgemaßnahmen, wie der Brustultraschall bei Frauen, der ursprünglich mal die Krebsfrüherkennung bei Brustkrebspatientinnen revolutionieren sollte, sind mittlerweile zu großen Teilen Selbstzahlerinnenleistungen. Ich werde nie vergessen, wie ich 2018 drei Monate, nachdem meine Tochter geboren wurde, mit einer Gebärmutterentzündung stationär aufgenommen werden musste.

Man hatte übersehen, dass sich Wochenfluss angestaut hatte, weil der Nachsorgeultraschall nach einem Kaiserschnitt mittlerweile auch keine Kassenleistung mehr ist. Weil der damals behandelnde Gynäkologe wusste, dass ich mir den Ultraschall zu dem Zeitpunkt nicht leisten konnte, hatte er ihn mir auch gar nicht angeboten. Ich hätte das fast mit einer Sepsis bezahlt. Doch nicht erst nach der Geburt eines Kindes sind armutsbetroffene Frauen in ihrer gynäkologischen Versorgung dramatisch benachteiligt.

**Verhütung wird nicht bezahlt, Schwangerschaftsabbrüche aber auch nicht**

Als ich Anfang zwanzig war und wir das erste Mal einen Kinderwunsch hatten, wurde mir das PCO-Syndrom diagnostiziert. Die langweiligen medizinischen Details erspare ich Ihnen an dieser Stelle. Der interessante Fakt an dieser Sache ist, dass es scheinbar nur wenige andere Behandlungsmöglichkeiten gibt, als den Hormonhaushalt betroffener Frauen mit der Verschreibung der Antibabypille einigermaßen zu regulieren. Die Antibabypille wird allerdings nach dem 22. Geburtstag nicht mehr von der Krankenkasse übernommen. Ich stand also auch an dieser Stelle wieder einmal vor dem Problem, dass ich eine Erkrankung habe, für deren Behandlung ich selbst tief in die Tasche greifen muss.

Dabei ist die Antibabypille beziehungsweise das (Nicht-)Schwangerwerden ein weiteres Beispiel dafür, wie sich soziale Ungerechtigkeiten zulasten von Frauen zementieren. Armutsbetroffenen Menschen mit Kindern wird von der Allgemeinheit nämlich nur zu gern vorgehalten, sie sollten doch einfach keine Kinder kriegen, wenn sie sich deren Unterhalt nicht leisten könnten. Gerade in den Debatten rund um die Kindergrundsicherung habe ich mehr als einmal lesen müssen, dass man Kinder nur kriegen solle, wenn man ausreichend Einkommen hat. Teilweise gingen die armutsfeindlichen Aussagen sogar so weit, dass Menschen meinten, Armutsbetroffene sollten doch einfach abtreiben, wenn sie sich ihre Kinder nicht leisten könnten.

Ganz grundsätzlich sind diese Aussagen zutiefst menschenfeindlich und herabwürdigend. In kaum einer Diskussion wird wohl deutlich, wie sehr viele Menschen Armutsbetroffene wohl für Menschen zweiter Klasse halten. Aber diese Aussagen zeigen auch, wie wenig sich viele Menschen vorstellen können, wie knapp das Geld von Armutsbetroffenen eigentlich ist. Denn Verhütung kostet Geld. Gute Verhütung kostet umso mehr Geld. Die Kosten für die Pille liegen durchschnittlich zwischen 7 und 22 Euro im Monat. Dabei gibt es die meisten Präparate aber immer nur in Packungen für mindestens drei Monate. Das heißt, Armutsbetroffene müssen mindestens 21 bis 66 Euro für eine Pillenpackung einplanen.

Erinnern Sie sich, wie ich zu Anfang des Buches von unserer Spartasche in der Küche erzählt habe? Tatsächlich habe ich mehr als einmal mit der Tasche in der Küche gesessen und durchgerechnet, ob die Anzahl an Pfandflaschen ausreicht, um davon zumindest einen Anteil der Verhütungskosten zu bezahlen. Denn die Wahrheit ist ja leider auch: Kondome mögen in der billigen Version vermeintlich billiger sein, aber auch nur, wenn man nicht so häufig Sex hat. Aber sie sind eben auch viel fehleranfälliger. Unter Anwendung von Kondomen kommt es statistisch betrachtet wesentlich häufiger zu ungewollten Schwangerschaften als bei der Benutzung der Antibabypille.

Man kann also zwar argumentieren, dass Armutsbetroffene doch zum Kondom greifen sollten, wenn sie sich die Pille nicht leisten können. Man könnte aber auch anerkennen, dass gerade für Armutsbetroffene die Pille einfach die am besten zu kontrollierende Verhütungsmethode darstellt, weshalb sie eigentlich einkommensabhängig weiterhin von der Krankenkasse bezahlt werden sollte.

In einigen Gemeinden in Deutschland hat man sich zumindest dazu durchgerungen, Frauen im Sozialhilfe- und Transferleistungsbezug in Sachen Verhütung finanziell unter die Arme zu greifen. Allerdings sind diese Angebote immer auch mit Antragsverfahren verbunden, die für Betroffene potenziell beschämend sein können. Immerhin sollte man die Tatsache, dass man Sex hat, nur teilen müssen, wenn man das gern möchte. Es wäre also für Betroffene viel weniger aufwendig und auch weniger beschämend, wenn die gesetzliche Krankenkasse weiterhin bis zu einer gewissen Einkommensschwelle die Kosten für Verhütung übernehmen würde. Denn die Krankenkasse weiß aufgrund des zu ermittelnden Beitragssatzes beziehungsweise des Versicherungsstatus ja sowieso über das jeweilige Einkommen Bescheid.

Ist das Kind dann doch in den Brunnen gefallen, rufen viele Menschenfeinde relativ schnell und laut nach Abtreibung. Was aber die wenigsten Menschen wissen: Liegt kein triftiger medizinischer Grund vor, müssen Schwangere die Kosten für einen Schwangerschaftsabbruch selbst tragen. Die gesetzliche Krankenversicherung springt nur im Falle einer medizinischen Indikation ein.

Die Kosten für einen Schwangerschaftsabbruch liegen laut Pro Familia zwischen 350 und 650 Euro, abhängig von der gewählten Methode und der durchführenden Praxis.[31] Bedürftige Frauen können für die Kostenübernahme zwar einen Antrag stellen, aber das Antragsverfahren geht wiederum mit viel Stigmatisierung und Beschämung einher. Oft wird es auch zur logistischen Herausforderung: Der Antrag auf Kostenübernahme muss nämlich noch vor dem Termin für den Schwangerschaftsabbruch erfolgen. Für diesen Antrag ist eine Bescheinigung der Praxis beziehungsweise des Krankenhauses nötig, die oder das den Abbruch durchführt. Gleichzeitig sind wir in Deutschland mit einem Versorgungsproblem konfrontiert, denn immer weniger Praxen und Krankenhäuser führen überhaupt noch Schwangerschaftsabbrüche durch. Je schlechter die entsprechende Wohnregion der Schwangeren versorgt ist, desto größer ist das Risiko, dass der Antrag auf Kostenübernahme nicht rechtzeitig vor dem Abbruch eingereicht werden kann, weil schon die Suche nach einer durchführenden Anlaufstelle dafür sorgt, dass der Termin für den Abbruch gefährlich nahe an der gesetzlichen Schutzfrist liegt, ab der Abbrüche nicht mehr durchgeführt werden dürfen.

Die Kosten für Anfahrt, etwaige Kinderbetreuung und die Nachsorge werden dabei übrigens gar nicht übernommen. Gerade in dem Aspekt von Frauengesundheit, der für Armutsbetroffene am schwerwiegendsten in ihre Zukunftsgestaltung eingreift, werden sie in unserer Gesellschaft mit den Kosten alleingelassen. Dabei verdeutlicht gerade der Bereich der Frauengesundheit, wie sich die Probleme im Bereich der Gesundheitsversorgung umso mehr zuspitzen, je benachteiligter eine Gruppe ist. Es ist mittlerweile gut untersucht, dass Armutsbetroffene eine verringerte Lebenserwartung sowie ein höheres Risiko für Erkrankungen wie Herzinfarkte, chronische

Lebererkrankungen oder Diabetes mellitus haben.[32] Doch es gibt wenig Aufmerksamkeit dafür, wie sehr die Lebensqualität von Armutsbetroffenen leidet, wenn sie sich Vorsorge- und Behandlungsmöglichkeiten durch den fortschreitenden Abbau des Leistungskatalogs der Krankenkassen nicht leisten können.

Was wir brauchen, ist also eine Abkehr von der Zweiklassenmedizin, in der die einen sorgenfrei krank sein können und andere sogar zum Sterben zu arm sind. Wir brauchen einen Ausbau des Leistungskatalogs der gesetzlichen Krankenkassen statt noch mehr Leistungsabbau. Vor allem Zahnersatz, grundlegende gynäkologische Versorgungen, aber auch Zahnspangen, Brillen, einige Impfungen und der komplette Vorsorgekatalog müssen dringend wieder von den gesetzlichen Krankenkassen bezahlt werden, um soziale Ungleichheit in Sachen Gesundheit abzubauen. Und wir müssen aufhören, kranke und behinderte Menschen individualistisch im Stich zu lassen. Krankheit darf nicht gesicherte Armut bedeuten. Sondern gerade dann, wenn Menschen krank sind, müssen wir über ausreichend finanzielle Hilfen sicherstellen, dass sie gut und in Würde leben können.

# KONSUM

Konsumieren ist Teilhabe – aber auch kaum etwas in unserer Gesellschaft ist derart moralisch aufgeladen wie unser Konsumverhalten. Von der Kleidung, die wir tragen, über die Lebensmittel, die wir kaufen, bis hin zu der Art, wie wir feiern: All das ist stetig dem gesellschaftlichen Urteil ausgesetzt. Und leider müssen wir festhalten: Diejenigen, die am wenigsten Spielraum in Sachen Konsum haben, weil sie das wenigste Geld haben, werden am härtesten für ihre Entscheidungen verurteilt.

## DIE MEHRHEITSGESELLSCHAFT BESCHÄMT ARMUTSBETROFFENE FÜR IHREN EINKAUF

In unserer Gesellschaft werden die Grenzen zwischen Einkommensschichten und den gesellschaftlichen Klassen durch nichts so stark markiert wie durch die Möglichkeit zum Konsum. Das fängt schon mit etwas ganz Alltäglichem an: unseren Lebensmitteln.

Es gibt noch heute Momente, da stehe ich an der Kasse und schäme mich. Fürchte mich vor der Verurteilung der anderen Einkaufenden. All diese Momente finden meistens bei Edeka oder bei Kaufland statt, und in all diesen Momenten liegen auf dem Kassenband neben mir vor allem Süßigkeiten. Oder panierte Käsespezialitäten aus dem Tiefkühlfach. Oder Alkohol. Oder gleich alles drei. Das liegt natürlich nicht daran, dass ich nichts anderes kaufen würde. Im Gegenteil, meist ist der Wocheneinkauf voll mit Gemüse und Obst und Zutaten für diverse Mahlzeiten schon längst erledigt – und fand aber bei Penny oder Aldi statt, weil die Preise dort viel günstiger sind. Das wissen ja aber die anderen Einkaufenden in der Schlange an der Kasse nicht. Die sehen nur die Waren – und im Zweifel bemerken sie auch, dass ich in diesen Momenten an meinem dicken Körper meist nur eine Leggings oder Jogginghose mit einem Pulli drüber trage. In diesen Momenten weiß ich sehr genau, dass sie mein Erscheinungsbild und meinen Einkauf in ihrem Kopf zusammenrechnen wie eins plus eins und ihr Ergebnis nicht einfach nur die objektive, nichtssagende Zwei ist. Sondern ihr Urteil lautet höchstwahrscheinlich: „Ah, eine von diesen. Von denen ohne Geld, die nur ungesunden Mist in ihren Einkaufswagen werfen."

In diesen Momenten stehe ich an der Kasse und schäme mich. Wenn ich das Gefühl besonders schlecht aushalten kann, sage ich dann völlig überflüssige Sachen zu meinem Mann, wie: „Das ganze Gemüse haben wir zum Glück schon bei Penny geholt, der Rosenkohl hier sah gar nicht mehr so frisch aus", oder: „Heute Abend muss ich dann noch zur Vorstandssitzung." Dabei weiß er sowohl das eine als auch das andere schon längst. Aber ich sage diese Dinge dann ein bisschen lauter als nötig in der Illusion, dass die Umstehenden sie mitbekommen und die versteckte Botschaft herausfiltern können. Denn eigentlich will ich in diesen Momenten nur kommunizieren: „Ich bin wie ihr! Ich bin nicht so, wie ihr von meinem Einkauf her glaubt!" Über unnötige Kommentare, die meinen vermeintlich anständigen sozialen Status vermitteln sollen, versuche ich mich vor der Verurteilung der Umstehenden zu schützen. Die Scham an der Kasse ist mir dabei ja durchaus nicht neu. Es ist gar nicht so lange her – gerade einmal so lange, wie mein ältestes Kind alt ist –, da standen wir noch mit Gutscheinen an der Kasse vom Penny und mussten unseren sehr überschaubaren Lebensmitteleinkauf mit Geld bezahlen, das wir in Form des Gutscheins von anderen geschenkt bekommen hatten. Einfach, damit wir überhaupt einkaufen gehen konnten. Denn die Bearbeitung des Elterngeldantrages dauerte geschlagene acht Monate. In dieser Zeit hatten wir knapp 200 Euro, von denen wir Lebensmittel, Windeln und die Pre-Nahrung fürs Baby bezahlen mussten. Ich schämte mich damals für das Bezahlen mit den Discounter-Gutscheinen genauso wie für den Inhalt unseres Einkaufswagens. Denn wir bemühten uns zwar tatsächlich um ein Minimum an Obst und Gemüse, aber wir kauften eben auch viele TK-Lebensmittel und Fertiggerichte. Beispielsweise die 1.000-Gramm-Packung Bami Goreng. Davon konnten wir zu zweit zwei, manchmal sogar drei Tage essen. Nach besonders harten Nächten mit unserem Schreibaby erfüllte ich wohl wirklich jedes Klischee: die junge Mutter, die mit fettigen Haaren in Jogginghose bei Penny an der Kasse steht und ihr Convenience-Food mit einem Gutschein bezahlen muss, weil das Konto schon wieder leer ist.

Die Blicke damals waren dieselben wie heute. Auch war es damals wie heute so, dass die Leute nur einen Teil des Bildes kannten: Wir arbeiteten beide, das Geld fehlte ja vor allem, weil wir auf unser Elterngeld warteten. Wir waren keinesfalls derart verantwortungslos oder ungebildet, wie es uns vermutlich viele der anderen Einkaufenden unterstellten. Aber die Packung Bami Goreng kostete damals nur 2,90 Euro und war damit unsere beste Möglichkeit, möglichst viel Essen aus möglichst wenig Geld herauszuholen. Die Blicke an der Supermarktkasse, die kosten mich aber bis heute mehr als diese 2,90 Euro. Die haben sich so eingebrannt, dass ich mich bis heute für meine Einkaufsentscheidungen schäme, obwohl ich weiß, dass zu Hause im Kühlschrank tonnenweise Obst und Gemüse auf mich warten.

## Die Leistungsgesellschaft hasst Fertiggerichte

Das Bild von den arbeitslosen Unterschichtlern, die von dem wenigen Geld, das sie haben, nur ungesunden Kram kaufen und damit selbst schuld an ihren gesundheitlichen Problemen und unter Umständen vorhandenem Übergewicht seien, hält sich in unserer Gesellschaft hartnäckig. Gerade auch deshalb, weil wir Gesundheit und gesunde Ernährung ganz besonders zum Statussymbol erhoben und mit ganz bestimmten Idealvorstellungen verknüpft haben.

Es ist schon ein bisschen ironisch: Nach dem Siegeszug der Mikrowellen- und Fertiggerichte wurden ebendiese als ungesund und unkultiviert gebrandmarkt. Während es für unsere Großelterngeneration noch alltägliche Notwendigkeit war, jedes Gericht in mühseliger Kleinstarbeit zuzubereiten, stehen wir vor ganzen Supermarktregalen voll mit Maggi-Tüten und Currywurst-Gerichten für die Mikrowelle, die unser Leben erleichtern sollen, und rümpfen die Nase. Um dann bei Pinterest nach Gerichten für One-Pot-Pasta zu suchen, für die wir im Endeffekt mindestens einhalb Stunden in der Küche stehen. Wir wollen es einfach, aber bitte nicht als Fertiggericht. Wie kommt das, und was hat das mit sozialer Ungerechtigkeit zu tun?

Im Grunde ist in Bezug auf Lebensmittel das Gleiche passiert, was auch in Sachen Schönheit der Fall ist: In einem industrialisierten Kapitalismus, der massengefertigte Produkte zu niedrigeren Preisen auch unteren Einkommensschichten zugänglich macht, wurde Natürlichkeit zum angestrebten Ideal. Noch bis weit ins 20. Jahrhundert hinein zeichnete sich der Unterschied zwischen dem, was reiche Menschen auf dem Teller hatten, und dem, was arme Menschen essen mussten, vor allem durch die Komplexität bzw. die Einfachheit der Gerichte aus. Je wohlhabender ein Mensch war, desto mehr Zutaten hatte ein Gericht, desto exotischer oder kostbarer waren die einzelnen Bestandteile. Ärmere Menschen hingegen konnten sich beispielsweise Fleisch nicht so häufig leisten, weil Fleischwaren sehr teuer waren. Daher kommt der Sonntagsbraten: Fleisch zu essen war etwas Besonderes, das entsprechend zelebriert und wertgeschätzt wurde. Gleichzeitig unterschied sich je nach Klasse auch der Zubereitungsmodus: Wohlhabendere Menschen ließen Hausangestellte für sich kochen, weniger privilegierte Personen mussten selbst kochen. Das ökonomische Kapital entschied über Vielfalt und Zubereitungsmodus von Mahlzeiten.

Massenproduzierte Fertiggerichte haben diese Unterschiede beim Essen nahezu aufgehoben. Durch die Massenfertigung waren auch ungewöhnlichere Gerichte in Form von Fertigmahlzeiten plötzlich für das durchschnittliche Volk erschwinglich. Außerdem zeichneten sich Fertiggerichte von Anfang an durch etwas aus, das vor allem Armutsbetroffenen und Einkommensschwachen bei frischen Zutaten das meiste Kopfzerbrechen bereitete: Haltbarkeit und Zubereitungsdauer. Es ist kein Zufall, dass in den 1950er-Jahren in viele Haushalte der Bundesrepublik Deutschland Kühlschränke einzogen und 1953 mit dem „TV Dinner" das erste im Ofen aufwärmbare Convenience Food seinen Siegeszug erlebte. Convenience Food, also das Fertiggericht, bot plötzlich auch weniger einkommensstarken Menschen die Möglichkeit, ihre Mahlzeiten komfortabel zuzubereiten und gleichzeitig eine größere Zutatenvielfalt zu genießen.

Allerdings schauten sich viele Menschen in den letzten 40 Jahren diese Fertiggerichte genauer an und stellten fest: Viele von ihnen enthalten verhältnismäßig viel Fett und Zucker, die als Geschmacksträger wettmachen, dass (tief)gekühlte Lebensmittel über die Dauer auch ihren Geschmack verlieren. Die schier unzählbaren Maggi-Tüten haben, unabhängig vom tatsächlichen Hersteller, gemeinsam, dass sie recht viel Salz enthalten. All das rückte zunehmend in den Fokus der Öffentlichkeit und damit die Debatte darum, was Fett, Salz und Zucker in diesem (Über-)Maß eigentlich mit unserem Körper anstellen. Mit dem schwindenden Unterschied zwischen den Klassen in Bezug darauf, WAS sie essen, wurde immer interessanter, wie gesund die Ernährung eigentlich ist. Dass Gesundheit in unserer kapitalistischen Gesellschaft soziales Statussymbol ist, haben wir ja bereits gesehen. Sie ist aber auch wirtschaftlicher Faktor. Denn gesunde Menschen sind in der Regel auch produktivere Menschen. Produktive Menschen unterstützen die Kapitalvermehrung und halten damit den Kapitalismus am Laufen.

Es hat also nur bedingt mit altruistischer Menschenliebe zu tun, dass wir an allen Ecken und Enden mit gut gemeinten Ratschlägen zu gesunder Ernährung konfrontiert werden. Vielmehr geht es darum, die Gesundheit der Bevölkerung als Ganzes zu erhalten, um die Produktivität der Gesellschaft nicht zu gefährden. Der Siegeszug der Fertiggerichte führte allerdings durchaus auch dazu, dass die Menschen zwar mehr Kalorien zu sich nehmen konnten, aber weniger Nährstoffe, weil frisches Obst und Gemüse durch günstigere Zutaten ersetzt wurden. Als sich immer größere Teile des Arbeitsmarktes von körperlich anstrengenden Tätigkeiten weg und hin zu Bürojobs verschoben, in denen sich die Menschen weniger bewegten, wurde das Übermaß an Fetten, Salz und Zucker in den Fertiggerichten zu einem Problem für die bevölkerungsweite Gesundheit. Doch je weniger Familien tatsächlich vom eigenen Gemüsegarten lebten, sondern ihre Lebensmittel aus dem örtlichen Einkaufsladen holten, desto mehr setzten sich Fertiggerichte durch. Immerhin waren sie zeitsparend und auch mit wenig Begabung fürs Kochen zuzubereiten. Je etablierter die 40-Stunden-Woche wurde, desto weniger Zeit blieb Menschen dafür, ihre Mahlzeiten in mühseliger Kleinstarbeit selbst zuzubereiten.

Statt mehr Zeit und mehr Geld für die Zubereitung nahrhafter Mahlzeiten bekamen die Menschen Aufklärungskampagnen. Und einen ganzen Körperkult gleich mit dazu, denn seitdem das Überangebot an Lebensmitteln dazu führt, dass Menschen immer dicker werden, gilt der dünne Mensch als Ideal. Er ist die Verkörperung der Leistungsgesellschaft. Im Mittelalter war eine gewisse Körperfülle Zeichen eines hohen gesellschaftlichen Standes, eben weil es zeigte, dass man sich sehr viel Nahrung leisten konnte. Heutzutage, vor unserem Überangebot an Nahrungsmitteln, gilt Mäßigung und damit auch ein dünnes Äußeres als erstrebenswert. Zu verdanken haben wir das unter anderem der protestantischen Ethik, die einen gemäßigten und mühseligen Lebensstil als Eintrittskarte in den Himmel idealisiert.

Denn am Ende war es gerade die Idealisierung von Mäßigung und Leistung in der protestantischen Ethik, die dem Kapitalismus als Wirtschaftsform den Weg geebnet hat. Der dicke Körper wurde zum Inbegriff der Faulheit und der Gier, während dünne Körper zum Symbol für Leistungsbereitschaft und Mäßigung wurden. Seit dem Aufschrei rund um Zucker, Salz und Fett glauben viele Menschen bis heute: Dick sein sei Ergebnis einer ungesunden Ernährung, und wer ungesund lebt, könne kein produktives Mitglied der Gesellschaft sein. Es wurde zum gesellschaftlichen Ideal erhoben, sich möglichst gesund zu ernähren und dabei möglichst schlank zu bleiben.

## Gesunde Ernährung braucht mehr als Disziplin

In einer Gesellschaft und Wirtschaftsform, in der die 40-Stunden-Woche uns alle fest im Griff hat, hängt die Frage nach einer gesunden Ernährung allerdings von so viel mehr ab als von bloßer Willenskraft. Denn fragen Sie mal Ihre Großmutter: Frisch kochen braucht Zeit. Und Wissen, das zwischen den Generationen verloren gegangen ist, weil es ja mittlerweile für alles eine Fertiglösung gibt. Ich wusste jedenfalls bis 2020 nicht, wie genau man eigentlich eine Hühnerbrühe zubereitet oder wie lange es tatsächlich dauert, eine originale Bolognese einzukochen. In meiner Familie hat nämlich niemand solche Gerichte gekocht. Und ich habe deutlich unterschätzt, wie viel Zeit das wirklich kostet – Zeit, die man haben muss.

Hier kommen wir dann zu der Frage der sozialen Ungerechtigkeit hinter dem Ideal des frisch gekochten Essens. Denn Menschen, die von finanzieller Armut betroffen sind, erleben in der Regel auch Zeitarmut. Die Gründe dafür sind vielfältig, die meisten lassen sich darauf zurückführen, dass ausreichend

Geld dazu führt, dass man sich mehr Zeit auf dem einen oder anderen Wege erkaufen kann. Das fängt schon damit an, dass im Niedriglohnsektor das Gehalt für einen 40-Wochenstunden-Vollzeitjob oft nicht ausreicht, um davon den Lebensunterhalt zu bestreiten, weshalb viele von Erwerbsarmut Betroffene nach Möglichkeit noch einen Zweitjob ausüben – laut Statistischem Bundesamt 2022 immerhin 1,9 Millionen Menschen in Deutschland.[33] Auch die Frage danach, ob ich mir ein Auto leisten kann, bestimmt darüber, wie viel Zeit ich zur Verfügung habe. Denn je mehr ich darauf angewiesen bin, Strecken zu Fuß, mit dem Rad oder mit den öffentlichen Verkehrsmitteln zurückzulegen, desto weniger Zeit habe ich für Dinge wie Kochen. Der Wohnort ist ein weiterer Faktor: Wer es sich leisten kann, innenstadtnah zu wohnen, hat in der Regel kürzere Wege als Personen, die aus Kostengründen am Stadtrand oder sogar auf dem Land wohnen müssen. Nicht zuletzt gibt es umso mehr Alltagserleichterungen, die man sich kaufen kann, je größer der Geldbeutel ist, die greifbar Zeit sparen: Das fängt mit der Haushaltshilfe oder dem Babysitter an, geht über den Thermomix und endet noch lange nicht beim Staubsaugerroboter, der die Wohnung saugt, während ich auf der Arbeit bin.

In Summe ermöglicht Geld selbst denen, die aus Prestigegründen 60 Stunden in der Woche arbeiten, sich mehr Zeit zu erkaufen – oder Zeit zu sparen –, als armutsbetroffene Menschen sich das leisten können. Wenn ich die Möglichkeit habe, Geld gegen Dinge einzutauschen, die mir Zeit sparen, finde ich in meinem Alltag also auch eher Luft dafür, aufwendig und frisch zu kochen, als wenn ich am Ende des Tages noch 30 Minuten übrig habe, bevor ich völlig entkräftet auf der Couch zusammenbreche – oder zu meinem Zweitjob aufbrechen muss.

Hinzu kommt ein weiterer Faktor: Viele Menschen mit größerem ökonomischen Kapital üben Jobs aus, die von den alltäglichen Haushaltstätigkeiten mittlerweile weit entfernt sind. Sie sitzen an Computern oder verbringen ihre Zeit in endlosen Meetings. Je besser ein Job bezahlt ist, desto seltener geht er in unserer Gesellschaft in der Regel mit körperlicher Arbeit einher. Berufe, die eher prekär bezahlt werden oder noch zu den klassischen Arbeiterberufen gehören, sind in der Regel mit viel körperlicher Arbeit verbunden. Diese Menschen bauen unsere Straßen, putzen unsere Büros, betreuen unsere Kinder, kassieren unseren Wocheneinkauf, kochen Essen oder kümmern sich in Pflege- und sozialarbeiterischen Berufen um Angehörige und Nachbar*innen. Die meisten Menschen in prekär bezahlten Branchen sind viele, viele Stunden auf den Beinen und arbeiten sehr praktisch mit ihren Händen.

Genau dort, an diesem Unterscheidungspunkt, geschieht die Aufwertung von Essenszubereitung und Ernährung von der reinen Notwendigkeit hin zum Lifestyle, der den sozialen Status markiert: Gerade die Menschen, die in ihrem alltäglichen Leben sehr wenig mit den Händen tun müssen, zelebrieren aufwendige Essenszubereitung dann in ihrer Freizeit als etwas, das sie erdet. Kochen als Selfcare in einem Leben, das sonst so wenig Möglichkeit bietet, sich selbst zu spüren. Das funktioniert auch deshalb so gut, weil sie die Sicherheit und Gewissheit haben, dass sie nicht zwingend stundenlang in der Küche stehen MÜSSTEN. Einfach, weil sie über die finanziellen Mittel verfügen, sich zur Not einfach Essen beim Lieferdienst zu bestellen. Wenn die Erschöpfung zu groß ist oder die Zeit nicht reicht, oder weil andere Dinge wichtiger sind.

Die verfügbare Menge an Geld bestimmt dann eben doch wieder darüber, welches Essen wir uns leisten können und wie wir es uns vorsetzen lassen können oder uns selbst vorsetzen müssen. Menschen mit ausreichend Geld haben im Grunde die Hausangestellten, die früher für wohlhabende Menschen eingekauft und gekocht haben, neu erfunden: Das Geschäft um Lieferdienste von Supermärkten und Schnellrestaurants boomt. Genauso wie die Modelle für Kochboxen oder – gerade von Influencer*innen beworben – für Brötchen-Lieferungen. Während ich an diesem Kapitel saß, sah ich bei einer Momfluencerin eine Werbekooperation für einen Lieferservice, der frische Brötchen, Croissants und süße Teilchen direkt vom Bäcker vorbeibringt. Das, was man nicht mehr an Hauspersonal hält, lässt man jetzt von Dienstleister*innen erledigen. Ich saß vor der entsprechenden Werbekooperation und fragte mich: Wieso tun es denn die Aufbackbrötchen aus der Tiefkühltruhe, die es doch genauso in Bäcker-Qualität gibt, nicht auch? Das Gleiche frage ich mich bei den meisten Kochbox-Modellen, die zu ausgewählten Gerichten die vermeintlich frischen Zutaten vorportioniert bis an die Haustür liefern. So lange, wie der Salat und die Rosenkohlröschen da schon gelagert wurden und unterwegs waren, ist der Salat bei Aldi aus der Frischetheke und der Rosenkohl aus dem Tiefkühler vermutlich sogar noch nährwertiger. Aber die Skepsis gegenüber Fertig- und Tiefkühlprodukten, die bleibt bei Mittelstand und Bürgertum.

## Gutes Essen ist teuer

Mit der steigenden Inflation sind laut dem Bundesamt für Statistik die Preise für Gemüse seit Januar 2023 innerhalb eines Jahres um 8 Prozent gestiegen, die Preise für Obst sogar um

10,2 Prozent, im Vergleich zu einer Gesamtteuerungsrate bei Lebensmitteln von 3,8 Prozent.[34]

Das heißt, gerade die Lebensmittel, auf die im Zuge der Idealisierung eines gesunden Lebensstils so viel Wert gelegt wird, sind für Armutsbetroffene und einkommensschwache Haushalte umso schwieriger zu finanzieren. Armutsbetroffene und einkommensschwache Haushalte müssen hier einfach knallhart nachrechnen, wie sie aus ihrem bisschen Geld die meiste Sättigung herausholen. Da ist es leider so, dass der Caesar Salad oder die Avocado-Bowl da den Kürzeren ziehen, weil die einzelnen Zutaten in Summe viel zu teuer sind. Denn viele verschiedene Gemüsesorten in einem einzigen Gericht unterzubringen muss man sich leisten können. Die Realität, die danebensteht, ist nämlich die, dass man aus den vier verschiedenen Gemüsesorten in der Gemüsepfanne, die einen Tag reicht, mit ein paar Nudeln oder Reis oder Kartoffeln eben auch Gerichte für vier Tage zaubern kann. Wenn das Geld besonders eng ist, dann reicht es bei den steigenden Lebensmittelpreisen aber eben noch nicht einmal für das frische Obst und das frische Gemüse. Tiefkühlgemüse ist dann häufig die einzig machbare Variante, zumindest ein bisschen Abwechslung in den Speiseplan zu bringen. Doch die Gesellschaft rümpfte lange selbst über Tiefkühlgemüse die Nase, weil es eben nicht frisch ist.

Die Gesellschaft wirft Armutsbetroffenen vor, sich nicht genug um ihre Gesundheit zu kümmern, achtlos mit sich und ihrem Körper umzugehen. Aus dem Klischee heraus, dass diese auch mehrheitlich bildungsfern sind, wird einfach unterstellt, dass sie auch gar nicht wüssten, wie gesunde Ernährung funktioniert. Besonders dann, wenn sie unter Umständen auch noch übergewichtig sind, müssen sich Armutsbetroffene allerlei ungebetene Ratschläge zu gesunder Ernährung und beispielsweise ihrem Zuckerkonsum anhören. Einfach, weil die finanziell gut abgesicherte, bildungsbürgerliche Mittelschicht der Überzeugung ist, sie wüssten es nur nicht besser und mit ein bisschen Aufklärung ließen sich diese Problemchen schon lösen.

Und sicher, es ist so, dass der Zugang zu Wissen in unserer Gesellschaft sehr eng daran geknüpft ist, wie viel Geld und Zeit ich zur Verfügung habe, um es mir anzueignen. Das bedeutet, dass gerade Armutsbetroffene, die nur eine grundlegende Schulbildung genießen durften, mitunter noch nie von den Ernährungsempfehlungen der DGE gehört haben. Aber der Clou ist ja auch: Viele Armutsbetroffene wissen am Ende des Tages doch ganz viel über Ernährung. Beziehungsweise sie wissen das, was für ihre Lebensqualität entscheidend ist, nämlich, wie sie aus dem, was sie sich leisten können, Mahlzeiten herausholen, die ihnen schmecken UND die sie lange satt machen.

Darüber hinaus lohnt es sich, auch einfach darüber nachzudenken, dass Einkommensschwache vielleicht zwar ganz, ganz viel über gesunde Ernährung wissen – etwa weil sie diejenigen sind, die für die Kita oder Schule ihres Kindes das Essen bereitstellen –, aber am Ende ihres vollgepackten Alltags einfach gar nicht mehr die mentalen Kapazitäten haben, sich mit dem, was sie vermeintlich besser machen MÜSSTEN, zu beschäftigen. Dann dürfen vielleicht der Genuss und die individuelle Freude einfach mal im Mittelpunkt stehen. Denn in Armut bzw. mit sehr wenig Einkommen zu leben und dieses Leben zu verwalten ist stressig. Es ist mental anstrengend und fordert seinen ganz eigenen, emotionalen Tribut. Warum sollten Armutsbetroffene sich dann nicht genauso aus Selbstfürsorge für das Fertiggericht entscheiden dürfen, wie sich andere

Menschen mit wesentlich mehr Geld von Lieferando die Pizza liefern lassen? Der Unterschied in diesen Entscheidungen ist lediglich, dass eine Personengruppe das Geld dafür hat, zwischen Ernährungsformen und der investierten Zeit frei wählen zu können – die andere hingegen muss sich an der Supermarktkasse für ihre Entscheidungen verurteilen lassen.

## Armutsbetroffene Eltern und die Ernährung ihrer Kinder

Seitdem ich Mutter bin, bin ich für diese subtile Form der gesellschaftlichen Ächtung, die ich erfahre, wenn ich mit meinem dicken Körper in Jogginghosen mit der Tiefkühlpizza und der Flasche Sekt an der Kasse stehe, besonders sensibel. Von dem Glauben, dass armutsbetroffene und einkommensschwache Menschen einfach zu ungebildet seien, um sich selbst gesund zu ernähren, ist der Sprung zu dem Schluss, dass sie auch ihren Kindern nur zuckerhaltige Lebensmittel anstelle von Obst und Gemüse vorsetzen würden, nämlich leider nicht weit. So sind es also armutsbetroffene und einkommensschwache Eltern, die oft als Paradebeispiel herangezogen werden, wenn es darum geht, dass die Kinder von heute ja viel zu viel naschen und sich viel zu wenig bewegen würden. Und von hier aus kommt die Gesellschaft dann auch schnell zu dem Urteil: Armutsbetroffene und einkommensschwache Eltern interessieren sich so wenig für eine gesunde Ernährungsweise und können so schlecht mit Geld umgehen, dass sie zusätzlich staatliche Leistungen (wie eine funktionierende Kindergrundsicherung) sowieso nur für Alkohol, Zigaretten und teure Elektronik ausgeben würden, statt das Geld in ihre Kinder zu investieren.

Dabei ist das gar nicht wahr. In ihrer Untersuchung „Kommt das Geld bei den Kindern an?" hat die Bertelsmann-Stiftung in

Zusammenarbeit mit dem Zentrum für Wirtschaftsforschung sogar nachweisen können, dass internationale Studien übereinstimmend zeigen, dass zusätzliche Sozialleistungen durchaus den Kindern und der familiären Lebensqualität zugutekommen. Im Fazit der Untersuchung heißt es: „Die finanzielle Hilfe verbessert die Einkommens- und die Ernährungssituation der Haushalte, ohne den Müßiggang oder den Konsum von Alkohol und Zigaretten zu befördern."[35] Es ist also nichts anderes als ein niederträchtiges Vorurteil, dass armutsbetroffene Eltern ihr Geld vor allem für unnützes Zeug ausgeben würden. Meine Eltern waren schlicht und ergreifend die Ausnahme, die bekanntlich die Regel bestätigt.

Die überwältigende Mehrheit der armutsbetroffenen und einkommensschwachen Eltern hat zuallererst das Wohl ihrer Kinder im Blick und spart zunächst an sich selbst und den eigenen, individuellen Ausgaben. In den meisten Fällen lesen auch ebendiese Eltern in all den Broschüren und Instagram-Infopostings, wie wichtig es ist, Kindern eine möglichst bunte und vielfältig Auswahl an Lebensmitteln zur Verfügung zu stellen, damit sie von klein auf lernen, Freude am Essen zu entwickeln und dabei gute Entscheidungen zu treffen. Es ist halt aber leider wirklich nicht so einfach, für genau diese bunte und vielfältige Mischung einkaufen zu gehen, wenn das Geld schon kaum für die Grundnahrungsmittel reicht. Glauben Sie mir, wenn ich Ihnen sage, dass den entsprechenden Eltern dabei immer ein bisschen mehr das Herz bricht als Ihnen, wenn Sie in fremde Einkaufswagen schielen.

Statt also an der Supermarktkasse Menschen, von denen wir meinen, dass sie sozial oder finanziell schlechter gestellt seien als wir, für ihre Ernährungsgewohnheiten oder ihre

Einkaufsentscheidungen zu verurteilen, lohnt es sich, kurz in sich selbst hineinzuhorchen. Wir sollten uns immer zuerst einmal an die eigene Nase fassen – und uns zum Beispiel fragen, ob die Person, die sich da gerade die Tiefkühlpizza kauft, nicht vielleicht genau die Person ist, die unsere Pizza belegt, wenn wir Essen vom Lieferservice ordern. Denn dass Menschen mit ausreichend Geld sich überhaupt Lebensmittel liefern lassen können, liegt vor allem daran, dass andere Menschen, die dafür nicht ansatzweise angemessen bezahlt werden, diese Lieferjobs auch ausführen. Es sind also im Zweifel die Menschen, die uns unseren Luxus erst ermöglichen, die wir an der Kasse so harsch verurteilen.

Gleichzeitig lohnt es sich auch, statt individuelle Entscheidungen zu verurteilen, lieber strukturelle Entscheidungen infrage zu stellen. Gerade Anfang 2024 etwa empfahl der Bürgerrat zum Thema Ernährung flächendeckend kostenlose Mittagessen für Kitas und Schulen. Auf große Gegenliebe stieß dieser Vorschlag nicht, im Gegenteil. In einer unserer Nachbargemeinden sollen die Eltern bald fast 100 Euro pro Kind und Monat für die Mittagsverpflegung bezahlen. Dabei könnte man einkommensschwache Haushalte, die knapp über der Bedürftigkeitsgrenze liegen und diese Kosten entsprechend selbst zahlen müssen, spürbar entlasten UND ihren Kindern Zugang zu einer gesunden und ausgewogenen Ernährung bieten. Ebenso würde eine deutliche Anhebung der Sozial- und Transferleistungen ermöglichen, dass auch Menschen ohne Erwerbseinkommen in der Lage wären, sich regelmäßig frisches Obst und Gemüse zu leisten.

Die Verbraucherzentralen regen mittlerweile sogar die Abschaffung der Mehrwertsteuer auf Obst, Gemüse und

Hülsenfrüchte an. Denn auch das entbehrt ja nicht einer gewissen Ironie: Während zum Jahreswechsel 2023/2024 in den Medien weitläufig darüber gestritten wurde, ob die Rückkehr zur Mehrwertsteuer von 19 Prozent auf Gerichte, die in gastronomischen Betrieben verzehrt werden, nicht zum Gastronomiesterben beitragen würde, tragen diejenigen, die sich den Gang ins Restaurant sowieso nicht leisten können, den Löwenanteil der Steuereinnahmen des deutschen Staates. Einfach, weil sie an der Mehrwertsteuer im Supermarkt nicht vorbeikommen. Bevor wir also individuelle Entscheidungen kritisieren und verurteilen, gäbe es noch eine Menge Luft nach oben für politisches Engagement, das allen nützt – denen mit dem wenigsten Geld am meisten.

## SECONDHAND LOHNT SICH NICHT: DIE NOT DER EINEN WIRD ZUM LIFESTYLE DER ANDEREN

In meinen 20ern war das Geld knapp, und ich entdeckte durch Agenturjobs und den Hamburger Großstadtflair Freud wie Leid der modischen Vielfalt. Im Jahr 2014 gab es da allerdings eine Plattform, die mir mit nur wenigen Klicks sehr viel Selbstwirksamkeit schenkte, weil sie mein drängendstes Problem in Sachen Mode (die fehlende Kohle) allein durch ihr Geschäftsmodell löste: Kleiderkreisel. Die erste deutsche Secondhand-Plattform ermöglichte es mir, dem Konzept gebrauchter Kleidung schambefreit eine zweite Chance zu geben. Denn durch den Onlinehandel war für das Gegenüber ja nicht klar, ob ich wegen des Nachhaltigkeitseffekts bei ihr shoppte oder einfach von den günstigen Preisen Gebrauch machen wollte. Das war für mich auch einer der entscheidenden Punkte, warum ich Kleiderkreisel eine Chance gab, obwohl ich das Sozialkaufhaus in meiner Heimatstadt mied wie die Pest. Im Sozialkaufhaus wäre aufgrund meiner eigenen Kleidung direkt aufgefallen, aus welchen Beweggründen ich dort einkaufte. Außerdem bestand immer die Gefahr, gesehen und deshalb beschämt zu werden. Im Internet hingegen war ich anonym, und Kleiderkreisel zu nutzen galt damals als progressiv und cool. Ich konnte mich der Illusion hingeben, dass meine Transaktionspartnerin mich für eine elegante Großstadt-Schreiberin hielt, statt für die unterbezahlte Praktikantin mit Loch im Pulli, die ich tatsächlich war.

Gleichzeitig hatte Kleiderkreisel damals noch einen weiteren Vorteil, den mir das Sozialkaufhaus nicht bot: Es gab vorrangig coole, ausgefallene, hochwertigere Stücke zu kaufen, die eben nicht nach Secondhand aussahen. Statt miefige und altbackene Shirts in Zeltform bekam ich selbst mit Kleidergröße 44/46 coole Einzelstücke aus älteren Kollektionen, die man so nicht mehr im Laden kaufen konnte. Dabei waren das nicht einmal Markenklamotten, sondern einfach nur Oberteile und Kleider aus verjährten Fast-Fashion-Produktionen. Ich bezahlte pro Kleidungsstück selten mehr als 10 oder 12 Euro inklusive Versand und war damit im Modehimmel für Armutsbetroffene angekommen. Mir machte das Secondhand-Shopping auf diese Art und Weise so viel Spaß, dass ich mich sogar für die Hochzeit meines Schwagers fast ausschließlich über Kleiderkreisel einkleidete.

Ich tat, was die Gesellschaft von braven, anständigen Armutsbetroffenen erwartete. „Dann kauf doch einfach Secondhand!" ist immer der allererste Vorschlag, den Menschen hören, wenn sie darüber sprechen, wie wenig Kohle sie hätten und dass sie deshalb nichts zum Anziehen besäßen. Sozialkaufhäuser, Flohmärkte und diverse Plattformen wie Kleiderkreisel werden dann als Vorschläge in den Raum geworfen und als Wunderlösung für Armutsproblematik angepriesen. Während Sozialkaufhäuser historisch tatsächlich daraus entstanden sind, die Armut Betroffener abzumildern, ignorieren die meisten, die Kaufen aus zweiter Hand als Allheilmittel gegen Konsumhindernisse anpreisen, wie sich die Lage auf dem Secondhand-Markt mittlerweile entwickelt hat.

Dabei spielt die Entdeckung von Secondhand als Einkommensquelle für findige Unternehmer*innen und gewitzte Privatverkäufer*innen keine unwesentliche Rolle. Vorbild für Geschäftsmodelle wie Kleiderkreisel war die Amerikanerin Sophia Amoruso, die es zwischen 2006 und 2011 schaffte, mit ihrem eBay-Shop Nasty Gal ein Multimillionenimperium zu errichten, indem sie auf Flohmärkten und in Secondhandläden die ausgefallensten, hochwertigsten Klamotten aus zweiter Hand ergatterte und für ein Vielfaches des Einkaufspreises weiterverkaufte. Dabei bediente sie sich eines Kniffs, um gut zahlende Kundschaft anzulocken, und versah auch Kleidungsstücke mit dem Label „Vintage", die tatsächlich gar nicht historisch waren. So wertete sie die gebrauchte Kleidung auf und machte sie auch für Menschen aus der Upper Class attraktiv. Sehr schnell entwickelte sich Nasty Gal zu einem Luxuslabel, das durch Exklusivität punktete – auf eBay, einer Plattform, die bis dato eigentlich auch damit hervorstach, dass sie Geringverdienenden verschiedene Konsumgüter für wenig Geld zugänglich machte.

Secondhand erfuhr in diesem Beispiel durch die Exklusivität eine soziale Aufwertung. Dadurch, dass es ausschließlich um hochwertige, einzigartige Kleidungsstücke ging, verlor gebrauchte Mode das Stigma der Mittellosigkeit, und die Schicht der Gutverdienenden eignete sich den Konsum aus zweiter Hand an. Mit Kleiderkreisel war es damals nicht anders. Für mich war es sozial sicher, in den erkreiselten Klamotten ins Büro zu gehen, weil sie eben nicht nach Sozialkaufhaus aussahen, sondern ich sogar reihenweise Komplimente bekam.

Heutzutage genießt Secondhand nach wie vor einen sozial akzeptierten, wenig stigmatisierten Ruf – weil und wenn die Konsumgüter aus zweiter Hand mit der Motivation der Nachhaltigkeit erworben werden. Mit dem Offenbarwerden der Klimakrise hat nachhaltiger, also umweltschonender Konsum, eine gesellschaftliche Aufwertung und Priorität erfahren, von der die 68er-Generation, die sich noch als Hippies und Ökos verschreien lassen mussten, wohl nur träumen konnten. Mit den weltweiten Fridays-for-Future-Demonstrationen rückte der umweltschonende Lebenswandel in den Mittelpunkt der Aufmerksamkeit der mittlerweile kaufkräftigen Millennials. Neben Tipps und Tricks für nachhaltige Alternativen zu alltäglichen Wegwerfgütern wurde vor allem das Secondhand-Shopping zur Kulturpraxis der Gutverdienenden erhoben. Dabei machten Vorreiterinnen diese neue Art des Einkaufens ihren Skeptikerinnen vor allem mit dem Versprechen schmackhaft, dass aus zweiter Hand zu kaufen nicht nur nachhaltiger, sondern auch günstiger sei. Der Kapitalismus mit seinem stetigen Streben nach Vermehrung bei gleichzeitiger Kostenersparnis hatte ein neues Spielfeld aufgetan.

Da, wo vorher Stigma herrschte, weil Secondhand zu kaufen vor allem etwas war, das arme Leute taten, bekam diese Konsumpraxis jetzt eine gewisse moralische Überlegenheit.

Damit war es plötzlich kein Problem mehr, die sonst geächtete Kulturpraxis Armutsbetroffener zu übernehmen und zu legitimer Kultur umzudeuten.

## Der Hype macht Secondhand unnötig teuer

Leider passierte damit aber auch auf dem Secondhand-Markt etwas, das überall im Kapitalismus passiert: Wo die Nachfrage steigt, klettern auch die Preise. Dabei spielen unterschiedliche Faktoren eine Rolle. Zuerst liegt es an der Wahrnehmung des Marktes. Zu Zeiten der Sozialkaufhäuser und Flohmärkte galt der Secondhand-Markt zuallererst als Markt für Einkommensschwache. Die ganze Historie wohltätiger Kleiderkammern begründet sich auf dem Antrieb, mittellose Menschen mit einem Minimum an Würde und Konsumgütern auszustatten. Entsprechend war es lange Zeit einfach auch selbstverständliche Praxis, dass man für gebrauchte Ware keine hohen Preise verlangte. Man wusste, dass das Zielpublikum kaum Geld hat, also erwarteten Verkäufer*innen auch gar nicht, dass sie viel Gewinn machen würden.

Mit der Aneignung des Secondhand-Marktes durch die Besserverdienenden wandelte sich natürlich auch die Erwartung an die Käuferschaft. Denn die privilegierte Mittelschicht entdeckte diese Möglichkeit ja nicht nur als Kauf-, sondern auch als Verkaufsplattform. Entsprechend schloss man von sich auf andere und ging zunehmend davon aus, dass es potenziellen Käuferinnen nicht so sehr wehtat, wenn man für den Pulli statt 5 Euro nun 10 Euro verlangte. Immerhin kann man sich so ja dann die nächsten eigenen Einkäufe querfinanzieren, oder nicht?

Außerdem macht sich natürlich die Masse der Käufer*innen und Einkäufe bemerkbar. Je mehr Menschen auf

Secondhand-Plattformen kaufen, desto höher ist natürlich auch die Wahrscheinlichkeit, Kleidung zu einem Preis loszuwerden, der früher eher höher eingestuft wurde. Denn die Plattformen adressieren ja nicht nur potenzielle Käufer*innen. Sie sind auch für all diejenigen interessant, die die Chance sehen, durch Verkäufe noch mal ein paar Euro dazuzuverdienen – oder zumindest die eigenen Verluste zu minimieren. Die Apps verdienen dabei über Transaktionsgebühren mit und machen Secondhand dadurch zu einem alleinstehenden Geschäftsmodell. Dass jede Käuferin potenzielle Verkäuferin und jede Verkäuferin potenzielle Käuferin ist, wirkt sich im Endeffekt preissteigernd aus, weil die Masse der Kund*innen dadurch wächst. Die Verkäufer*innen werden mit ihren Preisen mutiger, das Credo lautet: Irgendjemand wird's zu dem Preis sowieso kaufen.

Nicht zuletzt geht es auch um Verhältnismäßigkeiten. Für eine Frau, die von 300 Euro im Monat leben muss, macht es einen unglaublich großen Unterschied, ob sie den Pulli für 10 oder für 15 Euro kriegen kann. Wer allerdings 3.000 Euro netto im Monat zur Verfügung hat, zahlt für den gleichen Pulli auch 50 Euro und hat immer noch das Gefühl, ein Schnäppchen gemacht zu haben. Zusätzlich wirkt sich das subjektive Notwendigkeitsgefühl der Verkäufer*innen auf die Preise aus. Menschen mit sehr wenig Geld, die gut erhaltene Kleidung weiterverkaufen, setzen die Preise in der Regel moderat an, weil sie auf die Einkünfte eher angewiesen sind, um neue Kleidung kaufen zu können. Verkäufer*innen hingegen, die es sich auch leisten könnten, Kleidung ungenutzt im Schrank hängen zu lassen oder einfach kostenlos abzugeben, schätzen ihren eigenen Aufwand beim Verkaufen als so hoch ein, dass sie ihn einpreisen. Als ich einmal auf Instagram zu Preisdynamiken diskutierte, argumentierte eine Userin, dass es überzogen sei, von ihr zu erwarten, Kleidung für wenige Euro das Stück einzustellen. Immerhin hätte sie mit dem Fotografieren, Hochladen, Beschreibungen-Tippen und Verkäufe-Verhandeln auch Arbeit, die sich lohnen müsse.

All das führt zusammengenommen dazu, dass die Preise auf den Secondhand-Plattformen und mitunter auch auf lokalen Flohmärkten und Weiterverkaufsgruppen langsam, aber stetig ansteigen. Der Charakter des Gebrauchtwarenmarktes verändert sich: weg von einem Markt zweiter Klasse für Menschen mit wenig Geld hin zu einem alternativen Markt für Menschen, die viele Ressourcen und einen moralischen Anspruch an ihren Konsum haben – oder die Möglichkeit sehen, im Sinne eines guten Finanzmanagements ihr Kapital vermehren oder zumindest ihre Verluste minimieren zu können.

Es kommt nicht von ungefähr, dass die mediale Reaktion auf die steigenden Secondhand-Umsätze vor allem in Bezug auf Luxusmarken diskutiert wird. Denn am Ende des Tages ist Gebrauchtes im Kontext des sozialen Status eben vor allem wegen des Nachhaltigkeitsaspekts cool und trendy. Secondhand zu kaufen, weil man sich Neuware nicht leisten kann, ist immer noch mit einem gewissen Stigma versehen. Deshalb kaufen Mittelschichts-Secondhand-Shopperinnen im Sozialkaufhaus eben nicht die Basic-T-Shirts oder die schlichte Baumwoll-Leggings. Nein, sie sind auf der Suche nach den schicken, ausgefallenen, einzigartigen Teilen, die eben NICHT nach Secondhand aussehen. Die Kostenersparnis ist nicht das Ziel, sondern der nette Nebeneffekt, der NOCH MEHR Konsum ermöglicht. Wenn man dann am nächsten Tag mit seinen

Schätzen ins Büro marschiert, will man aber nach wie vor aussehen wie frisch aus der Luxusmarken-Boutique. Deshalb sind Markenklamotten und einzigartige Styles in Secondhand-Märkten offline wie online immer rasend schnell vergriffen, und nicht umsonst setzen Plattformen wie Momox eben auch primär auf Markensortimente und geben Geld für Influencerinnenkampagnen aus, die vor allem kaufkräftige Zielgruppen erreichen.

Diese Erhebung von Secondhand zum Lifestyle der umweltbewussten Mittelschicht hat für Armutsbetroffene und einkommensschwache Menschen ganz konkrete Auswirkungen. Zum einen wird Secondhand-Shopping auch im niedrigpreisigen Segment immer teurer. Vor zehn Jahren habe ich für den wirklich schicken Wollpulli noch 12 Euro INKLUSIVE Versand bezahlt – heute finde ich vergleichbare Pullover nur noch für 15 Euro aufwärts ZUZÜGLICH Versand. Für jemanden mit einem guten Einkommen mag der Preisunterschied marginal wirken – für Armutsbetroffene entscheidet er mitunter darüber, ob der Pulli überhaupt leistbar ist oder nicht. Zusätzlich zu der Inflation im Neuwarenmarkt reduziert das den Handlungsspielraum armutsbetroffener und einkommensschwacher Menschen spürbar.

Zum anderen sorgt die Schatzsucher-Mentalität gut verdienender Menschen im Secondhand-Markt mitunter dafür, dass für all diejenigen, die nicht so viele finanzielle Mittel auf einmal frei machen können, wieder nur die Basic-Teile, die abgerockten Klamotten und altbackenen Hängerchen übrig bleiben. Während sich die Menschen mit den finanziellen Ressourcen UND der nötigen Zeit, nach den schönsten Teilen zu stöbern, all die Sahnestücke wegschnappen, sieht man Armutsbetroffenen und

Einkommensschwachen ihre Armut nach dem Einkauf doch wieder an. Einfach, weil der Marken-Boutique-Look, der ja mitunter für ein erfolgreiches Vorstellungsgespräch nötig wäre, wieder nur denen vorbehalten bleibt, die mit dem nötigen Kleingeld über den Zweite-Hand-Markt schlendern können.

Je spezieller die Anforderungen an die eigene Kleidung sind – etwa, weil man dick ist oder besonders groß beziehungsweise klein oder weil man einen alternativen Style bevorzugt –, desto schwieriger wird die Situation im Übrigen. Denn so wie sich die gut verdienende Mittelschicht den Secondhand-Markt als Nachhaltigkeitsquelle angeeignet hat, nutzt sie ihn dann auch, um günstig Styles zu shoppen, von denen klar ist, dass sie nur eine bestimmte Zeit getragen werden, weil sie gerade im Trend sind. Als 2021/2022 der Oversize-Look wieder trendy wurde, haben viele normgewichtige Frauen auf Fashion Blogs dazu geraten, einfach Secondhand süße Pullis in XL oder 2XL zu kaufen, statt die neuen Oversize-Pullis in ihrer eigenen Größe. Immer mit dem Hinweis, dass sich so Geld sparen ließe, wenn einem der Look auf Dauer nicht gefiele. Bis heute diskutiere ich vergeblich auf Social Media darüber, dass das für Frauen wie mich den Nachteil hat, dass unsere regulären Größen auf Secondhand-Plattformen ständig vergriffen sind. Denn selten werden die Pullis auch wirklich in den Kreislauf zurückgegeben, aus dem sie herkommen.

Leider funktioniert der Kapitalismus genau so, dass er versucht, aus allem Kapital zu schlagen, was er kriegen kann. Entsprechend ist es gar nicht verwunderlich, dass sich die Gutverdienenden Dinge aneignen, die ursprünglich mal zur gewachsenen Kultur der Einkommensschwachen gehörten. Der Secondhand-Markt ist nicht das einzige Beispiel für Dinge, die das Leben der Unterschicht und Arbeiter*innen einmal lebenswert gemacht haben und die sich dann die privilegierte Klasse als Lifestyle angeeignet hat. Gerade tragbare Dinge lassen sich durch genug Geld und Deutungshoheit sehr einfach aus einer Klasse entnehmen und in einer anderen Klasse neu kontextualisieren. Ob das die bunten Haare der Punker sind, die irgendwann als Styleoption ihren Einzug in High-Class-Haarsalons gefunden haben, oder die teure Luxushandtasche im Stil einer Alditüte, mit der Lars Eidinger 2020 vor einem Wohnungslosenlager posiert hat. Wie ich von einem guten Freund gelernt habe, waren sogar die mittlerweile mehrere Hundert Euro teuren Doc Martens eigentlich mal Stiefel der Arbeiterklasse. Ursprünglich waren Doc Martens für ihre Langlebigkeit bekannt – heute wird für sehr viel Geld vor allem ein Lifestyle für gehobene Schichten verkauft. Die Arbeiterklasse von heute kann sich die Stiefel in der Regel nur mit viel Spardisziplin leisten. Als die Oberschicht die Marke für sich entdeckte, stiegen mit der Beliebtheit auch die Preise.

**Wenn Aneignung Betroffenen den Handlungsspielraum nimmt**

Die Moral von der Geschichte: Mit ausreichend Geld lässt sich alles neu kontextualisieren und zur legitimen Kultur erheben. Am Ende bestimmt sich Klasse eben nicht nur am kulturellen Kapital, sondern auch an der Deutungshoheit und den finanziellen Möglichkeiten, die man hat. Gerade weil Kultur sich einfach ent- und neu kontextualisieren lässt, entscheidet sich vor allem am ökonomischem Kapital dahinter, wie die jeweilige Praxis aufgenommen wird. Es gibt dazu auf Social Media regelmäßig Postings, in denen gefragt wird: „Was ist classy, wenn du reich bist, aber trashig, wenn du arm bist?" Genannt werden dann beispielsweise Dinge wie Mehrsprachigkeit. Bei der Tochter von Prinz William und seiner Catherine haben die Medien es einer eigenen Schlagzeile für würdig erachtet, dass sie mit zwei Jahren bereits zwei verschiedene Sprachen sprach. Bei armutsbetroffenen Kindern aus migrantischen Familien ist die Mehrsprachigkeit völlig selbstverständlich – und wird aus rassistisch-klassistischer Motivation heraus oft als Zeichen mangelnder Integration gewertet. Ein weiteres Beispiel für diesen Doppelstandard ist auch das Trinken von Alkohol. In gehobenen Gesellschaftskreisen gehört der Bellini zum Brunch selbstverständlich dazu. Steht allerdings der Vater aus der Arbeiterfamilie mit dem Bier nachmittags auf dem Fußballplatz, zieht man über die prolligen Unterschichtsmänner her.

Gerade in Sachen Konsum gilt ein ähnlicher Doppelstandard für das Thema Minimalismus. Spätestens seit dem Erfolg der Aufräum-Päpstin Marie Kondo gilt es als schick und auch ressourcenbewusst, nur das Nötigste im eigenen Zuhause aufzubewahren. Diverse gut verdienende, finanziell abgesicherte Influencer*innen und Promis lassen sich in ihren lichtdurchfluteten, minimalistischen Wohnungen ablichten und verkaufen den cleanen Lebensstil dann als Inspiration an das durchschnittliche Volk. Was dabei nicht erwähnt wird: Für Armutsbetroffene und Menschen mit geringem Einkommen gehört es schon längst zur gelebten Praxis dazu, nur das Nötigste zu besitzen. Für viel mehr ist einfach kein Geld da. Doch trotzdem sehen die Wohnungen von Menschen mit wenig Einkommen in der Regel weder besonders lichtdurchflutet noch minimalistisch aus. Im Gegensatz zu all den Gutverdienenden, die Minimalismus als Lifestyle feiern, der gut für die Umwelt und für den eigenen Seelenfrieden sei, wohnen Armutsbetroffene in der Regel nämlich auf engstem Raum. So richtig stylish wirkt Minimalismus am Ende nur, wenn ich über ausreichend Ressourcen verfüge, um mir ordentlich viel Platz leisten zu können. Ansonsten ist die karge Wohnungsausstattung nur stete Erinnerung daran, dass ich am unteren Rande der Gesellschaft lebe.

## Konsumkritik als versteckter Armenhass

Diese moralische Bewertung von Konsumverhalten zieht schlussendlich wieder eine eigene gesellschaftliche Dynamik nach sich. In meiner Brust zieht es jedes Mal sehr, sehr schmerzhaft, wenn ich wieder einmal eine Influencerin sehe, die über die (ja tatsächlich furchtbaren) Machenschaften von Fast-Fashion-Marken wie Shein berichtet und dann in einem einzigen Rundumschlag all diejenigen für das Ende unseres Planeten für schuldig befindet, die bei Primark oder Shein einkaufen. Obwohl ich aktuell überhaupt nicht mitgemeint bin, fühle ich mich jedes Mal wieder unangenehm angesprochen. Denn in meinen frühen 20ern war Primark meine Rettung. Natürlich wusste ich über die damals schon nicht ganz ethisch korrekten Zustände dort Bescheid. Aber zu dieser Zeit war ich vor allem froh, endlich die Möglichkeit zu haben, mir auch spontan Kleidung kaufen zu können. Oberteile für 5 Euro, Sneaker für 7 Euro – als ich monatelang auf mein Kindergeld und auf mein BAföG gewartet habe und wir teilweise von der Hand in den Mund gelebt haben, war dieser Laden unser einziger Hoffnungsschimmer auf ein bisschen Normalität. Wenn nicht die Zeit war, um lange nach leistbarem Ersatz für die einzige, aber jetzt kaputte Jeans zu suchen, war Primark meine Rettung. Wenn mein Mann sich die Schuhe kaputtgelaufen hatte, wusste ich, ihm würde die Scham erspart bleiben, so in die Uni gehen zu müssen, weil er sich bei Primark schnell ein neues Paar holen konnte.

Gerade für die Geringstverdienenden und Armutsbetroffenen in unserer Gesellschaft sind Primark und Shein die niedrigschwellige Möglichkeit, ihr Recht auf angemessene Kleidung überhaupt in Anspruch nehmen zu können. Und gerade auch für Menschen mit Mehrgewicht, das statistisch mit Armut korreliert, haben diese Fast-Fashion-Unternehmen eben auch ein Angebot.

Deshalb zucke ich jedes Mal unangenehm zusammen, wenn die Käufer*innen von dieser Ware pauschal abgeurteilt werden. Weil bei dieser Art von selbstgerechtem Aktivismus oft ausgeblendet wird, dass es eine riesige Personengruppe gibt, die gar keine andere Wahl hat, als Kundin oder Kunde zum Beispiel bei Shein zu sein. Wenn es dann einmal zur Sprache kommt, wird von Armutsbetroffenen durchaus auch schon verlangt, dann doch lieber über längere Zeit Geld anzusparen und woanders Kleidung zu kaufen, also die eigene Lebensrealität zugunsten umweltethischer Prinzipien noch weiter zu beschneiden. Dabei wäre die viel dringendere Message eine, die sich an die gut verdienende Mittelschicht richten würde: Bevor ihr Konsumentscheidungen armer Menschen kritisiert, schränkt doch erst einmal euren eigenen Konsum ein. Denn laut dem Portal Business Insider ist die durchschnittliche Shein-Kundin eine 35 Jahre alte Frau, die im Schnitt 100 Dollar im Monat für Kleidung ausgibt.[36] Es ist also im Zweifel die gleiche Frau, die auf dem Secondhand-Markt neueste Trends sparend einkaufen und gewinnbringend verkaufen will, die auch für die Rekordumsätze von Shein verantwortlich ist.

Doch wenn ich die steigenden Preise am Secondhand-Markt thematisiere, wird mir oft entgegengehalten, dass armutsbetroffene Menschen doch eh zu Shein und Co gehen würden und nicht gebraucht kaufen würden. Nur, damit ich im nächsten Gespräch mit der Klimaaktivistin von nebenan höre, dass Armutsbetroffene doch nicht bei Shein bestellen müssten, es gäbe doch auch schöne Kleidung aus zweiter Hand.

Statt dass gerade diejenigen, die über viel Kapital und Privilegien verfügen, ihren eigenen Konsum zurückfahren und ihre Privilegien teilen, einigt man sich auf die Armutsbetroffenen als gemeinsame Bösewichte. Die im Grundsatz vielleicht einmal berechtigt gewesene Konsumkritik mündet schlussendlich in Armenhass. Denn am Ende sind es vor allem die Armutsbetroffenen, die am häufigsten zu hören bekommen, sie sollten doch einfach mehr Geld an die Seite legen, weniger Kleidung kaufen, sparsamer wirtschaften, weil sie dann nicht nur den Planeten retten, sondern auch ihre eigene Armut beenden könnten.

Dabei braucht es vor allem Mäßigung und Solidarität derjenigen, die über das meiste Kapital verfügen. Am Ende sind die Kapitalisierung des Secondhand-Marktes, die Aneignung von Überlebensstrategien Armutsbetroffener, die dann zu einem nachhaltigen Lebensstil umkontextualisiert wird, und das dann folgende Verteilen von unreflektierten Konsum-Ratschlägen an Armutsbetroffene nichts anderes als gelebter Solidaritätsentzug. Menschen mit ausreichend Ressourcen unterstützen in ihrem Konsum von gebrauchter Kleidung im Zweifel völlig unreflektiert Dynamiken, die Armutsbetroffenen ihre bisher erfolgreichen Strategien zersetzen, in einer sozial ungerechten Gesellschaft zurechtzukommen. Gerade dann, wenn Menschen, die es sich leisten könnten, Kleidung günstig oder sogar kostenlos abzugeben, weil ihr Einkommen mehr als ausreicht, um sich vernünftig einzukleiden, argumentieren, sie müssten doch ihre Mühe für das Einstellen der Ware einpreisen, wird es sogar offen unsolidarisch. Der eigene Arbeitsaufwand, der aus einem privilegierten Hintergrund entsteht, wird höher gewichtet als die Not einer anderen Person. Die Möglichkeit, der Gesellschaft vom eigenen Wohlstand etwas zurückzugeben, wird hinter das individuelle Gewinnstreben zurückgestellt. Statt die Chance auf Gleichverteilung von Ressourcen zu sehen, steht ganz egoistisch die eigene Ressourcenvermehrung im Mittelpunkt.

Gleichzeitig werden Armutsbetroffene dann beschämt, wenn sie sich andere Wege suchen, mit ihren sehr begrenzten Mitteln am Konsum teilzuhaben. Denn in einer Konsumgesellschaft wie unserer ist Konsum eben auch gleichbedeutend mit Teilhabe. Wer armutsbetroffene Menschen dann anweist, sie sollten doch WENIGER konsumieren, ignoriert, dass Konsum mittlerweile nicht mehr nur alltägliche Notwendigkeit ist, sondern auch maßgeblich unser gesellschaftliches Miteinander bestimmt.

## KONSUM ALS BONDING-RITUAL

Es gab als Teenager kaum einen Satz, vor dem ich mehr Angst hatte, als: „Kommst du am Wochenende mit shoppen?" Als Millennial bin ich in einer Generation aufgewachsen, die das Einkaufen von einer Notwendigkeit hin zur Freizeitaktivität aufgewertet hat. Die Teenie-Filme unserer Zeit waren voll mit Mädchencliquen, die ihre Nachmittage in amerikanischen Malls verbracht haben. Bravo und Popcorn fütterten uns fleißig mit den neuesten Trends, und bei „Sex and the City" haben wir gelernt, uns mit Kleidung wahlweise zu belohnen oder zu entschädigen. Es gab zwar in keiner der niedersächsischen Provinzen etwas, das auch nur annähernd einer Mall glich. Dafür machen Horden von Teenagern die Läden in der Fußgängerzone unsicher.

Für mich waren diese Nachmittage die reinste Tortur. In der Regel war ich nämlich immer diejenige, die zwar ganz brav mit dem Rest von Laden zu Laden zog und Kleiderständer begutachtete, aber am Ende so tat, als sei einfach nichts dabei, was sie interessierte. Dann hing ich scheinbar unbeeindruckt vor den Umkleidekabinen herum, ermutigte und beriet bei Bedarf meine Freundinnen und verließ meist als Einzige ohne Tüte den Laden. Was selten jemand bemerkte: Mit jedem Laden mehr wurde ich immer stiller, meine Begutachtung der Kleidung immer oberflächlicher, meine Laune immer schlechter. Denn am Ende war es eben nicht so, dass nichts dabei gewesen wäre, das mir gefallen hätte. Ich konnte es mir nur schlicht nicht leisten. Also litt ich still in mich hinein und ertrug schweigend, wie mein Herz und mein Selbstbewusstsein mit jedem Laden, in den mich meine Freundinnen zerrten, ein bisschen mehr zerbrachen.

An diesen Nachmittagen nicht teilzunehmen war aber auch undenkbar. Immerhin waren das die Nachmittage, an denen Beziehungen gepflegt, Bündnisse geschmiedet und Geheimnisse ausgetauscht wurden. Es war nicht nur das Shopping an sich, das uns miteinander verband, sondern wir verbanden uns miteinander über die geflüsterten Namen der Jungen, in die wir verliebt waren, und über die Sorgen, nicht hübsch genug zu sein, und über das Ablästern über die aktuell meistgehasste Lehrkraft. Zwischen Ladentür, Umkleidekabine und der Schlange an der Kasse legten wir die Illusion der Unantastbarkeit ab, die Teenager in ihren Schuljahren so gern an den Tag legen, und ließen einander in die Karten schauen. Wenn ich schon zu solchen Ausflügen eingeladen wurde, konnte ich mir die Chance nicht entgehen lassen. Dafür hatte ich zu viele Jahre lang damit gerungen, überhaupt irgendwo dazuzugehören. Nachdem ich jahrelang ausgegrenzt worden war, weil ich arm und immer wieder die Neue war, griff ich nach jeder Chance, irgendwie dabei sein zu können. Ich schluckte meinen Stolz herunter, lächelte tapfer, und wenn mal jemand fragte, warum ich mir denn nichts kaufte, klopfte ich selbstironische Sprüche, um die Wahrheit zu kaschieren.

Dabei entging mir natürlich nie, dass ich am Ende des Tages doch nur anteilig dazugehörte. Denn bei allen verbindenden Shopping-Trips konnte ich doch nie überwinden, dass mir das kulturelle Kapital fehlte, um tatsächlich Teil von festen Freundschaften zu werden. Ich konnte weder etwas zu dem aufgeregten Geschnatter nach den Ferien beisteuern, wenn alle von ihren Urlauben erzählten, noch war ich Teil des Konfirmationsunterrichts oder der anschließenden Tanzstunden, ganz zu schweigen von all den Beat-Abenden auf Schützenfesten. Egal, in welchem verschlafenen Dörfchen auf welcher Seite der Weser ich mich auch befand – weil so viele der Gemeinschaft stiftenden Aktivitäten und gesammelten Erfahrungen am Ende mit dem Vorhandensein von Geld zusammenhingen, war ich einfach nicht Teil dieser sozialen Dynamiken. Meine ersten, wirklich tragfähigen Freundschaften habe ich geschlossen, als ich Menschen begegnete, die zumindest teilweise meine Herkunft teilten.

Leider setzte sich das Muster aus meinen Teeniejahren auch lange Zeit in meinem Erwachsenenleben fort. In der Uni war ich auf Studi-Partys nie mit von der Partie, weil mein Mann und ich es uns finanziell nicht leisten konnten, unsere sehr, sehr günstige erste Wohnung gegen zwei getrennte WG-Zimmer in unseren entsprechenden Studienorten zu tauschen. Ein Stück weit ließ sich das kompensieren, weil ich ziemlich viele meiner Vorlesungen schreibend im Studi-Café verbracht habe und deshalb immer die Go-to-Gesprächspartnerin für wen auch immer war, der oder die gerade eine Lücke im Vorlesungsplan überbrücken musste. Aber gerade weil ich sonst nie bei irgendwelchen Veranstaltungen dabei war, gab es in meinem ganzen Studium nur einen Menschen, der mich besser kennengelernt hat als das, was in die Trinkdauer eines Chai Latte passte.

**Keine Kohle? Kein Netzwerk**

Später, in den Hamburger Agenturzeiten, wurde mein Angstsatz aus Teeniejahren durch einen neuen Angstsatz ersetzt: „Kommst du mit Mittag essen?" Nach Shopping-Trips in meiner Jugendzeit wurden Mittagspausen am Arbeitsplatz in meinen Zwanzigern zu meinem ganz persönlichen Spießrutenlauf. Denn durch Studienschulden und einen völlig überzogenen Dispokredit bedeutete mein festes Gehalt keineswegs das Ende der Armut. Wir mussten nach wie vor jeden Cent umdrehen und Extra-Ausgaben lange vor uns selbst und unserem Konto rechtfertigen. Dementsprechend hieß das eben auch: So selten wie möglich auswärts essen und für die Mittagspause vorkochen. Denn unterm Strich war schon vor zehn Jahren jeder Döner teurer, als einfach zwei Portionen Reispfanne extra zu kochen.

Jetzt war es allerdings auch vor zehn Jahren schon so, dass in hippen Digitalagenturen die gemeinsame Mittagspause bei einem Imbiss kollektiver Wahl zur sozialen Etikette unter

Kolleg*innen dazugehörte. Die wenigsten Leute im Büro brachten sich ihr Mittagessen mit, sondern spätestens um 11.30 Uhr wurde in Team-Chats und während kurzer Büro-Besuche abgefragt, worauf die Mehrheit am jeweiligen Tag denn Appetit hätte. Spätestens um 12.30 brachen dann eine oder mehrere Gruppen zur gemeinsamen Mittagspause auf und kamen oft erst eine bis eineinhalb Stunden später zurück. An meinem ersten Arbeitsplatz bin ich zwei- oder dreimal mitgegangen, am zweiten Arbeitsplatz schließlich nie. Denn die circa 5 bis 8 Euro, die ich bei diesen Gelegenheiten für eine Mahlzeit hätte ausgeben müssen, mussten zu Hause in der Regel für mindestens zwei oder drei Tage warmes Essen reichen. Also blieb ich im Büro.

Das Problem dabei war nicht das Essen. Es war vielmehr so, dass diese gemeinsamen Mittagessen im Kolleg*innenkreis nicht einfach nur dazu dienten, den Hunger zu stillen. Sondern es waren wichtige Gelegenheiten, Verbindungen und Bündnisse zu etablieren. Beim gemeinsamen Mittagessen auswärts wurde Büro-Tratsch ausgetauscht, es wurden geheime Absprachen getroffen, Allianzen zur Durchsetzung von Veränderungen geschlossen, und es wurde im Zweifel auch Lobbyarbeit für eine künftige Gehaltserhöhung gemacht. In jedem Fall wurden bei diesen Gelegenheiten Arbeitsfreundschaften geschlossen, von denen ich nie ganz Teil wurde.

Selbst in der eingeschworenen Kohorte von Trainees, mit denen ich damals gemeinsam in der letzten Agentur anfing, war ich immer irgendwie außen vor. Denn die wirklich interessanten Dinge, die es tatsächlich zu wissen galt, die wurden sich natürlich außerhalb des Büros erzählt. Gerade DANN, wenn man sich im Team Dinge erzählen wollte, von denen die Führungskräfte besser nicht wissen sollten, dass sie die Runde machten, verabredete man sich für die gemeinsame Mittagspause auswärts.

Am Ende sorgte der Umstand, dass ich nie zu diesen informellen Arbeitsessen mitgehen konnte, dafür, dass ich nie so richtig Teil des Teams wurde. Es gab durchaus Beziehungen, die Freundschaften ähnlich waren, weil ich mit einzelnen Kolleginnen auch außerhalb der Arbeitszeiten Zeit verbrachte. Aber ein Zugehörigkeitsgefühl zum Team an sich stellte sich – genauso wenig wie vorher in Schule oder Uni auch – nie ein. Das war nicht nur ein doofes Gefühl, es wurde mir auch zum Nachteil ausgelegt. In Personalgesprächen war immer wieder Thema, dass ich im Arbeitskontext immer super hilfsbereit und engagiert sei, aber man sich schon ein bisschen mehr Offenheit meinen Kolleg*innen gegenüber wünschen würde. Darüber, dass ich aufgrund der Organisationsstruktur sogar weniger verdiente als die anderen Trainees und was das eine eventuell mit dem anderen zu tun haben könnte, wollte allerdings niemand aus der Führungsebene mit mir reden.

## Konsumkapazitäten bestimmen, ob wir teilhaben

Selbst in unseren zwischenmenschlichen Beziehungen läuft es scheinbar am Ende des Tages immer wieder darauf hinaus, wie viel ökonomisches Kapital wir mitbringen. Geld zu haben und dieses ausgeben zu können entscheidet maßgeblich darüber, ob wir kollektive Erfahrungen teilen können, ob wir an Gemeinschaft teilhaben können oder ob wir schlussendlich doch irgendwie außen vor bleiben. Wie sehr die Möglichkeit zum Konsum im Mittelpunkt von kollektiven Erinnerungen und dem Gefühl von Gemeinschaft stehen kann, zeigt sich allein an den oft beschworenen Freibad-Pommes: Wer auch immer einen atmosphärisch-melancholischen Coming-of-Age- oder Rückkehr-in-die-Provinz-Roman schreibt, geht sicher, dass dieser Roman auch mindestens eine Hand voll Male von den Pommes im Freibad erzählt. Es geht dabei immer um unbeschwerte Sommer, das Gefühl der Freiheit und die sagenumwobenen Pommes, die nirgendwo so gut schmecken wie eben im heimischen Freibad. Ich persönlich habe zu Freibad-Pommes keine besonders positiven Gefühle, denn meistens konnte ich mir als Kind und Teenie nicht einmal den Eintritt ins Freibad leisten. Als Freibad und Pommes dann irgendwann finanziell drin waren, haben Bodyshaming und Zukunftsängste erfolgreich dafür gesorgt, dass ich mich von Pommes weit ferngehalten habe. Obwohl ich mit Abstand nicht die Einzige bin, die an Freibad-Pommes keine wahnsinnig gute Erinnerung hegt, müssen sie immer wieder als melancholisches Motiv kollektiver Rückschau auf vermeintlich einfachere Zeiten herhalten.

Es ist ein Symptom unserer individualistisch-kapitalistischen Gesellschaft, dass Konsum immer im Mittelpunkt gemeinschaftlichen Erlebens steht. So, wie sich die Serienhandlung einer beliebten Sitcom aus den 2010ern vorrangig in einer Bar zugetragen hat und wir auch in zahlreichen Hollywoodfilmen sehen, dass sich Freundeskreise zum Spaßhaben am liebsten außer Haus treffen, verlagert sich auch das in Realität stattfindende soziale Leben zunehmend in Räume, die mit einer Konsumhürde einhergehen. Mittags trifft man sich zum Lunch, nach Feierabend geht's auf Drinks, und am Wochenende verabredet man sich wahlweise zum Brunch, auf einen Cappuccino oder ein Bier. In immer mehr Freundeskreisen finden diese Zusammenkünfte aber eben nicht in den heimischen vier Wänden statt, sondern in wechselnden Lokalitäten.

Dabei scheint vor allem Gelegenheit Liebe zu machen: Zu meinen Hamburger Zeiten wurde sich häufig in Bars und Restaurants getroffen, weil es für alle so viel einfacher war, sich an einem zentralen Ort auswärts zu treffen, als 20 Minuten quer durch die Stadt zu fahren – obwohl die U- und S-Bahnen mindestens im Zehn-Minuten-Takt fuhren. Jetzt, zurück in der Kleinstadt, treffen wir uns viel häufiger bei uns oder Freund*innen zu Hause, obwohl das bedeutet, dass die zu Besuch Kommenden im Dunkeln mit dem Fahrrad heimfahren müssen. Neben der Tatsache, dass wir alle nicht mit dem goldenen Löffel im Mund geboren wurden, spielt auch eine Rolle, dass es in unserer Kleinstadt nicht so unzählige Möglichkeiten gibt, preiswert etwas trinken zu gehen.

Schwierig wird diese Entwicklung dann, wenn Freundeskreise sozioökonomisch sehr durchmischt sind, also aus Menschen mit ganz unterschiedlichen finanziellen Voraussetzungen bestehen. Man lernt seine Freundinnen und Freunde nicht immer nur auf der Arbeit kennen, sondern auch beispielsweise im Fitnessstudio oder beim Babykurs oder auf der Spazierrunde mit dem Hund. So kann es also passieren, dass jemand völlig harmlos den Vorschlag macht, sich doch demnächst mal auf eine Pizza in der Lifestyle-Pizzeria zu treffen. Einfach, weil es zum persönlichen Lebensstil unproblematisch dazugehört. Jetzt sagt der Volksmund in Deutschland aber: Über Geld spricht man nicht. Wir haben kulturell bedingt sehr hohe Hürden, die ehrliche Gespräche darüber, wie wir finanziell überhaupt so dastehen, unnötig erschweren. Es ist im Zweifel gar nicht so einfach, den Vorschlag auf ein gemeinsames Abendessen in der Pizzeria ohne Weiteres abzulehnen. Jedenfalls nicht, ohne sich unter Umständen in eine unangenehme, mit sehr viel

Scham belastete Situation zu bringen. Will man nur zu zweit los, lässt sich das Problem noch einfach aus der Welt schaffen – mein Gegenüber als Gegenvorschlag auf ein Glas Wein zu mir einzuladen ergibt sich aus der Dynamik zwischen nur zwei Leuten schneller. Versucht man sich allerdings in einer Gruppe zu verabreden, wird der Restaurantbesuch meist unausweichlich. Denn je mehr Leute direkt ihre Zustimmung signalisieren, desto schwieriger ist es, sich der Gruppendynamik zu entziehen. Man läuft im Zweifel Gefahr, als Spielverderberin zu gelten. Nicht zuletzt spielt sozialer Status in Gruppendynamiken ja auch immer eine Rolle. Wenn ich das Gefühl habe, dass sich alle anderen einen Abend auswärts ohne Probleme leisten können, ist die Scham, zuzugeben, dass ich das nicht kann, umso größer. Also spiele ich im Zweifel lieber mit und versuche mir so wenig meines Unbehagens anmerken zu lassen wie möglich.

## Gruppendynamiken, die das Budget sprengen

Leider sind solche Abende im Restaurant oder der Kneipe dann auch irgendwie ein einziger Spießrutenlauf. Denn als Armutsbetroffene schaust du nicht einfach in die Karte und bestellst, wonach dir der Sinn steht. Nein, noch bevor du die Lokalität betrittst, hast du ein festgelegtes Budget im Kopf bzw. im Portemonnaie, das für den Abend reichen muss. Im besten Fall ist das eh dein Taschengeld, also das Geld, das für diesen Monat für Extraausgaben eingeplant ist. Im schlimmsten Fall ist es Geld, für das du am Ende des Monats auf einen Teil des Wocheneinkaufs oder die Busfahrkarte verzichten musst. Das bedeutet auch: Beim Blick in die Karte gilt es, die möglichst preiswerte Kombination aus Gericht und Getränk ausfindig zu machen. Dabei muss mindestens das Getränk möglichst lange reichen, weil ein zweites Getränk in der Regel schon zu teuer ist. Für mich ist bis heute der Moment des Bestellens immer mit großer Anspannung verbunden. Denn so banal es auch klingen mag, habe ich jedes Mal wieder Angst, dass alle anderen Vorspeisen bestellen, nur ich nicht. Für mich waren Restaurantbesuche so lange außerhalb meiner Lebensrealität, dass ich mir über die entsprechende Etikette bis heute unsicher bin. Bespricht man das vorher, ob man eine Vorspeise bestellt? Ist es unter reichen Menschen völlig selbstverständlich, eine Vorspeise zu bestellen? Fällt man unangenehm auf, wenn man als Einzige keine Vorspeise bestellt? Tatsächlich kommt es bei Durchschnittsverbraucher*innen wohl eher selten vor, dass jede Person eine eigene Vorspeise bestellt, so jedenfalls meine laienhafte Feldforschung dazu. Die Praxis, die da viel üblicher ist, ließ mich jahrelang aber genauso schwitzen: das gemeinsame Bestellen einer Vorspeise zum Teilen. Auf den ersten Blick sollte das eigentlich weniger Grund zur Sorge sein. Immerhin ist es mehr Essen für alle, und gleichzeitig bezahlen alle nur einen Bruchteil. Doch bei Letzterem entsteht im Zweifel schon das Problem. Denn für mich war das lange, lange eine große Unsicherheit. Zum einen ist das ja Geld, das ich von Anfang an überhaupt gar nicht ausgegeben hätte. Zum anderen wollte ich natürlich nicht kleinlich wirken, aber am Ende nicht aus Versehen allein auf dem Preis der Mozzarella-Sticks oder des Knoblauchbrots sitzen bleiben. Ich habe mir also zu mehr als einer Gelegenheit den ganzen Abend den Kopf darüber zerbrochen, wann es denn wohl geschickt ist, den Anteil für jede Person auszurechnen, während alle anderen gelacht, gescherzt und unbeschwert an ihrem Wein genippt haben. Oft habe ich mich in solchen Situationen auch unfassbar in die Ecke gedrängt gefühlt, weil mir die sozialen Gepflogenheiten von Restaurantbesuchen einfach nicht geläufig waren. Entsprechend wusste ich einfach auch nicht: Ist es okay, zu sagen, dass man gar nichts von der Vorspeise will, und entsprechend auch keinen Anteil der Kosten dafür zu übernehmen? Oder muss man sich dann trotzdem finanziell beteiligen, obwohl man von den Mozzarella-Sticks oder dem Kräuterbaguette überhaupt nichts gegessen hat?

Die meisten Menschen in meinem heutigen Umfeld haben im Elternhaus gelernt, wie man sich in Restaurants verhält. Ihnen wurde beispielsweise beigebracht, dass man die verschiedenen Bestecksorten mit jedem Gang von außen nach innen benutzt. Sie konnten sich abschauen, in welcher Art von Restaurant und Gesellschaft man tatsächlich eine individuelle Vorspeise bestellt. Sie haben, ohne es zu merken, verinnerlicht, wie sich das mit dem Teilen von Vorspeisen und Rechnungen verhält. Während ich über jede einzelne Schrittfolge nachdenken muss, tanzen Menschen aus der Mittel- und Oberschicht sicheren Fußes durch den Abend im Restaurant. All die sozialen Codes, die ich bis heute nur spreche wie eine wenig angewandte Fremdsprache, beherrschen sie fließend.

Dieses kulturelle Kapital und diese sozialen Codes stehen aber natürlich auch immer in Verbindung mit ökonomischem Kapital. Bedeutet, sie werden auch davon bestimmt, wie viel Geld die entsprechende Klasse hat, für die diese Codes gelten. So auch die unausgesprochene Vereinbarung, dass man sich die Getränke in Runden gegenseitig ausgibt, wenn man als Gruppe in einer Kneipe oder Bar unterwegs ist. Eine weitere Situation, in der ich bis heute ins Schwitzen gerate, obwohl das Geld wirklich keine große Sorge mehr ist. Einfach, weil der Panikreflex aus meiner Armutsvergangenheit nach wie vor einsetzt, sobald jemand beim Bierholen sagt: „Ich nehm die erste Runde!" Die Rechnung hinter dieser unausgesprochenen Vereinbarung ist an sich relativ einfach: Wenn in einer Gruppe von vier Personen jede Person reihum eine Runde Getränke für alle bezahlt, gibt jeder in der Gruppe das gleiche Geld aus, wie wenn jeder seine Getränke selbst bezahlt und man viermal hintereinander Getränke ordert. Solange alle in etwa die gleichen finanziellen Möglichkeiten für den Abend haben, ist das durchaus eine akzeptable Vorgehensweise. Aber für Menschen mit geringem Einkommen bzw. Armutsbetroffene geht die Rechnung eben nicht auf. Weil wir in solch einer Runde nämlich nicht vier Getränke bestellen würden – sondern maximal zwei. Entsprechend gleichen solche „Es übernimmt reihum je einer die Getränke für alle"-Runden immer dem finanziellen Supergau. Denn beim zweiten Bestellvorgang können wir vielleicht auf das noch volle Glas verweisen und aussetzen. Aber spätestens in der dritten, vierten oder fünften Runde gibt es aus der Dynamik kein Entkommen. Und weil dann in der Regel die meisten aus der Runde schon einmal bestellt hatten, wird von uns erwartet, dass wir uns erkenntlich zeigen.

Ich weiß nicht, wie oft ich in der Vergangenheit nach solch einem Abend mit einem festen Knoten in der Brust von der Bahn heimgelaufen bin, weil ich nicht wusste, wie ich die unerwarteten Mehrausgaben von dem Abend über den restlichen Monat hinweg kompensieren sollte. Meinen Freund*innen gegenüber thematisiert habe ich das nie. Weil die Scham, dass mein Geld nur für mich und manchmal nicht mal dafür reichte, viel zu schwer wog. Weil ich krampfhaft dazugehören und nicht anecken wollte. Weil ich die Scham über meine Herkunft und die Angst vor der zweiten Monatshälfte nicht gewinnen lassen und Beziehungen nicht gefährden wollte. Weil ich nicht kleinlich wirken wollte. Dabei sorgt nicht zu wissen, wie viel das einzelne Bier eigentlich kostet, weil die ersten beiden Runden von Freund*innen bezahlt wurden, bis heute dafür, dass ich mich unsicher fühle. Die Angst davor, dass genau die 3,90 Euro Wechselgeld, die mir mein Kumpel beim letzten Mal feiern nicht wiedergegeben hatte, meinen finanziellen Ruin bedeuten könnten, bleibt. Aber ich schäme mich dafür, kleinlich zu wirken, wenn ich nach genau diesem Wechselgeld jetzt noch nachträglich frage. Dabei weiß ich heute, dass ich nicht kleinlich bin. Sondern dass mein Sicherheitsgefühl durch mein Armutstrauma einfach irreparabel geschädigt ist.

## Wenn die Gäste beschenkter nach Hause gehen als man selbst

Konsum als Bonding-Ritual zieht sich mittlerweile durch unser gesamtes Leben, gesellschaftliche Ereignisse werden immer kostenintensiver. Das fängt mit den Kindergeburtstagen in Kita und Schule schon an: Während es früher schon ein absolutes Highlight war, wenn das Geburtstagskind ein paar selbst gebackene Muffins mit in die Gruppe oder Klasse brachte, bringen unsere Kinder mittlerweile jedes Mal prall gefüllte Tütchen mit Süßigkeiten und kleinen Spielzeugen nach Hause. Doch nicht nur das: Auch die Kindergeburtstagsfeiern werden immer größer, bunter, teurer. Topfschlagen wurde durch prall gefüllte Piñatas ersetzt, die althergebrachte Schnitzeljagd von Trips in den Indoorspielplatz, zur Bowlingbahn oder ins Kino abgelöst. Der Tag endet in der Regel mit aufwendig gepackten Gastgeschenken, also weiteren Tütchen voll mit Süßkram und billigem Plastikspielzeug. Wie sagt meine Schwiegermutter immer so schön: „Ich versteh überhaupt nicht, warum die Gäste beschenkter nach Hause gehen als das Geburtstagskind." Recht hat sie. Auch mir ist das durchaus ein Rätsel.

Also, verstehen Sie mich nicht falsch: Ich verstehe, warum Eltern solche Dinge tun, wie Kindergeburtstage im Indoorspielplatz oder auf der Bowlingbahn zu feiern. Auch wir waren mit der Party unserer Tochter schon im Indoorspielplatz. Denn auch wenn Indoorspielplätze meiner bescheidenen Meinung nach der Vorhof zur Hölle sind, schont es erheblich meine Nerven, den Partynachmittag in eine Umgebung zu verlegen, in der die Kinder beschäftigt sind und ich mit Kaffee versorgt werde, ohne ihn selbst kochen zu müssen. Die Beweggründe hinter solchen Entscheidungen kann ich also durchaus nachvollziehen. Aber ich kann auch nicht anders, als die gesellschaftlichen Konsequenzen dahinter zu betrachten und mich zu fragen, was das für armutsbetroffene Kinder bedeutet. Denn solche Entscheidungen finden eben nicht im luftleeren Raum statt, sondern haben soziale Konsequenzen. Wenn immer mehr Kinder einer Klasse Mitbringsel-Tütchen für alle anderen Kinder dabeihaben, wenn immer mehr Kindergeburtstage in Kletterhallen oder Trampolinparks stattfinden, wenn immer mehr Feiern mit großen Gastgeschenken enden, dann wird diese Art zu feiern irgendwann der sozial anerkannte und damit auch vorausgesetzte Standard.

Wir sind hier wieder bei Bourdieu und der erlernten Kultur: Wenn eine bestimmte Art und Weise zu feiern durch stetige Wiederholung zum Standard erhoben wird, dann erhebt diese Gruppe diesen Standard irgendwann zum Gemeinschaft stiftenden Merkmal. Bedeutet: Wer nicht auf diese Art und Weise

Kindergeburtstag feiern kann, gehört nicht dazu. Dabei halten gerade Kinder dadurch, dass sie das soziale Miteinander von der Pike auf lernen, bestimmte Dinge sehr schnell für selbstverständlich. Im letzten Sommer kam meine Tochter etwa mit einer kleinen, circa 30 Zentimeter großen Schultüte heim, die vollgepackt war mit Süßigkeiten. Dabei stand ihre Einschulung noch gar nicht bevor! Stattdessen hatte sich ein Kind aus ihrer Gruppe, das nach den Ferien eingeschult wurde, mit einer solchen Schultüte für jedes Kind in der Gruppe vom Kindergarten verabschiedet. Zu Hause präsentierte mir meine Tochter das Mitbringsel stolz und fragte freudestrahlend: „Nächstes Jahr kann ich dann meiner Gruppe so was mitbringen, oder, Mama?" Tja nun. Letztes Jahr konnte ich meiner Tochter in Ruhe und kindgerecht erklären, dass das zwar eine nette Idee ist, aber eigentlich für ein Abschiedsgeschenk in meinen Augen ein bisschen zu viel. Drei oder vier Jahre zuvor hätte ich allein bei dem Gedanken daran, was das gekostet haben muss, Schnappatmung und Herzrasen bekommen.

## Kindergeburtstage sind Kostenfallen

Als mein älteres Kind 2019 in den Kindergarten wechselte und wir das erste Mal Tütchen für die gesamte Gruppe packten, brütete ich nämlich durchaus noch Abende lang über den Prospekten diverser Discounter und rechnete hin und her, wie wir uns Süßigkeiten für 25 Kinder überhaupt leisten können. Ich wollte mein Kind, das damals neu in der Gruppe war, nicht in die Situation bringen, von den anderen Kindern gehänselt oder ausgeschlossen zu werden. Also habe ich mein Bestes getan, um die Mitbringsel irgendwie in unser monatliches Budget zu quetschen. Denn durch die stetig fortgesetzte Tradition im

Kindergarten, dass die Geburtstagskinder „einen ausgeben", erwarten die Kinder zu den Geburtstagen ihrer Kamerad*innen eben auch genau das. Wenn ein Kind keine Mitbringsel anzubieten hat, sind für das Kind unangenehme Fragen noch die geringste Konsequenz. Es hat für die Kinder reale soziale Auswirkungen, wenn Eltern mit gutem Einkommen einen kulturellen Standard etablieren, der für Armutsbetroffene einfach nicht erreichbar ist. Am Ende leiden sie darunter, weil sie ausgegrenzt und stigmatisiert werden. Weil sie mit dem Gefühl der Scham und der Minderwertigkeit groß werden.

Aber leider sind es nicht nur die Kindergeburtstage, bei denen die Messlatte immer höher wird. Sondern es sind auch die Partys zur „Dirty Thirty", die immer extravaganter werden. Die Junggesellenabschiede, die immer ausgefallener und damit plötzliche Tausende von Euros teuer werden. Die Hochzeiten, bei denen allen Ernstes erwartet wird, dass Familien pro eingeladenem Mitglied zwischen 75 und 100 Euro ins Hochzeitsgeschenk stecken. Bei dieser Form von gewachsener Kultur lohnt es sich auch immer zu hinterfragen, woher die Idee für solche Mitbringsel und Highlights zu Kindergeburtstagen eigentlich kommt. Denn gerade, wenn es um die Ausgestaltung von Feiern oder Abschieden geht, kommen die wenigsten von uns von ganz allein auf die Idee, aufwendige Schultüten aus Tonkarton selbst zu basteln. Ganz häufig kommen solche Anregungen mittlerweile aus dem Internet. Momfluencerinnen füllen ganze Accounts mit Bastelanregungen für den perfekten Geburtstag, das kreative Gastgeschenk, die gelungene Kinderparty. Es rankt sich eine ganze Industrie darum, uns immer neue Anregungen zu präsentieren – und damit ja auch immer neue Kauf- und Konsumanreize.

Das ist nicht nur im Falle von Eltern und Kindergeburtstagen so. Auch für Erwachsenengeburtstage, Abschlussfeiern, Junggesellenabschiede oder Hochzeiten gibt es inzwischen diverse Inspirationen, die uns von Influencer*innen und Dienstleister*innen serviert werden und vermeintlich dabei helfen sollen, den perfekten Tag auszugestalten. Teilweise wirken die Postings und Reels dabei vermeintlich harmlos – es wird kein konkreter Kaufappell gesetzt, sondern wir werden vorgeblich einfach nur zu einem durch und durch gelungenen Tag einer sehr glücklichen Person mitgenommen. Und so manifestiert sich dann, dass immer mehr Menschen mehrere Hundert Euro in die Hand nehmen müssen, wenn sie zu einem Junggesellenabschied eingeladen werden. Wer diesen Standard hinterfragt, muss sich den Vorwurf gefallen lassen, ob die Braut oder der Bräutigam das Geld denn nicht wert seien. Dabei sind wir es selbst, die vergessen, dass all die Dinge, die wir da auf Social Media sehen, nicht einfach nur so entstehen oder verfügbar sind. Denn am Ende verkaufen uns Influencer*innen einen Lifestyle, der in erster Linie dafür da ist, dass diese Influencer*innen damit Geld verdienen. All diese Inspirationen für die perfekte Meerjungfrauen-Party, die Babyshower, den gelungenen Junggesellinnenabschied und die Traumhochzeit entstehen ja zuallererst deshalb, weil ein Mensch Geld damit verdient, eine Community bei der Stange zu halten. Je engagierter, begeisterter, inspirierter die Community ist, desto einfacher lassen sich ihr diverse Brand-Deals vorsetzen. Und mit jedem vorgesetzten Brand-Deal wird der Kaufimpuls gesetzt, weil die Community hofft, so auch nur einen Hauch des luxuriösen Lifestyles abzugreifen, den sie sich Tag für Tag anschauen.

Was die meisten dabei vergessen: Die Ideale, die uns da als Maßstab vorgesetzt werden, sind Ideale für Reiche. Die Leben, die besonders instagramable sind, werden von denen geführt, die auch das meiste Geld haben – und die anderen mit fast genauso viel Geld sind auch die eigentliche, weil kaufkräftige Zielgruppe. Für Durchschnittsverbraucher*innen oder sogar Armutsbetroffene sind diese Inspirationen überhaupt gar nicht gedacht. Weil wir aber alle nach dem bestmöglichen Leben streben und weil wir nach wie vor an die Mär des gesellschaftlichen Aufstiegs glauben, lassen wir uns influencen und versuchen das, was wir da sehen, zu adaptieren. Mit dem Ergebnis, dass sich eine Kultur des Konsums etabliert, bei der Einkommensschwache nicht mithalten können. Eine Kultur des Konsums, die viele Menschen schlussendlich ausgrenzt, weil sie nicht mehr teilhaben können.

Im Falle von Kita und Schule lässt sich dem durch armutssensibles Handeln aufseiten der Fachkräfte begegnen. Als Kita-Beiratsvorsitzende habe ich mich zum Beispiel dafür starkgemacht, die Mitbringsel-Tüten für die Kindergartengruppen zukünftig zu verbieten und durch etwas zu ersetzen, das weniger Vergleichsdruck erzeugt. Beispielsweise könnten die Kinder, die am Tag vorher eh in der Küche helfen, einen kleinen Kuchen für die Gruppe backen. Ebenso könnten die Eltern, die es sich leisten können, einfach immer mal wieder eine Kiste mit Obst und Gemüse mitbringen. Das hätte zusätzlich den Vorteil, dass an den Tagen, an denen ein Kind Geburtstag hat, der Kita-Hof nicht immer voller Bonbonpapier wäre.

Generell täte es uns allen gut, ein wenig achtsamer mit unserem Umfeld umzugehen. Denn selbst wenn wir unseren Freundeskreis für finanziell gut aufgestellt halten – wir wissen doch am Ende nur von den wenigsten, welche finanziellen Herausforderungen unser Umfeld gerade bewältigen muss. Gerade dann, wenn vermeintlich alle um mich herum das Geld für den Junggesellenabschied gern beisteuern, fällt es mir doch umso schwerer, „Nein" zu sagen, obwohl vielleicht gerade der TÜV fällig war und gleichzeitig die Nebenkostenabrechnung ins Haus geflattert ist. Gemeinsame Erlebnisse müssen nicht immer teuer sein, um wunderschöne Erinnerungen zu schaffen. Wir können auch enge Beziehungen zueinander eingehen, ohne jedes Mal das Portemonnaie weit öffnen zu müssen.

## Gesellschaft braucht konsumfreie Räume

Doch wie weit die Konsumkultur unser gesellschaftliches Miteinander bestimmt, zeigt auch unser direktes Lebensumfeld. Es gibt in Innenstädten und Quartieren kaum noch Orte, an denen Menschen einfach zusammenkommen können, ohne unter Konsumzwang zu geraten. Immer, wenn sich Politiker*innen, Wirtschaft und Medien über aussterbende Innenstädte und Fußgängerzonen beschweren, meinen sie vor allem, dass mal wieder irgendeine Filiale einer großen Einzelhandelskette geschlossen hat. Cafés, Kleiderläden, Dönerbuden – die in Stadtentwicklung angelegten Sozialräume sind in der Regel kapitalistischer Natur. Es fehlt an Orten, die ein gemütliches Beisammensein und zwischenmenschliche Begegnungen ermöglichen, ohne dass jemand dafür das Portemonnaie zücken muss. Denn Innenstädte und Quartiere, die vor allem aus Konsumgelegenheiten bestehen, halten armutsbetroffene Menschen fern. So kommt schlussendlich auch kein klassen- und milieuübergreifender Dialog zustande. Einkommensklassen wie Kulturkreise bleiben in kleinen, eng abgegrenzten Filterblasen unter sich.

Dann ist es auch kein Wunder, dass wir all der Informations-
flut im Internet zum Trotz kaum Vorstellungen von anderen
Lebensrealitäten haben. Wir bräuchten in unserem direkten Lebensumfeld mehr
Räume, die vor allem die Gemeinschaft zum Ziel haben statt
einen finanziellen Umsatz. Gleichzeitig kürzen Kommunen und
Städte aber die Gelder für Gemeinwesenarbeit und soziale Pro-
jekte, die genau diese Räume schaffen könnten, immer weiter
zusammen. Stadtteilzentren bangen von einer Förderperiode
zur nächsten. Selbst öffentliche Bibliotheken – die letzte Bas-
tion konsumfreien Zusammentreffens – fallen immer häufiger
dem öffentlichen Spar- und Rentabilitätszwang zum Opfer. Am
Ende führt das alles vor allem zu einem: der Vereinsamung von
Armutsbetroffenen.

## Arme Mütter sind anders einsam

Besonders gespürt, wie einsam Armut machen kann, habe ich,
als ich Mutter wurde. In ihrem Buch „Alle_Zeit" schreibt Teresa Bücker, dass Eltern in ihrer Elternzeit Einsamkeit noch
einmal besonders erfahren, weil unser gesamtes Leben so derart auf die Erwerbsarbeit ausgerichtet sei. Sie schreibt: „Wer
nicht zufällig Freund_innen hat, die zeitgleich ein Baby bekommen, hat plötzlich viel weniger Kontakt zu anderen Erwachsenen."[37] Ich kann das absolut bestätigen und würde er-
gänzen: Wer nicht zufällig Freund*innen hat, die zeitgleich in
Elternzeit sind, und auch nicht die finanziellen Möglichkeiten,
sich Menschen in der gleichen Lebenssituation anzuschließen,
vereinsamt auf eine zusätzliche Art und Weise.

Denn tatsächlich haben diverse Anbieter aus der Not
eine Tugend gemacht. Selbst in noch so kleinen Städten und

Gemeinden häufen sich die Angebote an Babykursen, die frischgebackene Eltern, meist Mütter, besuchen können. Nach dem Rückbildungskurs, der von der Krankenkasse bezahlt wird, gibt es die Möglichkeit, zum PeKiP zu gehen, zur Babymassage, zum Babyschwimmen, zum Fit-mit-Baby-Kurs, zum Beikost-Frühstück – der Markt der Möglichkeiten ist da schier unerschöpflich. Doch all diese Kurse haben eine Sache gemein: Egal, ob sie von Hebammen, Trägern der Wohlfahrt oder gewerblichen Anbietern veranstaltet werden, diese Kurse kosten alle Geld. Die Teilnahmegebühren variieren je nach Region stark, aber schnell kommen zwischen 10 und 15 Euro pro Teilnahme oder bis zu 40 Euro im Monat zusammen. Nur dafür, dass ich als junge Mutter unter andere junge Mütter komme und in meinen eigenen vier Wänden nicht völlig eingehe.

Denn gerade das erste Babyjahr ist auch einfach arm an Kontaktmöglichkeiten. Die vermeintliche Kennenlernbörse Kita steht erst mit dem Beginn des zweiten Lebensjahres zur Verfügung – wenn man denn für das Kind überhaupt einen Betreuungsplatz bekommt. Auch die viel beschworenen Spielplätze, auf denen man angeblich so einfach mit anderen Eltern ins Gespräch kommt, werden frühestens mit dem zweiten, dritten oder vierten Geburtstag des Kindes so richtig interessant. Vorher ist man als Mutter mit Baby allein auf weiter Flur, wenn man sich nicht diesen zahlreichen Babykursen anschließen kann.

Ich war bei nicht einem dieser Babykurse, weil wir uns die Teilnahme nicht leisten konnten. Mir fehlten die monetären und zeitlichen Ressourcen. Denn entweder war ich damit beschäftigt, so viel Geld wie möglich über Honoraraufträge zu verdienen, während das Baby schlief – oder ich musste einsehen, dass 40 Euro für das Babyschwimmen auch einfach unseren finanziellen Horizont sprengten. Dabei wurde die Einsamkeit sogar noch schlimmer, als ich die zweite Hälfte des ersten Lebensjahres unseres Sohnes wieder in unserer kleinen Heimatstadt verbrachte. In Vororten und Kleinstädten funktionieren Spielplätze als Kennenlernbörse nicht, weil fast jede Familie sich in ihren eigenen Garten zurückzieht, der uneinsehbar hinter dem Einfamilienhaus oder der Lebensbaumhecke liegt. Wir stellen das bis heute fest: Stellenweise kennen sich nicht einmal die Kinder in der eigenen Nachbarschaft, wenn sie nicht in dieselbe Kita-Gruppe oder Schulklasse gehen.

Ich stelle hiermit die These auf, dass es für armutsbetroffene und einkommensschwache Familien auf dem Land beziehungsweise in Kleinstädten teilweise umso schwerer sein kann, Anschluss zu anderen Eltern zu finden. Eben weil es im ländlichen Raum so viel verbreiteter ist, dass jede Familie, die es sich leisten kann, ein Einfamilienhaus besitzt. Dieses Einfamilienhaus hat dann auch einen eigenen Garten, und in diesem Garten stehen eigene Klettergerüste, Schaukeln und Sandkästen. Wohingegen sich Familien in den Städten potenziell noch viel eher begegnen können, weil das Leben in Wohnungen verbreiteter und der Spielplatz ein gemeinsamer Sozialraum ist. Wobei es auch hier wohl eher so ist, dass dieser Sozialraum nur bedingt durchmischt ist, weil die Viertel, in denen wohlhabende Familien wohnen, meist andere Viertel sind als die, in denen einkommensschwache Familien leben.

Gerade während dieses so anstrengenden und kritischen ersten Babyjahres vereinsamen Mütter, die nicht die finanziellen Mittel für Babykurse haben, in fast allen Regionen Deutschlands. Aber unsere Gesellschaft hat diesem Phänomen kaum etwas anderes entgegenzusetzen als Bezahlangebote, weil es an kostenlosen, nur der Gemeinschaft dienenden Räumen generell fehlt. Dabei wissen wir mittlerweile aus Studien und aus den Berichten von Hebammen, dass das Risiko für Wochenbettdepressionen und Erschöpfungssyndrome junger Mütter umso höher ist, je weniger Unterstützung und Gemeinschaft sie erleben.[38] Das Risiko einer psychischen Erkrankung summiert sich für armutsbetroffene Frauen also besonders auf.

Deshalb sollte es uns doch allein für die Gesundheit dieser Frauen und für den optimalen Start ins Leben dieser Kinder ein Anliegen sein, der Einsamkeit junger Mütter etwas entgegenzusetzen. Angebote der Community Care zu schaffen, die unabhängig vom Einkommen und so niedrigschwellig erreichbar sind, dass sie Müttern aus allen Einkommensschichten offenstehen. Das würde nicht nur den Müttern beziehungsweise Eltern helfen. Es käme doch auch den Kindern zugute, die mit einem sozialen Netzwerk, mit etablierten Beziehungen groß werden würden. Dann würde sich vielleicht die soziale Segregation durch die hohen Kosten von Teilhabe in der Freizeit weniger stark bemerkbar machen, wenn die Kinder alt genug für eigene Freizeitbeschäftigungen sind.

## KEIN GELD, KEINE HOBBYS

Immer, wenn es in einem Gespräch darum geht, was wir als Kinder gern gemacht haben, erzähle ich sehr stolz von dem Sommer, in dem ich einmal in der Woche in die Bibliothek gefahren bin, sechs Bücher mitgenommen und in der nächsten Woche sechs gelesene Bücher wieder zurückgebracht habe. Heute merke ich, wie traurig diese Anekdote im Kern eigentlich ist. Denn das, was diese Erinnerung überschreibt, ist die Tatsache, dass mein Leben einfach sehr eng und mein Alltagsradius unfassbar klein war. Ich hatte keine Hobbys außerhalb unserer vier Wände – und die meiste Zeit auch keine Freund*innen, mit denen ich meine Zeit hätte verbringen können.

Weil ich das Gymnasium besuchte, kannte ich den Markt der Möglichkeiten durchaus. Ich wusste von Mädchen, die Fußball spielten oder diverse Instrumente. Ich wusste natürlich auch vom Reitunterricht, den andere Kinder bekamen, vom Schützenverein und auch vom Tanzen. Denn bei uns auf dem Dorf gehörte es natürlich auch dazu, dass alle Teenager nach ihrer Konfirmation einen Tanzkurs machten. Inklusive Abtanzball, auf dem sich dann die gutbürgerlichen Teenies der gesamten Jahrgangsstufe in wunderschönen Abendkleidern und Anzügen gegenseitig feierten, ohne ihr eigenes Privileg zu realisieren. Für mich hingegen gab es nur meine Bücher und nichts weiter. Dabei ist mir heute klar, dass das immerhin ein riesiges Bildungsprivileg war. Der Alltagsradius vieler armutsbetroffener Kinder reicht nicht einmal bis zur Bibliothek.

Schon bei Kindern fangen die Teilhabehürden mit dem klammen Geldbeutel der Eltern an. Denn Hobbys kosten Geld. Selbst für niedrigschwelligen Mannschaftssport braucht es Sportschuhe und Sportkleidung, und der Vereinsbeitrag muss auch noch bezahlt werden. In dem Verein, in dem mein Sohn aktiv ist, kostet das Eltern-Kind-Turnen für die Vorschulkinder 14 Euro im Monat. Für den Aufwand des Vereins und auch für mittelständische Familien, die dort vorrangig engagiert sind, sind 14 Euro durchaus ein Betrag, den man rechtfertigen kann. Aber für armutsbetroffene Familien ist das sehr viel Geld – von dem dann auch nur der Vereinsbeitrag bezahlt ist. Die zum Turnen angemessene Kleidung und auch

Sportschuhe oder Schläppchen muss man zusätzlich kaufen. Kosten, die gerade bei kleinen Kindern nicht nur einmalig, sondern regelmäßig anfallen. Denn Kinderfüße wachsen schnell. Je nach Wachstumsgeschwindigkeit braucht man mindestens zwei bis drei Mal im Jahr eine neue Ausstattung. Da, wo finanziell abgesicherte Familien schon ächzen, ist das für Armutsbetroffene kaum zu stemmen.

Entsprechend ist das Publikum, das wir bei diesem Eltern-Kind-Turnen getroffen haben, jede Woche das gleiche: mittelständische Familien aus dem Bildungsbürgertum, die wahlweise mit Babboe-Lastenrädern oder in kleinen SUVs vorfahren. Oft kennt man sich vom Gymnasium, aus anderen Vereinen oder aus dem Büro. Wen wir bei solchen Angeboten selten antreffen: Arbeiter*innenfamilien mit geringem Einkommen und Armutsbetroffene. Denn entweder müssen die Eltern selbst noch arbeiten und können das Angebot zeitlich nicht wahrnehmen. Oder sie können die Kosten schlicht und ergreifend nicht aufbringen.

Es ist dabei nicht unproblematisch, dass Vereine durch die finanziellen Hürden so homogen sind. Denn selbst wenn Armutsbetroffene versuchen, das Geld in die Freizeitbeschäftigungen ihrer Kinder zu investieren, führen die sozialen Unterschiede dazu, dass die Kinder es umso schwerer haben, in die Gruppe hineinzukommen. Bei solchen Veranstaltungen kennen sich ja nicht nur die Eltern schon untereinander, sondern die Kinder eben auch. Es wird auf unterschiedlichen Ebenen schwierig, Teil des Angebots zu werden: zum einen, weil das Kind sowieso noch niemanden kennt, zum anderen, weil bereits miteinander bekannte Kinder sich auch eher aneinander orientieren – und wenn man dann auch noch optisch auffällt, weil man die günstigen Motivshirts von KiK trägt statt die oft einheitlich einfarbige „Uniform" des Bildungsbürgertums, begegnet einem die schon bestehende Gruppe erst einmal mit Skepsis.

Dabei könnten gerade Sportvereine Sozialräume sein, in denen prekär lebende Kinder Beziehungen eingehen und festigen können, die sie stabilisieren, wenn das häusliche oder schulische Umfeld als wenig sicher erlebt wird.

Als ich 13 war, wurde ich Teil einer Mixed Volleyballmannschaft, die im Hobbybetrieb spielte. Das Team war im wahrsten Sinne des Wortes durchmischt – Männer und Frauen gehörten dazu, aber auch alle Altersklassen zwischen 13 und 56 Jahren. Die Stimmung war familiär, der Spaß an Bewegung stand im Vordergrund. Es war eine der Phasen, in der meine Eltern Arbeit hatten, sodass auch der Vereinsbeitrag sowie das Geld für die Knieschoner finanziell offenbar darstellbar waren. Der Zauber hielt leider nicht lange an – etwas über ein Jahr, bevor wir wieder umzogen. Aber in dieser Zeit bot mir diese Volleyballmannschaft das, was ich vorher in meinem Leben vermisst hatte: das Gefühl, irgendwo dazuzugehören. Es war völlig egal, aus welcher Familie ich kam, ob ich Taschengeld zum Shoppen hatte oder mir die angesagte CD leisten konnte. In den zwei Stunden, die wir freitagabends in der Halle verbrachten, zählte nur, dass ich regelmäßig am Training teilnahm und mich gut mit allen verstand. Aber meine Teilnahme war auch mit sehr viel Logistik verbunden: Weil ich das älteste Kind war und wir weit draußen auf dem Dorf wohnten, stand gar nicht erst zur Debatte, dass meine Eltern mich hin und her fuhren. Also war ich darauf angewiesen, dass Teammitglieder bzw. ihre Eltern mich abholten oder an einem bestimmten Punkt einsammelten und auch wieder nach Hause fuhren.

Hier macht sich der fehlende ÖPNV bemerkbar, über den immer wieder diskutiert wird: Ab einem gewissen Alter könnten junge Menschen viel selbstständiger mobil sein und zumindest einen Teil der Teilhabe-Hürden überwinden, wenn es denn einen Bus gäbe, der zuverlässig fährt und bezahlbar wäre. Andernfalls bleibt nur die Solidarität der Menschen im Umfeld armutsbetroffener Personen, um diese Lücken zu überwinden. Eine Solidarität, die unter Eltern nachzulassen scheint, wenn wir uns im Umfeld unserer Kinder umgucken und feststellen, wie oft wir eigentlich diejenigen sind, die andere Kinder mitnehmen, aber immer ewig suchen müssen, bis einmal jemand nach Turnieren oder dergleichen unser Kind mitbringt.

Diese Volleyballmannschaft war das erste und letzte Mal, dass ich einem Hobby in organisierter Form nachging. Als ich Pflegekind wurde, äußerte ich zwar den Wunsch, weiter Volleyball zu spielen, aber die Volleyball-Szene in meiner heutigen Heimatstadt war damals dermaßen elitär, dass meine Pflegeeltern diese Option verwarfen, ohne sie auszuprobieren. Der Konsens war klar: Als Pflegekind passe ich da sowieso nicht hinein. Denn Pflegekind zu sein ist in unserer Gesellschaft untrennbar mit dem Stempel „Unterschicht" verbunden. Und „Unterschichtskinder" spielen kein Volleyball. Das entschieden jedenfalls meine Pflegeeltern.

Es ist nur ein weiteres von vielen kleinen Beispielen, die zeigen: Egal, wie oft jemand die magische Anerkennungsbereitschaft der Leistungsgesellschaft beschwört, am Ende ist es egal, was du kannst, wenn du die falsche Herkunft hast. Denn ich konnte Volleyball spielen. Es war tatsächlich die eine Sportart, in der ich richtig, richtig gut war, weil ich schnelle Reflexe und ein gutes Auge habe. Aber aufgrund meiner Herkunft wurde für mich entschieden, diese Tür für mich zu verschließen. Stattdessen schleppte man mich zum Handball, weil sowieso schon mehrere Kinder der Pflegefamilie diese Sportart ausübten. Und hier merkt man wieder, dass Teilhabe eben auch den Faktor der Selbstbestimmung beinhalten muss. Denn ich hatte zwar die Möglichkeit bekommen, am Handballtraining teilzunehmen, und weil ich „die Pflegeschwester von" war, wäre ich bestimmt über die Zeit hinweg auch in das soziale Gefüge hineingewachsen – aber ich wollte ja nun gar kein Handball spielen. Ich wollte Volleyball spielen. Armutsbetroffenen und Unterschichtsangehörigen Teilhabemöglichkeiten aufzudrücken, die für alle anderen bequem sind, aber von den Betroffenen gar nicht gewünscht sind, ist am Ende eben doch keine Teilhabe mehr.

Es kommt nicht von ungefähr, dass wir bei Fußball von „Breitensport" sprechen, denn es ist Sport, der allen Klassen zugänglich ist und Fans über alle Einkommensschichten hinweg hat. Wobei ich als Mutter eines Fußballkindes eben auch sagen kann: Es braucht durchaus Geld für Stollenschuhe und Sportkleidung, für Schienbeinschoner und Stutzen. Denn zumindest hier im ländlichen Raum hält kein Verein ausreichend Ausstattung für alle Kinder bereit. Als wir neulich den Übergang von der Hallen- in die Freiluftsaison verschlafen haben und das Kind entsprechend keine passenden Stollenschuhe mehr hatte, gab es keinen Fundus an Schuhen, aus dem das Kind sich welche hätte leihen können. Den meisten Vereinen fehlt für solch einen Fundus oft das Geld – und offensichtlich die Notwendigkeit. In unserem Verein sind eben auch mehrheitlich Familien organisiert, für die das Bereitstellen der Ausstattung kein Problem darstellt. Deshalb wurde auch unser Angebot, die durchaus noch gut erhaltenen, aber zu kleinen Stollenschuhe unseres Sohnes für einen Vereins-Fundus zu spenden, abgelehnt. Es gäbe dafür keinen Bedarf. Als Mutter, die vor wenigen Jahren bei den durchschnittlich 30 bis 40 Euro, die solch ein Paar Stollenschuhe kosten können, sehr doll geschluckt hätte, kann ich mir den fehlenden Bedarf nur auf eine Weise erklären: Die Familien, die sich neue Stollenschuhe in Gr. 34 nicht leisten können, werden gar nicht erst Teil des Vereins.

In der konkreten Ausgestaltung als Freizeitgestaltung ist wohl also selbst Fußball eben kein Breitensport mehr. Dabei wäre sozialer Ausgleich hier so einfach: Aus Sportschuhen, T-Shirts und kurzen Hosen wachsen Kinder erfahrungsgemäß regelmäßig raus. Es gibt also genug Spendenmaterial, aus dem die Vereine einen Fundus aufbauen könnten, um Kindern aus finanziell schlecht gestellten Haushalten die Teilnahme zu ermöglichen. Gerade in Zeiten, in denen immer mehr Vereine beklagen, nicht mehr genug Freiwillige zu finden, könnte das ein Hebel sein, um Menschen zu erreichen, die sonst verloren gehen – und auf den Sportplätzen und in den Hallen der Nation ja offenbar auch fehlen. Es mangelt hier nicht an den Möglichkeiten – offenbar nur an dem Willen, diese Möglichkeiten zu nutzen.

## Kulturförderung als Subvention für Wohlhabende

Dabei werden Hobbys umso teurer, je spezieller sie werden. Unterricht an der Musikschule ist, getreu der Klassifizierung als höhere Kultur, für Menschen mit geringem Einkommen oft gar nicht leistbar. Was insofern ironisch ist, dass gerade Musikschulen zu den am stärksten kulturgeförderten Einrichtungen gehören. Hunderttausende Euro an Steuergeldern fließen jedes Jahr in Musikschulen, um deren Existenz abzusichern. Aber einkommensschwache Menschen profitieren nicht davon, weil es keine oder kaum Angebote gibt, die nichts oder nur sehr wenig kosten. Selbst wenn man davon ausgeht, dass die Fachkräfte an den Musikschulen externe Honorarkräfte sind, lassen sich die hohen Kosten für Musikschulen nicht einmal darüber rechtfertigen, dass es Leihinstrumente gäbe. Nein, Zugang zur Musikschule haben nur die Kinder der Familien, die sich den Unterricht UND die Anschaffung des entsprechenden Musikinstruments leisten können. All diese Steuergelder und Förderungen privater und gemeinnütziger Geldgeber, die jährlich in unsere Musikschulen fließen, sind also vor allem eins: Subventionen für die Hobbys wohlhabender Menschen.

Damit will ich nicht fordern, dass wir diese Subventionen abschaffen. Ich halte den Erhalt von Musikschulen für genauso wichtig wie zum Beispiel die Förderung von Museen und Bibliotheken. Nur, damit mich niemand falsch versteht. Meine Forderung ist vielmehr die: Diese Förderungen und Subventionen sollten an die Bedingung des sozialen Ausgleichs geknüpft sein. Für jedes Kind, für jeden Erwachsenen, die sich Musikinstrument und Musikunterricht leisten können, sollte je einem Kind und Erwachsenen die kostenlose Teilnahme am Musikunterricht ermöglicht werden – inklusive Leihinstrument. So könnte ein sozial gerechter Vorschlag aussehen, der es Armutsbetroffenen zudem ermöglicht, für sich auszuprobieren, was ihnen eigentlich Freude macht.

Aber Vereine, die nicht einmal einen Ausstattungsfundus vorhalten, wenn Eltern diesen durch Spenden unterstützen, und hohe Zugangshürden zu Musikschulen knallen Kindern, die ihre Freizeit ausgestalten wollen, die Tür vor der Nase zu.

Diese Kinder haben dann nur zwei Möglichkeiten: vereinsamen oder sich mit anderen Kindern ihrer Herkunft zusammentun und im öffentlichen Raum herumhängen. Was dann aber den meisten gutbürgerlichen Personen wieder nicht recht ist. Dann wird über Jugendliche geschimpft, die vermeintlich auf Spielplätzen oder in Fußgängerzonen „herumlungern". Sie werden als Störfaktor betrachtet, von Anwohnenden vertrieben, und sogar die Polizei hetzt man ihnen auf den Hals. Umso häufiger übrigens, wenn es sich um Jugendliche of Color beziehungsweise mit vermeintlich migrantischem Hintergrund handelt. Klassismus und Rassismus geben sich hier oft die Hand und führen dazu, dass diese jungen Menschen lernen: Ich darf keinen Raum einnehmen. Man will sie im öffentlichen Raum nicht haben, sie sollen unsichtbar sein und sich im besten Fall nützlich machen. Aber die Mittel, damit sie gleichberechtigt kulturell und gesellschaftlich teilhaben können, die will ihnen keiner bereitstellen.

Ich höre an dieser Stelle förmlich den Protest: Es gibt doch schon eine Förderung für Armutsbetroffene! Ob ich denn das Bildungs- und Teilhabepaket (kurz BuT) nicht kennen würde? Immerhin wäre das doch genau dafür da, all diese Nachteile, die ich hier schildere, aufzuheben. Oder nicht? Natürlich ist das Bildungs- und Teilhabepaket den meisten, die sich mit sozialer Ungerechtigkeit beschäftigen, bekannt. Nicht nur im Zusammenhang mit Schulausstattung, sondern auch für Freizeitaktivitäten können Familien im Sozialhilfe- und Transferleistungsbezug ein bestimmtes Budget zur finanziellen Unterstützung beantragen. Das Familienportal des Bundes sagt, zu den förderfähigen Leistungen aus Bildung und Teilhabe gehört unter anderem „die Teilnahme am sozialen und kulturellen

Leben in der Gemeinschaft (wie im Sportverein oder in der Musikschule in Höhe von 15 Euro monatlich)".[39]

Diese Förderung hat nur mehrere Haken. Die allererste Hürde liegt in dem geringen Bekanntheitsgrad der Leistung. Viele Behörden kommen ihrem Auftrag, die Klient*innen zum vollen Maß ihrer Möglichkeiten zu beraten, einfach nicht nach. Das führt dazu, dass beispielsweise viele Wohngeldempfänger*innen und auch Empfänger*innen des Kinderzuschlags gar nicht wissen, dass sie auch Leistungen des Bildungs- und Teilhabepakets beziehen könnten.

Hinzu kommt, dass die Gelder aus dem Bildungs- und Teilhabepaket Antragsleistungen sind. Das bedeutet, Familien bekommen dieses Geld nicht automatisch zur freien Verfügung ausgezahlt. Stattdessen müssen sie mit einem Nachweis darüber, dass sie eine bestimmte Freizeitaktivität aufgenommen haben beziehungsweise aufnehmen wollen, zum Jobcenter gehen und dort einen Antrag auf Genehmigung der BuT-Leistung stellen. Das stellt insofern eine Hürde dar, dass viele Erfahrungsberichte zeigen: Ob diese Leistung am Ende genehmigt wird oder nicht, ist regional sehr unterschiedlich und hängt teilweise sehr vom guten Willen oder verinnerlichten Armenhass der sachbearbeitenden Person ab. Natürlich sind nicht alle Jobcenter-Mitarbeitende pauschal schlechte Menschen oder unkooperativ. Aber die Erfahrung vieler Betroffenen, die diese in Berichten schildern, zeigt, dass die Bewilligung der BuT-Leistung eben nicht so selbstverständlich ist, wie die Veröffentlichungen des Bundes das suggerieren. Obwohl Bedürftige ein Recht auf dieses Geld haben, bringen viele Jobcenter sie doch immer wieder in die Bittsteller-Position. Oft, weil bei den Beschäftigten am Ende wieder die anerzogenen Vorurteile vorherrschen, dass ihre

Klient*innen faul und unkultiviert seien und das Geld für andere Dinge ausgäben. Die Antragstellenden kommen dadurch wieder einmal in die Position, sich rechtfertigen zu müssen. Von dem abermaligen Gefühl, das Geld für die gesellschaftliche Teilhabe nicht wert zu sein, ganz zu schweigen.

Zusätzlich kommen wir hier wieder zu der grundsätzlichen Dimension von Teilhabe: Teilhabe bedeutet im Grundsatz, all das haben und all das tun zu können, was alle anderen auch haben und tun können. Von 15 Euro im Monat kann ein Kind aber eben nicht in die Musikschule gehen. Oder zum Tanzen, was uns in einer Kleinstadttanzschule schon 20 Euro im Monat kostet. Selbst wenn der monatliche Beitrag der Institution abgedeckt ist – Material, Kleidung, Instrumente sind davon noch lange nicht bezahlt. Auch ist es bei diesem Betrag fast unmöglich, mehreren Hobbys gleichzeitig nachzugehen. Dabei wäre es für viele Kinder bestimmt gut, mehrere Sportarten ausüben zu können. Allein deshalb, weil Armutsbetroffene viel häufiger in Wohnungen ohne Garten wohnen und die Bewegungsmöglichkeiten einfach nicht vorhanden sind. Auch sind nicht alle Kinder nur Sportler*innen oder nur musisch begabt, sondern im Zweifel beides. Doch statt richtiger Teilhabe und der Möglichkeit, mehrere Seiten an sich zu entdecken, wird die Wahl dieser Kinder durch rein materielle und willkürliche Hürden begrenzt.

Am Ende sind diese 15 Euro, die Sozial- und Transferleistungsbeziehenden da gewährt werden, nicht mal gut gemeint. Es ist eine Scheinleistung, damit die Machthabenden darauf verweisen können und sich gegenseitig versichern können, dass sie etwas unternommen hätten. Entfaltungsmöglichkeiten für Armutsbetroffene geschaffen haben wir mit dieser Leistung noch lange nicht.

# AUSBLICK

Ich hoffe, bis hierher ist Ihnen an so einigen Stellen ein Licht darüber aufgegangen, wie hoch die Hürden für armutsbetroffene Menschen, an unserer Gesellschaft teilzuhaben, eigentlich sind. Doch es nur bei dem Aufzeigen von Problemen zu belassen hilft auch nicht weiter. Wir müssen Lösungen entwickeln. Dabei lohnt es sich, das WIR großzuschreiben. Denn am Ende sind es vor allem die Menschen um Armutsbetroffene herum und wir als Gesamtgesellschaft, die es in der Hand haben, die Lage der Nation konkret zu verändern.

## DER SURVIVORSHIP-BIAS: VON DER „MAN-KANN-ALLES-SCHAFFEN-LÜGE"

In Diskussionen über die soziale Ungerechtigkeit in Deutschland wird mir immer wieder entgegnet, dass der Aufstieg doch aber längst möglich sei. Meine eigene Geschichte würde das doch zeigen. Viele Menschen meinen das dabei nicht einmal böse, sondern sie zählen dann zahlreiche Beispiele von Menschen auf, die sich vermeintlich aus der Gosse zum angesehenen Vorbild für Wohlstand hochgearbeitet haben. Oft sind es selbst Bildungsaufsteiger, die mir anhand ihrer eigenen Biografie darlegen wollen, dass das Leistungsversprechen ja doch wahr wäre. Nicht selten sind es genau diejenigen, die einmal zur ausgegrenzten Gruppe gehört und es dann geschafft haben, sich dem gewünschten Ideal anzunähern, die das Ideal am vehementesten verteidigen. Gerade sie proklamieren manchmal am lautesten, dass jede*r es schaffen könne. Obwohl gerade die, die für ihre gesellschaftliche Position am stärksten kämpfen mussten, es eigentlich besser wissen müssten, verteidigen sie die etablierten Verhältnisse vehement. Immerhin hätten sie es ja auch geschafft, und wenn sie es geschafft hätten, sei das der Beweis dafür, dass alle es schaffen könnten. Es gibt für dieses Phänomen sogar einen Namen: Survivorship-Bias beziehungsweise Überlebenden-Verzerrung. Das Konzept kommt ursprünglich aus der Luftfahrt. Navy-Ingenieure versuchten während des Zweiten Weltkriegs, ein statistisches Verfahren zu entwickeln, mit dem sie ermitteln konnten, welche Maßnahmen Flugzeuge bei Beschuss möglichst absturzsicher machten. Dabei fiel auf: Die wichtigsten Daten – die über besondere Schwachstellen – fehlten. Denn die abgestürzten Flugzeuge konnten ja nicht analysiert werden. Es hätte also zu einem Fehlschluss geführt, die zurückgekehrten Flugzeuge und deren Schäden als alleinige Datenlage zu nutzen, und man tat das Gegenteil von dem, was sich aufdrängte: Man verstärkte Flugzeuge künftig an den Stellen, an denen die zurückgekehrten die wenigsten Einschusslöcher aufwiesen. Denn die Annahme war, dass Schäden an diesen Stellen vermutlich viel eher zum Absturz führten.

Das Konzept, dass nur Daten, die man sehen kann, für eine Erfolgsprognose verwendet werden, taufte man Survivorship-Bias. Die Begriffsdefinition erklärt dabei auch sehr eindrücklich, warum unsere Gesellschaft den Mythos Leistungsgesellschaft so gern mit ebenjenen einzelnen Aufsteiger*innen begründet:

„Erfolgswahrscheinlichkeiten werden überschätzt, weil erfolgreiche Personen in der Wahrnehmung (z. B. aufgrund von Medienberichterstattung, höherer Aufmerksamkeitszuwendung) überrepräsentiert sind. Über Personen, die nicht erfolgreich sind, wird in geringerem Maße berichtet, oder sie sind weniger öffentlich sichtbar (z. B. gescheiterte Firmengründungen)."[40] Es geht also wieder einmal um sichtbare Lebensrealitäten. All diejenigen, die den sozialen Aufstieg niemals schaffen, werden immer nur als unpersönliche Zahlen in der Armutsstatistik sichtbar, nie als Individuen mit Gesicht und Geschichte. Es hält sich aufgrund weniger Beispiele also hartnäckig die Überzeugung, dass es nur genügend Leistung bräuchte, um der Armut zu entkommen.

Eigentlich sollte man davon ausgehen, dass Aufsteiger*innen zu Verbündeten von genau diesen unsichtbaren, prekär lebenden Menschen mit weniger guten Voraussetzungen werden. Tatsächlich ergibt es aber sogar auf mehreren Ebenen Sinn, dass diejenigen, die es „geschafft" haben, die etablierte Hierarchie verteidigen. Zum einen spielt die Erwartungshaltung des Zielmilieus eine große Rolle. Wer den sozialen Aufstieg geschafft hat, will nicht riskieren, vom neuen Umfeld ausgeschlossen zu werden. Der Wunsch danach, in der eigenen Leistung und neuen sozialen Position anerkannt und legitimiert zu werden, sorgt dafür, dass Aufsteiger*innen die Vorurteile und Narrative, die ihre soziale Position absichern, umso vehementer wiederholen.

Zum anderen geht es bei der Reproduktion dieser gesellschaftlichen Hierarchien aber auch viel um Selbstwirksamkeit. Wer den sozialen Aufstieg gemeistert und damit im Endeffekt das Versprechen, dass jeder alles schaffen könne, eingelöst hat, darf sich mit gesellschaftlich anerkanntem Stolz schmücken. Im Grunde genießen sie die Früchte ihrer Arbeit, wenn sie den Aufstiegsmythos mit ihrer eigenen Biografie bestätigen. Es untermauert die eigene Kompetenz, die eigene Leidensfähigkeit, das eigene Durchhaltevermögen. Anzuerkennen, dass strukturell betrachtet auch jede Menge Glück und das richtige Timing dazugehören, nagt an dieser Selbstwirksamkeitserzählung. Gerade weil der soziale Aufstieg mit so viel Leidensdruck, so viel Mühe und Verzicht verbunden ist, hat es etwas Sinnstiftendes, an dem „Man kann alles schaffen, wenn man nur hart genug dafür arbeitet" festzuhalten. Es ist im Grunde der Versuch, all die schweren Zeiten damit zu rechtfertigen, dass es ja am Ende auch für etwas gut war. Vielleicht ist es auch Selbstschutz. Sich einzugestehen, dass andere Personen genauso kompetent sind wie wir, aber einfach weniger Glück hatten, zum richtigen Zeitpunkt auf die richtigen Menschen zu treffen, würde immerhin bedeuten, der eigenen Heldinnengeschichte ihre sinnstiftende Kraft zu nehmen.

Es findet bei vielen Aufsteiger*innen also manchmal auch eine Distanzierung von der eigenen Herkunft statt – zum Teil aus Klassenscham und der Überzeugung, sich aus etwas Furchtbarem an einen besseren Ort gearbeitet zu haben, zum Teil aber auch, weil unsere gesellschaftliche Dynamik genau das von ihnen verlangt. Dabei bräuchten diejenigen, die ihre Klasse nie verlassen, die der Armut niemals entkommen, die Aufgestiegenen umso mehr als Verbündete. Am Ende weiß doch niemand besser, wie sich Armut auf das eigene Leben auswirkt und wie sehr sich die Lebensqualität durch mehr Geld und mehr Zugangsmöglichkeiten verbessert, als diejenigen, die beides erlebt haben. Es ist eine schwierige Position, in der sich die

„Aufsteiger*innen" befinden. Denn natürlich ist es nicht fair, von denjenigen, die sowieso schon so hart um eine Aufwertung ihres Lebensstandards gekämpft haben, zu erwarten, zusätzlich eine soziale Revolution zu stemmen. Das würde am Ende nur dazu führen, dass wir die Verantwortung für das Erreichen sozialer Gerechtigkeit schlussendlich wieder auf die Armutsbetroffenen und prekär Lebenden verschieben. Genau das ist es ja, was der Kapitalismus und unser Leistungsdogma tun.

Gleichzeitig ist das Bild der Räuberleiter nicht ganz falsch: Diejenigen von uns, die ihrer eigenen Armut entkommen sind, stehen auf den Schultern der Armutsbetroffenen und Arbeiter*innen, die wir in unserer Herkunftsklasse zurückgelassen haben. Meine Freund*innen, die durch Bildung aufgestiegen sind, stehen auf den Schultern ihrer Eltern und unter Umständen der Geschwister, für deren akademische Ausbildung das Familienbudget unter Umständen dann doch nicht mehr gereicht hat. Mein Mann und seine Geschwister verdienen teilweise genau deshalb jetzt sehr gutes Geld, weil ihr Vater als Fabrikarbeiter und ihre Mutter als Sekretärin ein stabiles ökonomisches Fundament geliefert haben. Es wäre also nur solidarisch, wenn wir, deren Lebensstandard so viel besser und deren Zugänge zu Teilhabe so viel mehr geworden sind, nun unsere Privilegien teilen und anderen Armutsbetroffenen und Arbeiterkindern ermöglichen, von unserer Vorarbeit zu profitieren.

Dafür müssen wir aber als Gesellschaft aufhören, diese „Man kann alles schaffen!"-Lüge ständig zu reproduzieren. Wir müssen uns all die Zugangshürden in unserem System anschauen und daran arbeiten, diese abzubauen. Es braucht echte gesellschaftliche Solidarität mit Armutsbetroffenen, prekär Beschäftigten, Kranken. Diese Solidarität muss greifbare, verändernde Lösungen mitbringen:

Wir müssten Geld in die Hand nehmen. Zum Beispiel für tatsächlich kostenlose Bildung für alle. Es braucht eine flächendeckende Lehr- und Lernmittelfreiheit, die über alle Schulformen und Jahrgangsstufen hinweg gilt. Alle Schüler*innen müssen ihr Arbeitsmaterial ohne Zuzahlung von den Schulträgern gestellt bekommen, vom Bleistift über das Arbeitsheft bis hin zum Fachbuch. Dazu gehören auch die 1.000 Euro teuren Tablets, die im Zuge des Digitalpakts seit 2020 an immer mehr Schulen angeschafft, aber meistens von den Eltern bezahlt wurden. Bundesländer wie Bremen machen vor, dass eine vollumfassende Lehr- und Lernmittelfreiheit geht. Dazu müssen sowohl der Bundeshaushalt als auch die Bundesländer Verantwortung übernehmen und zeigen, dass „Kein Kind bleibt zurück" ein Versprechen ist, nicht nur eine hohle Wahlkampf-Plattitüde.

Dazu gehört auch, Geld in die Hand zu nehmen, um zukünftig die Ausbildung aller Fachkräfte zu bezahlen. Denn viele Ausbildungen im Care-Sektor – Erzieher*innen, Heilpädagog*innen oder die Fortbildung zur Tagesmutter oder zum Tagesvater – werden nach wie vor nicht vergütet. Die Fachkräfte von morgen müssen selbst in die Tasche greifen, statt ein Ausbildungsgehalt zu bekommen. Doch nur, wenn wir auch diese Berufe in das duale Ausbildungssystem mit Ausbildungsvergütung eingliedern, können wir ausreichend Kita-Plätze schaffen. Kita-Plätze, die für Kinder eine Chance auf Teilhabe und für Armutsbetroffene eine Chance auf ein selbstwirksames Leben bedeuten.

Wir müssten Geld in die Hand nehmen für eine Grundsicherung, die ihren Namen verdient, mit armutsfesten Sätzen, die ein Leben in Würde ermöglichen. Dazu gehört auch eine Kindergrundsicherung. Denn Kinder sind mehr als die Anhängsel ihrer Eltern, sondern eigenständige Menschen mit eigenen finanziellen Bedarfen. Es darf uns nicht „zu teuer" sein, Kinder ein Grundeinkommen zu gönnen, damit sie gleichwertig zu ihren Altersgenoss*innen Kitas, Schulen und Vereine besuchen und jeden Abend satt und zufrieden zu Bett gehen können. Da, wo wir offensichtlich Milliarden von Euros an Sondervermögen für die Bundeswehr organisieren können, könnten wir bestimmt auch ausreichend Geld für eine funktionierende Grundsicherung finden, wenn wir wollten. Das Konzept der Partei Die Linke beziffert den Finanzbedarf für eine armutsfeste Kindergrundsicherung zum Beispiel auf 26 Milliarden Euro.[41] Das ist nur knapp ein Viertel dessen, was uns das Sondervermögen Bundeswehr kostet.

Anders als viele Politiker*innen bedeutet Geld in die Hand zu nehmen für mich hier aber kein Entweder-oder. Ich möchte Geld in die Auszahlungsbeträge UND in die Verwaltungsstrukturen investiert sehen. Denn die Hürden, um staatliche Hilfe zu beantragen, sind für viele Betroffene einfach zu hoch. Mit dem Ergebnis, dass viele Hilfen, für die zwar Geld im Bundeshaushalt zur Verfügung gestellt wird, gar nicht dort ankommen, wo sie gebraucht werden. Ein Beispiel hierfür ist der Kinderzuschlag. Die Bundesregierung schätzt, dass nur 35 Prozent der anspruchsberechtigten Familien den Kinderzuschlag auch bekommen.[42] Es braucht also mehr Stellen für Sozialarbeiter*innen, die Armutsbetroffene über ihre Ansprüche aufklären und bei den Anträgen unterstützen können, UND einen Abbau der Hürden in den Verwaltungen.

Wir müssen außerdem Arbeitgeber, und dabei vor allem Großunternehmen, zwingen, mehr Geld in die Hand zu neh-

men. Indem wir den Mindestlohn auf mindestens 15 Euro an-
heben. Diese Anhebung ist tatsächlich auch schon längst über-
fällig. Die EU-Mindestlohnrichtlinie gibt nämlich vor, dass der
Mindestlohn bei mindestens 60 Prozent des Median-Einkom-
mens liegen muss. Für Deutschland würde das einen Betrag
von 14,14 Euro bedeuten.[43]

## Wir müssen Geld umverteilen

Wir müssen aber nicht nur mehr Geld in die Hand nehmen,
sondern auch das vorhandene (umver)teilen. Dazu würde erst
einmal gehören, eine Bürgerversicherung einzuführen, anstelle
der bisherigen Zweiklassenmedizin aus gesetzlicher und privater Krankenversicherung. Denn diese Zweiklassenmedizin
forciert die Ungerechtigkeit, dass Menschen mit geringem Einkommen weniger Zugang zu medizinischer Versorgung haben
als Menschen mit sehr viel Geld. Solange medizinische Praxen
über die private Krankenkassen bessere Honorare abrechnen
können als über die gesetzliche Krankenkasse, werden wir diese Ungerechtigkeit nicht abschaffen können.

Geld umverteilen bedeutet auch, die Vermögenssteuer wieder einzuführen, damit (sehr) reiche Menschen eben auch ihren tatsächlich fairen Anteil zum Erhalt unserer Gesellschaft
leisten. Zwar beschweren sich sehr gut verdienende und vor
allem reiche Menschen oft darüber, dass sie ja schon so viele Steuern zahlen würden, aber Fakt ist, dass die Vermögenssteuer in Deutschland 1997 abgeschafft wurde. Beziehungsweise: Sie wird seitdem nicht mehr erhoben. Das Vermögens-
steuergesetz hat nach wie vor Bestand. Es gibt also sogar eine
gesetzliche Grundlage dafür, Reichtum umzuverteilen. Wir
müssten nur mutig genug sein, dies durchzusetzen.

Geld umzuverteilen würde auch bedeuten, Erbschaften stärker zu besteuern. Da rede ich nicht von dem Einfamilienhaus, das jemand von seinen Eltern erbt. Für das gelten nämlich sowieso schon sehr großzügige Steuerfreiheiten, wenn man die Immobilie tatsächlich behalten und selbst nutzen will. Ich meine die Erbschaft von sehr, sehr viel Geld, von in Unternehmen gebundenem Vermögen, von Vermögen, das in diversen Mietobjekten steckt. Während von Bürgergeldbeantragenden verlangt wird, ihre Ersparnisse aufzubrauchen und mitunter ihr Eigenheim zu verkaufen, wird der Wohlstand von sehr reichen Menschen bei der Erbschaftssteuer nämlich als „Schonvermögen" behandelt.

Genau diesen Mechanismus müssen wir im Sinne gesellschaftlicher Solidarität umdrehen: Es muss sehr wohlhabenden Menschen zumutbar sein, durch Steuern ihren Anteil zur Gesellschaft zu leisten, während wir Armutsbetroffenen das bisschen, das sie haben, auch lassen. Dafür ist eine Reform des Steuersystems nötig. Denn das Prinzip Spitzensteuersatz funktioniert nicht. Es ist ein bisschen absurd, dass jemand mit 275.000 Euro Jahreseinkommen tatsächlich den gleichen Steuersatz zahlt wie jemand mit 67.000 Euro Jahreseinkommen. Wir müssen Menschen mit hohem Einkommen zumuten, mehr Steuern zu zahlen, statt ihre Kapitalvermehrung auf Kosten der Ärmsten immer weiter zu unterstützen.

Ja, wenn Sie im genannten Einkommensbereich liegen, beschweren Sie sich vermutlich jetzt darüber, dass Sie sowieso schon so viele Steuern zahlen würden. Mein Vorschlag ist in dem Fall wahrscheinlich ziemlich unangenehm. Deshalb habe ich mit der Vermögens- und Erbschaftssteuer angefangen. Ich will durchaus zuerst Ihrem Vermieter, der in den meisten Fällen ein Großunternehmen oder sogar eine Aktiengesellschaft ist, an den Geldbeutel, bevor ich in Ihre Tasche greifen will. Aber statistisch betrachtet ist es auch so, dass Ihr Einkommen eben auch mit Eigentum einhergeht und Sie also auch trotz höherer Steuern vermögender bleiben als Menschen meiner Herkunft. Wir leisten jeden Tag in Niedriglohnjobs, prekären Selbstständigkeiten, öffentlich geförderten Arbeitsverhältnissen und als Care-Arbeitende unseren Anteil für eine funktionierende Gesellschaft. Ist es da nicht nur fair, dass Sie monetär Ihren Anteil leisten? Gerade dann, wenn Sie vielleicht selbst Bildungsaufsteiger sind und auf den Schultern all derer stehen, die Ihnen den Aufstieg durch harte Arbeit ermöglicht haben?

Für soziale Gerechtigkeit müssen wir aber auch Macht teilen. Menschen mit sozialem, kulturellem und ökonomischem Kapital müssen Menschen mit weniger Kapital an die Hand nehmen, ihnen Türen öffnen, sie fördern und im Zweifel auch mal mit Geld unterstützen, statt über ihre Kleidung oder ihr Verhalten die Nase zu rümpfen. Das bedeutet auch, weniger auf Zeugnisse, Abschlüsse oder Zertifikate zu schauen und Jobs an Menschen zu vergeben, die nicht nur in Wort, sondern auch Tat beweisen, was sie können. Menschen müssen aufhören, darauf zu bestehen, dass es nur die eine richtige Art gäbe, Dinge zu tun oder sich zu verhalten. Stattdessen sollten wir Vielfalt nicht nur als netten Slogan, sondern als gelebte Realität zulassen. Bis wir den idealen gesellschaftlichen Zustand erreicht haben, in dem Bildung und Entwicklung für alle zugänglich sind, müssen wir Stipendien und Förderungen endlich denen zugänglich machen, die sie WIRKLICH brauchen, und nicht irgendwelchen Kids aus dem gehobenen Mittelstand, für die 300 Euro Deutschland-Stipendium nur Taschengeld sind.

Wir brauchen faire, lebenswürdige Löhne und das Ende des Niedriglohnsektors. Wir brauchen eine Housing-First-Strategie, um genügend bezahlbaren Wohnraum für Menschen jeden Alters und jeder Einkommensschicht zu schaffen. Außerdem brauchen wir Stadtplanungen, die es Menschen ermöglichen, sich wieder zu begegnen und zusammenzurücken, statt viel zu viel Raum für Autos vorzuhalten. Wir brauchen gesellschaftliche Solidarität und die Rückkehr zur Gemeinschaft, statt kapitalisierten Individualismus.

## UND WAS HEISST DAS JETZT IM ALLTAG?

Wir werden soziale Gerechtigkeit nicht über schnelle und bequeme Lösungen im Alltag erreichen. Wie schön wäre das, wenn es so einfach wäre! Wenn Sie bis hierher gelesen haben, sollten Sie aber einen guten Eindruck davon bekommen haben, an welchen Stellen Sie in Ihrem Alltag armutssensibel handeln können. Am Ende werden Sie aber nicht daran vorbeikommen, Ihren persönlichen Gestaltungsspielraum da zu nutzen, wo er Ihnen am geringsten erscheint: in der Wahlkabine. Wer soziale Gerechtigkeit will, muss sie auch wählen. Die immer gleichen elitären Zirkel in Mandate auf kommunaler Ebene, in Landtagen oder im Bundestag zu befördern wird an den herrschenden Verhältnissen nichts ändern. Das bedeutet wohl vor allem auch, sich eher nach links zu orientieren als zur Mitte hin. Denn die sagenumwobene Mitte ist genau da, wo sich die Macht und damit das Erhaltungsinteresse bestehender Verhältnisse am meisten kumuliert. Rechts davon wird es dazu noch menschenfeindlich. Wenn wir also für eine solidarischere Gesellschaft streiten wollen, müssen wir uns aus unserer Komfortzone herauswagen und nicht gleich Kommunismus schreien, wenn jemand sozialen Ausgleich verlangt.

Ebenso müssen wir der fortschreitenden Vereinzelung in unserer Gesellschaft entgegentreten. Es ist mir unbegreiflich, wieso so viele Menschen ablehnen, sich in Gewerkschaften zu organisieren. Alle heute für selbstverständlich gehaltenen Fortschritte im Arbeits- und Sozialrecht gingen ursprünglich mal auf die Initiativen von Gewerkschaften zurück. Wir können an dieser Gesellschaft nur etwas verändern, wenn wir uns organisieren. Dafür müssen wir nicht immer neue Strukturen schaffen – wir können auch Gruppenstärke dafür nutzen, bestehende Strukturen wieder auf einen tatsächlich sozialen Kurs zu bringen. Dafür müssen aber vor allem die, die jetzt gerade Geld, entsprechend Zeit und Einfluss haben, genau diese Privilegien nutzen, um sich für die weniger privilegierten Menschen in unserer Gesellschaft einzusetzen. Das fängt schon im Kita-Beirat damit an, ein Veto einzulegen, wenn in der Kita wieder teure Fotos vom Fotografen gemacht werden sollen. Es kann auch sein, bei der Einwohner*innenfragestunde kommunale Mandatstragende zu grillen und Protest zu zeigen, wenn die Betreuungsgebühren oder das Essensgeld in der Kita mal wieder angehoben werden sollen. Bei Streiks solidarisch mit den Streikenden zu sein – und sich selbst für den Betriebsrat aufstellen zu lassen. Eine satte Spende für den örtlichen Wohlfahrtsverband ausstellen, damit dieser die Sozialberatung für Armutsbetroffene ausbauen und gleichzeitig politischen Druck erzeugen kann. Aber auch mal nachhaken, ob die Lieblingspizzeria tatsächlich Mindestlohn zahlt, und die eigene Haushaltshilfe nicht unter der Hand bezahlen, sondern als Minijobberin oder sogar sozialversicherungspflichtig anstellen. Wir sind dem

Zustand unserer Gesellschaft nicht hilflos ausgeliefert. Im Gegenteil: Es ist ein Glück, dass Gesellschaften immer gemacht werden – und zwar von Menschen.

## DIE MENSCHEN IN MEINEM LEBEN

Ich hätte weniger Hoffnung für unsere Gesellschaft, wenn ich nicht am eigenen Leib erlebt hätte, welchen Unterschied es macht, wenn Menschen es nicht nur mit der Nächstenliebe, sondern mit Solidarität ernst meinen. Meine eigene Geschichte ist am Ende nämlich nicht nur ein Beispiel für die sozialen Ungerechtigkeiten unserer Gesellschaft. Sie ist auch eine Geschichte darüber, was Solidarität anderer Menschen ausrichten kann. Denn unterm Strich sind es nicht mein Fleiß oder meine Resilienz, die mich davor bewahrt haben, aufgrund meiner Herkunft an dieser Gesellschaft zu scheitern. Es sind vor allem die Menschen in meinem Leben, denen ich es zu verdanken habe, dass ich heute ein glückliches Leben mit zwei Kindern in einer kleinen Doppelhaushälfte führen und schreibend zu einer gerechten Gesellschaft beitragen kann.

Für Menschen auf Instagram sind mein Mann und ich so etwas wie eine wahr gewordene Highschool-Sweethearts-Story direkt aus Hollywood. Ich glaube, viele unterschätzen dabei, dass mein Partner tatsächlich meine ganz persönliche Cinderella-Story ist. Dass wir uns schon mit (in meinem Fall fast) 16 Jahren in der 10. Klasse kennen- und lieben gelernt haben, hat mir die Türen zu einem Leben geöffnet, von dem ich niemals dachte, dass ich es haben könnte. Das hat mein Mann aber auch nicht allein vollbracht, so großartig er auch mit 16 schon war. Sondern er hatte seine Mutter im Gepäck. Meine

Schwiegermutter und ich könnten als Personen unterschiedlicher nicht sein. Aber das hat sie nie davon abgehalten, dieses impulsive, verwirrte, manchmal verzweifelte und explosive junge Mädchen, das ihr Sohn da angeschleppt hatte, aufzunehmen, als sei sie ihre eigene Tochter.

Meine Schwiegermutter ist seit fast 18 Jahren meine stärkste Anwältin. Von Anfang an hat sie für mich den Bullshit meiner Pflegeeltern ausgehalten, ist mit mir Klamotten kaufen gegangen, hat sich für mich mit dem Jugendamt darum gestritten, dass auch ich ein Recht aufs Abitur habe, und mich in ihrem Zuhause aufgenommen, als sie selbst gerade frisch verwitwet und plötzlich alleinerziehend mit vier Kindern zwischen sechs und einundzwanzig Jahren war. Obwohl sie wirklich genug eigene Baustellen gehabt hatte in den letzten 18 Jahren, hat es sie nie davon abgehalten, mir unter die Arme zu greifen. Sie hat mir mein Abitur möglich gemacht, obwohl sie allein vier Münder stopfen musste, hat Semestergebühren bezahlt, bei Bedarf meinen Kleiderschrank gefüllt. Sie hat wahnwitzige Ideen wie einen Umzug nach Hamburg oder den Kauf einer Doppelhaushälfte unterstützt, endlose Stunden Kinder gehütet und war am Tag meiner Krebsdiagnose mit mir beim Onkologen. Ich wäre heute nicht da, wo ich bin, wenn meine Schwiegermutter mich nicht von Beginn an so bedingungslos unterstützt hätte.

Sie hätte das nicht gemusst, sie hätte auch eine gewisse Distanz halten können und maximal ihren Sohn unterstützen können. Sie hätte die Wahl gehabt, mich mir selbst zu überlassen, statt für mich genauso Klamotten, Finanzspritzen, Geburtstagsgeschenke und eine Schulter zum Anlehnen bereitzustellen, wie sie es für ihre eigenen Kinder tat. Ich kenne genug Paare mit unterschiedlicher sozioökonomischer Herkunft, um zu wissen, dass ich in meiner Ehe auch hätte ziemlich allein sein können. Aber ich musste das nie sein. Da, wo der Support meines Mannes aus strukturellen Gründen nicht gereicht hat, ist meine Schwiegermutter eingesprungen und hat mich unter ihre Fittiche genommen, sodass ich die Chance hatte, trotz allem das Beste aus meinem Leben zu machen. Sogar für dieses Buch hatte ich immer wieder die Möglichkeit, mich in ihre Wohnung zurückzuziehen, auch wenn sie selbst gar nicht da war, damit ich dem Osterferien-Trubel mit den Kindern entkommen und in Ruhe schreiben konnte. Meine Schwiegermutter hat mir nie das Gefühl gegeben, zu wenig zu sein oder mich nicht genug anzustrengen. Sie hat mich und meine Herausforderungen einfach angenommen, wie sie nun eben waren, und hat sich über Jahre hinweg immer wieder dafür entschieden, solidarisch zu sein, statt die damals 16-Jährige aus Armut und zerrütteten Verhältnissen im Regen stehen zu lassen. Ich sage ihr viel zu selten, wie dankbar ich ihr bin. Deshalb soll es hier noch einmal ganz deutlich stehen: Danke, Schwiegermama. Für alles.

Meine Schwiegermama ist quasi das Paradebeispiel für die Art von Menschen, die unsere Gesellschaft noch viel mehr braucht, um soziale Ungerechtigkeit an der Wurzel zu bekämpfen. Es sind Menschen, die ihre Ressourcen und Privilegien teilen, statt aus Angst und Mangelgefühlen heraus die Türen zu verschließen, wenn da ein 16-jähriger Teenager, die 44-jährige Alleinerziehende oder ein 65-jähriger Rentner vor ihnen steht und offensichtlich Hilfe braucht. Es ist die „Wo vier satt werden, kriegen wir auch noch eine Fünfte satt"-Mentalität. Wir brauchen mehr Menschen, die für andere aufstehen, wenn sie sehen, wie das System sie im Stich lässt. Menschen, die auch dann solidarisch sind, wenn man sich mal nicht einig und die

Beziehung angespannt ist. Wir brauchen mehr Menschen, die nicht nur ihren eigenen Vorteil im Sinn haben, sondern bereit sind, Geld, Macht und Zugänge zu sonst eher elitären beruflichen und gesellschaftlichen Sphären zu teilen, um anderen das Leben einfacher zu machen. Die bereit sind, selbst auch mal zu verzichten, damit andere genug haben.

Es gibt bereits sehr viele dieser Menschen, und ich durfte in den letzten Jahren erleben, dass sie meinen Weg säumen. Als ich 2018 an Krebs erkrankte, war da meine Trauzeugin und Kindheitsfreundin, die zu jeder Tages- und Nachtzeit hier war, für uns einkaufte und am Ende zur Mitorganisatorin einer völlig überwältigenden Spendenaktion wurde. Denn als ich damals nach einer Port-Katheter-tauglichen Babytrage suchte, sammelten wildfremde Menschen in einer Facebook-Gruppe für Babytragen genügend Geld, um sogar meinen Mann und mich beide mit einer passenden Trage auszustatten. Im Paket waren außerdem Nervennahrung, Babybedarf sowie Spielzeug für mein damals eineinhalbjähriges Kind.

Ich werde auch nie vergessen, wie der Inhaber einer Agentur, mit der ich zusammenarbeitete, mich anschrieb, als ich auf Instagram darüber berichtete, wie die Pandemie meine letzten Reserven fraß, weil die Aufträge wegbrachen. Er schlug vor, dass ich ihm eine Rechnung über 700 Euro für ein bestimmtes Stundenkontingent stellen sollte, die er sofort beglich. Die Stunden konnte ich in den anschließenden Monaten dann auf Zuruf wieder „reinarbeiten". Er rettete meiner Familie und mir damit den Monat.

Dann waren da 2021 all die Personen, die mich nur von Instagram kannten, aber meine Familie und mich mehr als großzügig finanziell unterstützten, als ich final doch auf onkologische Reha gehen musste, weil die Fatigue nicht nachließ.

Da waren über die Jahre all die Menschen, die mich nur aus dem Internet kannten, aber mir ihre Kontakte und Anfragen weiterleiteten, als die Auftragslage bei mir schlecht war und ich das Geld dringend brauchte. Die Bestsellerautorin, die ihre Zeit, ihr Wissen und ihre Kontakte mit mir teilte, damit ich mich bei Verlagen bewerben konnte. Die Journalistin bei der Süddeutschen Zeitung, die meine Texte von Instagram kannte und mich als Freie an Bord holte, um auch Stimmen abseits des Bürgertums hörbar zu machen.

Mein Lebensweg ist voll von Menschen, die das mit der Solidarität schon ziemlich gut verstanden haben. Ohne die mein Weg nicht möglich gewesen wäre. Was wir brauchen, ist eine Verstetigung der punktuellen Solidarität. Aus dem Aktionismus, den Menschen an den Tag legen, wenn eine Katastrophe passiert ist, sie die betroffene Person persönlich kennen oder Weihnachten vor der Tür steht, muss der kollektive Wille werden, unsere Gesellschaft auf links zu ziehen. Wir brauchen mehr Menschen, die es mit der Solidarität ernst genug meinen, um Geld und Macht in unserer Gesellschaft endgültig um- und gleich zu verteilen.

Wir brauchen dafür den Willen zur Solidarität und den Mut zur Revolution. Denn Veränderung beginnt mit uns.

# DANKSAGUNG

Ich bedanke mich zuallererst bei meinem Mann Lars. Deine Liebe, deine Unterstützung und dein unerschütterlicher Glaube an mich haben das hier erst überhaupt möglich gemacht. Danke, dass du auch da bist, wenn es schwierig wird. Danke für jeden Kaffee, jede Mahlzeit, jede Umarmung, jede Minute, die du mir schenkst, und dafür, dass du an mich glaubst, wenn ich es selbst gerade nicht kann.

Danke auch an euch, E. und N. – ihr seid die coolsten Kinder, die ich mir wünschen könnte. Danke, dass ihr an so vielen Tagen geduldig ausgehalten habt, bis ich fertig mit dem Schreiben war. Danke, dass ihr mich jeden Tag zum Lachen bringt. Danke, dass ihr mir an stressigen Tagen Motivation seid, den Kampf für ein besseres Morgen nicht aufzugeben.

Danke an meine Schwiegermama Gabriele. Danke, dass du mich unter deine Fittiche genommen hast, als alle anderen mich im Stich gelassen haben. Danke dafür, dass du uns auch jetzt immer wieder unterstützt, nie müde wirst, babyzusitten, und auch dann Interesse an meinem Job hast, wenn du gar nicht so genau weißt, was ich da eigentlich den ganzen Tag tue.

Danke an meine Freund*innen Anne und Torben. Ihr seid meine Chosen Family, mein Supportnetzwerk, mein Rückhalt. Danke, dass ihr mich durch diese Schreibphasen und all die Selbstzweifel getragen habt, nicht müde werdet, mir gut zuzureden, mir Asyl gewährt, wenn es zu Hause zu laut ist, den Kindern ein zweites Paar Beziehungspersonen seid und mir auch eine politische Heimat geschenkt habt.

Danke an Verena, Ramona, Melanie und Lieschen fürs An-mich-Glauben, fürs Auffangen und Aushalten, fürs Mutmachen, fürs Mich-Liebhaben. Danke an Tatjana Weichel fürs regelmäßige Feedbacken und An-die-Hand-Nehmen, wenn die Arbeit am Manuskript oder der Literaturbetrieb selbst überwältigend oder unaushaltbar schien.

Danke an all die Frauen, die an mich geglaubt und mit mir Zugänge, Wissen und Zeit geteilt haben: Teresa Bücker, Nora Imlau, Barbara Vorsamer und Mareice Kaiser. Ihr habt das hier möglich gemacht, weil ihr mir an verschiedenen Stellen in den letzten Jahren genau die Chancen gegeben habt, die ich brauchte, um heute diese Zeilen schreiben zu können.

Danke an Rosi Kern von der Agentur Brauer fürs An-mich-Glauben und für die freundschaftliche Zusammenarbeit. Danke an Susanne Haffner von EMF sowie meine Lektorin Iris Rinser für die warme Zusammenarbeit und zugewandte Betreuung.

Danke an meine Insta- und Steady-Community! Ohne euch wäre ich nicht da, wo ich bin, weil ihr meiner Stimme Gehör und Reichweite geschenkt und meine Arbeit all die Jahre monetär unterstützt habt.

Danke an all die Menschen, die jeden Tag solidarisch sind. Veränderung beginnt mit euch.

# QUELLEN

1   Der Paritätische Gesamtverband: Armut in der Inflation. Armutsbericht 2024

2   Helena Steinhaus, Claudia Cornelsen: Es braucht nicht viel, S. 117

3   Andreas Kemper, Heike Weinbach: Klassismus – Eine Einführung, S. 17

4   Siehe auch: Pressemitteilung des BiB: „Kinder aus benachteiligten Familien bekommen seltener KiTa-Platz", vom 10.03.2023 [abgerufen 20.05.2024, 16:08 Uhr]

5   Angelika Franz: „Warum Arme lange als kriminell galten – und wie das bis heute nachwirkt", in: SPIEGEL Geschichte 2/2023

6   bell hooks: Die Bedeutung von Klasse, S. 135

7   Mareice Kaiser: Wie viel – Was wir mit Geld machen und was Geld mit uns macht, S. 10

8   https://tedxpotsdam.de/de/2023/gegen-armut-hilft-geld [abgerufen am 17.05.2024]

9   Insta-Posting von Mareice Kaiser vom 23. Juli 2023 (https://www.instagram.com/p/CvCSlJZMksA/); Gegen Armut hilft Geld – Paritätischer Armutsbericht 2020; Der Stern: „Armutsforscher: Die Krisen machen Arme ärmer und Reiche reicher. Deswegen brauchen wir eine Corona-Abgabe" vom 20.05.2022 (https://www.stern.de/gesellschaft/armut--forscher-christoph-butterwegge-fordert-corona-abgabe-der-reichen-31880022.html) [abgerufen am 29.04.2024]

10  Nele McElvany, Ramona Lorenz, Andreas Frey, Frank Goldhammer, Anita Schilcher, Tobias C. Stubbe (Hrsg.): IGLU 2021 – Bericht zur Lesekompetenz von Grundschulkindern im internationalen Vergleich und im Trend über 20 Jahre

11  Siehe: So viel kostet das Schulmaterial von Kindern in den verschiedenen Bundesländern vom 12.08.2022 [zuletzt abgerufen 20.05.2024, 17:35 Uhr]

12  Gefunden in: https://www.deutschlandfunkkultur.de/schueler-innen-in-armut-kampf-dem-inneren-klassismus-dlf-kultur-36e70886-100.html [abgerufen am 30.03.2024)

13  Siehe auch: Pressemitteilung des Moses Mendelssohn Institut (MMI) vom 19.03.2024: „Studentische Wohnkosten verharren auf hohem Niveau. Im Durchschnitt müssen Studierende mit 479 € pro Monat rechnen, weit mehr als die BAföG-Wohnkostenpauschale von 360 €“. (https://cms.moses-mendelssohn-institut.de/uploads/24_03_19_PM_Wohnkosten_Studierende_05e99eb04c.pdf) [abgerufen am 29.04.2024]

14  Vgl. https://www.kfw.de/inlandsfoerderung/Privatpersonen/Studieren-Qualifizieren/F%C3%B6rderprodukte/KfW-Studienkredit-(174)/ [abgerufen am 14.02.2024]

15  https://www.destatis.de/DE/Presse/Pressemitteilungen/2023/08/PD23_307_214.html [abgerufen 14.02.2024]

16  Vgl. „Die volkswirtschaftliche Bedeutung von Bildung“ bei der Bundeszentrale für politische Bildung, (https://www.bpb.de/themen/bildung/dossier-bildung/199450/die-volkswirtschaftliche-bedeutung-von-bildung/ [abgerufen 22.05.2024] oder „Warum öffentliche Bildungsausgaben sich erst recht in Zeiten der Globalisierung lohnen“, https://jugendhilfeportal.de/artikel/warum-oeffentliche-bildungsausgaben-sich-erst-recht-in-zeiten-der-globalisierung-lohnen [abgerufen 22.05.2024]

17  FDP-Chef Christian Lindner im ARD Sommerinterview, https://www.youtube.com/watch?v=c2EWZXGPRPw [abgerufen am 29.04.2024]

18  Eckwerte des Arbeitsmarktes und der Grundsicherung - Deutschland und Länder (Monatszahlen), Monat Oktober 2023, https://statistik.arbeitsagentur.de/SiteGlobals/Forms/Suche/Einzelheftsuche_Formular.html?nn=627730&topic_f=multi-eckwerte [abgerufen am 29.04.2024]

19  Bundesfamilienministerium für Familie, Senioren, Frauen und Jugend vom 01.01.2023: Allein- und Getrennterziehende fördern und unterstützen, https://www.bmfsfj.de/bmfsfj/themen/familie/chancen-und-teilhabe-fuer-familien/alleinerziehende/allein-und-getrennterziehende-foerdern-und-unterstuetzen-73552 [zuletzt abgerufen am 20.05.2024]

20    https://cleverreisen.club/2023/05/03/wo-sommerurlaub-noch-bezahl-bar-ist-das-kosten-pauschalreisen-fuer-familien-und-mietwagen/ [ab-gerufen am 10.03.2024]

21    https://www.ostsee-zeitung.de/lokales/rostock-lk/bad-doberan/gerin-ger-lohn-teure-miete-wer-kann-sich-kuehlungsborn-noch-leisten-EU-A426GKKBBRBKUYW2LXA7FDOE.html [abgerufen am 02.05.2024]

22    Vgl. Angelika Franz: „Warum Arme lange als kriminell galten – und wie das bis heute nachwirkt", https://www.spiegel.de/geschichte/ge-schichte-der-schwindenden-solidaritaet-wie-es-zur-kriminalisierung-der-armut-kam-a-b09d9bed-f9e4-4fe6-b5e5-c3d38973c32d [zuletzt abgerufen 20.05.2024]

23    Mareice Kaiser: Wie viel. Was wir mit Geld machen und was Geld mit uns macht, S. 49

24    https://www.hs-fresenius.de/blog/wissen/wie-attraktiv-muss-mann-sein-und-wie-gut-muss-frau-aussehen-der-einfluss-von-attraktivitaet-in-bewerbungsverfahren/ [abgerufen am 15.05.2024]

25    https://uni-tuebingen.de/uploads/media/12-08-23Adipositas_und_Be-ruf.pdf [abgerufen am 15.05.2024]

26    T. Lambert u. B. Kuntz: Auswirkungen von Armut auf den Gesund-heitszustand und das Gesundheitsverhalten von Kindern und Jugend-lichen. Ergebnisse aus KiGGS Welle 2; veröffentlicht in: Bundesge-sundheitsblatt – Gesundheitsforschung – Gesundheitsschutz 10, 2019

27    Armut macht krank: Soziale Ungleichheit und Gesundheit ist das Motto beim Tag des Gesundheitsamtes 2024; abrufbar unter: https://www.rki.de/DE/Content/Service/Presse/Pressemitteilun-gen/2024/02_2024.htm [abgerufen am 02.05.2024]

28    Plan International: Menstruation im Fokus – Erfahrung von Mädchen und Frauen in Deutschland und weltweit

29    https://www.frauenaerzte-im-netz.de/aktuelles/meldung/toxisches-schocksyndrom-risiken-durch-tampon-verwendung-aeusserst-gering/ [abgerufen am 15.05.2024]

30    https://www.spiegel.de/wissenschaft/weltall/nasa-erster-weiblicher-ausseneinsatz-auf-der-iss-a-1292357.html [abgerufen am 15.05.2024]

31    https://www.profamilia.de/themen/schwangerschaftsabbruch [abgerufen am 30.03.2024]

32    Robert Koch-Institut (Hrsg.): „Armut und Gesundheit", in: GBE Kompakt – Zahlen und Trends aus der Gesundheitsberichterstattung des Bundes 5/2010, https://www.rki.de/DE/Content/Gesundheitsmonitoring/Gesundheitsberichterstattung/GBEDownloadsK/2010_5_Armut.pdf?__blob=publicationFile [abgerufen 20.05.2024]

33    https://www.destatis.de/DE/Themen/Arbeit/Arbeitsmarkt/Qualitaet-Arbeit/Dimension-3/zweitjobl.html#:~:text=Anstieg%20der%20 Zweitjobquote,in%20mindestens%20einem%20weiteren%20Arbeitsverh%C3%A4ltnis. [abgerufen am 15.05.2024]

34    https://www.tagesschau.de/wirtschaft/verbraucher/inflation-lebensmittelpreise-energie-100.html [abgerufen am 15.05.2024]

35    Bertelsmann Stiftung, ZEW: Kommt das Geld bei den Kindern an?, S. 42

36    https://www.businessinsider.com/shein-average-shopper-spends-100-month-womens-clothing-2023-6 [abgerufen am 16.05.2024]

37    Teresa Bücker: Alle_Zeit, S. 47

38    Adlington, Katherine et al.: 'Just snap out of it' – the experience of loneliness in women with perinatal depression: a Meta-synthesis of qualitative studies, in: BMC Psychiatry 23, Article number 110 (2023)

39    https://familienportal.de/familienportal/familienleistungen/bildung-und-teilhabe [zuletzt abgerufen 20.05.2024]

40    https://dorsch.hogrefe.com/stichwort/ueberlebensirrtum/ [abgerufen am 17.05.2024]

41    https://taz.de/Linken-Konzept-fuer-Kindergrundsicherung/!5918773/ [abgerufen am 17.05.2024]

42    https://www.bmfsfj.de/bmfsfj/themen/familie/familienleistungen/kindergrundsicherung/fragen-und-antworten-zur-kindergrundsicherung-230378 [zuletzt abgerufen 02.05.2024]

43    Richtlinie (Eu) 2022/2041 des Europäischen Parlaments und des Rates vom 19. Oktober 2022 über angemessene Mindestlöhne in der Europäischen Union

# ZUM WEITERLESEN - BÜCHER

**Bücker, Teresa:** *Alle_Zeit. Eine Frage von Macht und Freiheit | Wie eine radikal neue, sozial gerechtere Zeitkultur aussehen kann.* Berlin 2022

**Der Paritätische Gesamtverband:** *Armut in der Inflation.* Armutsbericht 2024. Berlin 2024

**Der Paritätische Gesamtverband:** *Gegen Armut hilft Geld. Paritätischer Armutsbericht 2020.* Berlin 2020

**Graf, Lisa:** *Abgehängt. Von Schule, Klassen und anderen Ungerechtigkeiten: Weckruf einer Lehrerin.* München 2022

**Hobrack, Marlen:** *Klassenbeste. Wie Herkunft unsere Gesellschaft spaltet.* Berlin 2022

**hooks, bell:** *Die Bedeutung von Klasse. Warum die Verhältnisse nicht auf Rassismus und Sexismus zu reduzieren sind.* Münster 2022

**Kaiser, Mareice:** *Wie viel. Was wir mit Geld machen und was Geld mit uns macht.* Reinbek 2022

**Kemper, Andreas; Weinbach Heike:** *Klassismus – Eine Einführung.* Münster 2009

**Mayr, Anna:** *Die Elenden. Warum unsere Gesellschaft Arbeitslose verachtet und sie dennoch braucht.* Reinbek 2020

**Mayr, Anna:** *Geld spielt keine Rolle.* Berlin 2023

**McElvany, Nele, Lorenz, Ramona, Frey, Andreas, Goldhammer, Frank, Schilcher, Anita, Stubbe, Tobias C. (Hrsg.):** IGLU 2021 – *Bericht zur Lesekompetenz von Grundschulkindern im internationalen Vergleich und im Trend über 20 Jahre.* Münster, New York 2023

**Steinhaus, Helena; Cornelsen, Claudia:** *Es braucht nicht viel. Wie wir unseren Sozialstaat demokratisch, fair & armutsfest machen.* Frankfurt, 2023

**Stichnoth, Holger et al. (Hrsg.):** *Kommt das Geld bei den Kindern an?* Bertelsmann Stiftung, ZEW, Gütersloh, 2018

# ARTIKEL

**Adlington, Katherine et.al:** *Just snap out of it – the experience of loneliness in women with perinatal depression: a Meta-synthesis of qualitative studies*, in: BMC Psychiatry 23. Article number 110 (2023)

**Bundesfamilienministerium für Familie, Senioren, Frauen und Jugend vom 01.01.2023:** *Allein- und Getrennterziehende fördern und unterstützen.* https://www.bmfsfj.de/bmfsfj/themen/familie/chancen-undteilhabe-fuer-familien/alleinerziehende/allein-und-getrennterziehendefoerdern-und-unterstuetzen-73552 [zuletzt abgerufen am 20.05.2024]

**Butterwegge, Christoph:** *Armutsforscher: Die Krisen machen Arme ärmer und Reiche reicher. Deswegen brauchen wir eine Corona-Abgabe*, in: Der Stern, 20.05.2022. https://www.stern.de/gesellschaft/armut--forscher-christoph-butterwegge-fordert-corona-abgabe-derreichen-31880022.html [abgerufen am 29.04.2024]

**Franz, Angelika:** *Warum Arme lange als kriminell galten – und wie das bis heute nachwirkt* in: SPIEGEL Geschichte 2/2023. https://www.spiegel.de/geschichte/geschichte-der-schwindenden-solidaritaet-wie-es-zur-kriminalisierungder-armut-kam-a-b09d9bed-f9e4-4fe6-b5e5-c3d38973c32d [abgerufen am 20.05.2024]

**Köppe, Julia:** *Reichen 100 Tampons für eine Woche im All?.* In: Der Spiegel, 19.10.2019. https://www.spiegel.de/wissenschaft/weltall/nasa-erster-weiblicherausseneinsatz-auf-der-iss-a-1292357.html [abgerufen am 15.05.2024]

**Lampert, Thomas, Kuntz, Benjamin:** *Auswirkungen von Armut auf den Gesundheitszustand und das Gesundheitsverhalten von Kindern und Jugendlichen. Ergebnisse aus KiGGS Welle 2.* Erschienen in: Bundesgesundheitsblatt – Gesundheitsforschung – Gesundheitsschutz 10/2019

**Moses Mendelsohn Institut (MMI):** *Studentische Wohnkosten verharren auf hohem Niveau*, Pressemitteilung vom 19.03.2024. https://cms.moses-mendelssohn-institut.de/uploads/24_03_19_PM_ Wohnkosten_Studierende_05e99eb04c.pdf [abgerufen am 29.04.2024]

**Plan Post. Das Magazin von Plan International:** *Menstruation im Fokus – Erfahrung von Mädchen und Frauen in Deutschland und weltweit.* 2024 – Plan International

**Robert Koch-Institut:** *Armut macht krank: Soziale Ungleichheit und Gesundheit ist das Motto beim Tag des Gesundheitsamtes 2024.* Pressemitteilung vom 12.3.2024. https://www.rki.de/DE/Content/Service/Presse/Pressemitteilungen/2024/02_2024.htm [abgerufen am 02.05.2024]

# NOCH MEHR ZU LESEN ...

**Konsequent 60 Prozent**
Wie du mit weniger Arbeit mehr schaffst
*LinkedIn Top Voice 2023*
Martha Dudzinski

ISBN 978-3-7459-2241-7
€ 18,00 (D) / € 18,50 (A)

**MitGefühl**
Warum Emotionen im Job unverzichtbar sind
Magdalena Rogl

ISBN 978-3-7459-1321-7
€ 18,00 (D) / € 18,50 (A)